가족치료와 내면아이 치유

가족치료와 내면아이 치유

발행일	2017년 3월 29일			
지은이	박 종 화			
펴낸이	손 형 국			
펴낸곳	(주)북랩			
편집인	선일영	편집	이종무, 권유선, 송재병, 최예은	
디자인	이현수, 이정아, 김민하, 한수희	제작	박기성, 황동현, 구성우	
마케팅	김회란, 박진관			
출판등록	2004. 12. 1(제2012-000051호)			
주소	서울시 금천구 가산디지털 1로 168, 우림라이온스밸리 B동 B113, 114호			
홈페이지	www.book.co.kr			
전화번호	(02)2026-5777	팩스	(02)2026-5747	
ISBN	979-11-5987-503-8 13180(종이책)	979-11-5987-504-5 15180(전자책)		

(주)북랩 성공출판의 파트너

북랩 홈페이지와 패밀리 사이트에서 다양한 출판 솔루션을 만나 보세요!

홈페이지 book.co.kr

블로그 blog.naver.com/essaybook

1인출판 플랫폼 해피소드 happisode.com

원고모집 book@book.co.kr

상처 입은 가족을 치유하고 행복으로 이끄는 심리 테라피

가족치료와 내면아이 치유

박종화 저

북랩 book Lab

 들어가며

　가족은 항상 나와 같이 있으면서 나에게 힘을 주기도 하지만 절망을 주기도 한다. 가족은 복수의 구성원들로 이루어져 있지만 한 몸의 관계를 같이 갖고 있다. 이러한 가족체계를 이해하기 위해서는 대상(특히 부모)과의 관계를 이해해야 한다. 대상과의 관계 속에서 내면에 입은 상처는 어떤 사람을 만나게 되던지 자신이 부모로부터 받은 부정적인 이미지에 의하여 자아가 형성되어 결혼 후 자신의 자녀에게도 부정적인 이미지가 다시 전달되기 때문에 상처가 대물림이 된다.

　이는 남자와 여자가 만나 부부가 되었을 때에도 여전히 원가족(자신의 어린 시절의 가족)에서의 상처가 작동한다는 의미이다. 즉, 문제는 배우자가 아니라 부부 각자의 원가족의 문제이다. 그러므로 자기 내면의 치유와 함께 부부치유가 필요하다. 부부가 치유되면 자연스럽게 자녀의 치유로 이어진다.

　한 아이가 신경정신과에 입원하였다. 담당의사가 치료가 다 되었다고 판단하여 집으로 돌려보냈으나 이 아이는 같은 병으로 혹은 더 심해져서 병원으로 다시 오게 되었는데 이 아이 뿐만이 아니라 많은 아이들에게 이와 비슷한 일이 있었다. 그 원인이 아이의 문제로만 알고 있었는데 사실은 부부관계, 부모와 자녀 관계 등 자신이 속한 가족 구성원 간의 관계에서 오는 문제라는 것을 알게 되었다. 이는 모든 사람의 문제는 개인이 아닌 관계의 문제이며 개인중심적인 사고로부터 가족중심적인 사고로의 패러다임 전환을 통해 진정한 치유는 가족 구성원 각자의 치유와 함께 가족의 관계를 통한 가족의 치유가 필요하다는 것이다. 그러므로 한 개인을 이해하는 데 있어서 적어도 위로 조부모까지 2세대이며, 자신이 조부모가 되면 아래로 2세대로 합이 5세대에 걸친 가족관계를 이해해야 가족의 체계 속에서 진정한 자신을 이해할 수 있다. 결혼을 하지 않아 자식이 없는 상태라면 위로 2세대가 되기에 자신을 포함하면 3세대를 이해해야 할 것이다. 이러한 세대에 걸친 가족의 이해는 다음 세대에 보다 더 순기능적이고 긍정적 에너지를 물려줄 수 있게 된다.

글을 쓰면서 한 가지 고민이 있는데 내 주위의 신학자나 목회자들은 상담이 아닌 믿음과 신앙으로 풀어야 한다는 분이 있었고, 무교(無敎)인 분들에게서는 인간의 심리에 종교가 개입하는 것을 거부하는 분들도 있었다. 그러나 나는 이 책에서 내 자신의 가치관과 신념, 종교관, 그리고 나와 내 가족이 직접 치유를 경험하고 상담했던 부분에 대하여 진솔하게 서술하도록 할 것이다. 그것이 최선의 방법이라고 생각한다. 그 다음 옳고 그름의 판단은 독자의 몫으로 남겨 두도록 하겠다.

한국영화 '밀양(密陽)'을 보면 여 주인공은 사별한 남편의 시댁에서 상처를 많이 받은 사람임을 알 수 있다. 그녀는 남편의 고향인 밀양으로 외아들과 함께 이사를 했으나 아들이 납치를 당하여 죽임을 당했으며 이 고통을 믿음으로 대체하여 극복을 하는 듯했다. 그 후 자신이 믿음으로 용서해 주기로 한 살인자가 '나는 이미 하나님께 죄 사함을 받았다'는 말을 듣고 '내가 용서를 안 했는데 어떻게 하나님이 먼저 용서 할 수 있냐'며 내재된 분노가 폭발한다. 여 주인공은 자신의 고통을 믿음이란 가면으로 가렸거나 아니면 아직 완전히 치유되지 않았던 것일 수 있다.

어떠한 신앙인이라도 용서가 쉽지는 않을 것이다. 그러나 사랑을 많이 받은 사람과 상처가 많은 사람의 차이는 같은 양의 스트레스가 왔을 때 사랑을 많이 받아 본 사람이 상처가 깊은 사람보다 스트레스를 더 쉽게 극복한다는 것이다. 상처가 있다고 치유가 안 되는 것은 아니지만 사랑을 많이 받은 사람에 비하여 시간이 더 오래 걸리고 힘든 부분이 있는 것은 사실이다.

상처가 많았던 여 주인공이 마지막 순간에 용서를 못 한 것은 그녀가 이미 받은 깊은 상처에 기인한다고 볼 수 있을 것이다. 그녀에게 전도를 한 교회 성도들은 그녀의 아픔과 상처를 객관적으로는 보았으나 주관적으로 그녀의 아픔을 나의 아픔으로 공감(共感)한 사람은 남 주인공이다. 물론 남 주인공은 자신이 좋아하는 여 주인공을 따라 교회에 나왔을 뿐이다. 이처럼 공감은 상대방의 아픔을 나누고 치유하는 가장 좋은 도구다. 서로의 상처와 아픔을 공감하는 사람이 가족이었으면 더욱 좋겠다.

우리가 반듯한 신앙생활을 한다고 해도 상처가 치유되지 않았다면 여 주인공처럼 신앙이 나의 가면이 되어 나의 고통을 대체하는 역할을 하거나 혹은 나의 수치심을 가리는 도구가 될 가능성도 있다. 그러므로 상처의 치유는 종교가 있건 없건 거짓 자기를 벗고 참 자기로 기능을 하게 하는 중요한 역할을 한다. 특히 상처의 치유는 가족체계에 있어서 역기능을 순기능으로 바꾸어 가족의 전 구성원이 참 자기로서 서로를 사랑하고 가족이 하나가 되게 하는 중요한 고리가 되며 미래 세대에게 사랑을 전달해 주는 통로가 된다.

나는 사실 책을 만들려는 생각이 없었다. 침례신문사에 몇 년을 기고하면서 모인 글들이 제법 되었고, 어느 날 이 정도면 책 한 권의 분량이 나올 것도 같았다. 그러나 직접 글을 모으고 쓰기까지는 몇 년이 걸렸다. 그만큼 게으르기도 했지만 독자 앞에 서야 하는 두려움도 있었다. 책을 쓰게 된 것은 이러한 두려움에 대한 직면이기도 하다. 그러면서도 더욱 용기를 낼 수 있었던 것은 독자가 자신의 상처를 돌아보고 본인의 상처 입은 내면아이에 대한 치유와 부부치료, 그리고 가족치료에 대한 필요성을 인식하고, 이 책이 치유에 작은 도움이라도 되었으면 하는 마음이 있었기 때문이다.

책의 내용은 상담에 대하여 비전문가라도 이해하기 쉽도록 중요한 부분은 조금씩 살을 덧붙여 몇 차례에 걸쳐 설명을 했다. 가급적 딱딱한 느낌을 피하려 나의 경험과 생각, 그리고 이론과 치유의 과정까지 담으려고 노력했다. 또한 상담을 전공하는 학생들이라 할지라도 상담의 실제에서 어려움을 겪게 되는 상처의 직면과 치유기법을 가족체계 안에서 가급적 알기 쉽게 설명하였다.

책이 나오기까지 많은 가르침을 주셨던 교수님들, 상담의 장을 마련해 주셨던 목사님들, 직접 가르치고 상담을 했던 학생들과 내담자들, 책을 출판하도록 도와주신 분들, 그리고 부족한 나를 지지하고 항상 용기를 주는 사랑하는 가족에게 감사를 드린다. 특히 사랑의 원형으로 오셔서 인생의 목적을 알게 하시고 그 길을 걸어가도록 도와주시는 하나님께 영광을 돌린다.

2017년 3월

박종화

목차

▍ 들어가며   004

1 가족치료
- 보웬(Bowen)의 가족치료   012
- 가족의 필수조건   015
- 건강한 결혼(結婚)   020
- FAMILY   025
- 가족체계   028
- 가족의 위기   033
- 가족의 역기능   042
- 가족의 비밀(秘密)   046
- 이마고(IMAGO) 부부치료   057
- 싸움의 기술   061
- 상호의존중독(相互依存中毒)   067
- 알코올중독 가정   070
- 역기능적 통제(統制)   074
- 정서 중독   084
- 강박적 사고(强迫的思考)   088
- 강박과 중독에서의 회복   092

2 내면아이 치유
- 감정(感情)과 사고(思考)   098
- 수치심(羞恥心)   104

• 굴종(屈從)과 굴복(屈伏)   111

• 느낄 수 있는 힘   114

• 성(性) 학대   120

• 성(性) 피해자   127

• 성폭력 피해자 치료   131

• 인간의 기본적인 힘   142

• 자아경계선(自我境界線)   148

• 점성적 발달(漸成的發達)   154

• 해리(解離; Dissociation)   159

• 회복(回復)   161

• 신체접촉(Stroke)   166

• 사이코패스와 소시오패스   171
  (Psychopath & Socio path)

• 사이코테라피(Psychotherapy)   177

• 중간대상(中間對象)   180

• 사랑과 집착   184

• 의미요법   187

3 나의 이야기

• 맹장수술   192

• 아버지의 뼈   195

• 이백 번째의 포옹   199

• 학교폭력   202

목차

- 권위(權威) 207
- 헤쳐 모여! 211
- 종놈이냐 종님이냐 214
- 송미 파이팅! 217
- 가해자와 피해자 221
- 내가 죽어야 네가 산다 224
- 자아실현(自我實現) 227
- 하하하 231
- 진진이 235
- 발리에서 생긴 일 238
- 오월, 가정의 달 241
- 사랑하면 244

▌미주 252

가족치료

보웬(Bowen)의 가족치료

정신분열증은 부모의 갈등으로 인해 엄마와 자녀가 역기능적인 공생 관계를 갖게 되면서 나타날 수 있다. 이러한 '삼각관계'에 있어서 실제로 엄마는 자신이 어린 시절 원가족에서 상처를 받았을 가능성이 많다. 결국 미성숙한 엄마는 자신의 감정적인 욕구를 채우기 위해 아이와 역기능적인 밀착관계를 형성하게 된다. 이처럼 다세대를 거쳐 가족의 문제를 만들고 유지하는 데 영향을 미치게 된다. 보웬은 '미분화된 가족 자아군'과 '삼각관계' 개념을 검증하였다.

가족은 방향이 각기 다른 여러 개의 힘이 상호 작용하여 균형을 이루고 있는 하나의 살아있는 자아덩어리라고 볼 수 있다. 순기능은 가족이 하나의 자아덩어리이면서 각 구성원의 자아경계가 분명하여 다른 구성원과의 밀착이나 단절처럼 역기능적 관계가 아닌 사랑으로 하나가 되는 관계다. 가족의 상위체계와 하위체계가 서로 어우러져 각 구성원이 분화를 이루고 성숙해가며 건강한 다음 세대를 준비하게 된다.

가족은 두 개의 기본적인 힘이 있는데 하나로 모이려는 융합성과 각각 나뉘어 독립적이 되려는 개체성이다. 융합성과 개체성의 비율은 몇 대 몇으로 나뉘는 것이 아니다. 이 두 가지가 서로 어우러져 순기능적이거나 역기능적인 행동패턴이 나타나고 다음 세대에 영향을 미친다. 순기능적인 가족은 각 구성원 간에 힘의 균형을 이루고 있다. 기본적인 특징은 부부관계가 사랑으로 원만한 관계를 이루고 있으며, 그들의 자녀는 부모와의 관계에 있어서 한 쪽으로 편향되지 않아 삼각관계를 만들지 않고 건강한 인격으로 자라게 된다는 것이다.

자아분화는 정신 내적 측면과 대인관계적인 측면이 있다. 정신 내적 측면에서의 자아분화는 스트레스를 받는 상황에서 정서적인 기능과 지적인 기능을 분리하여 사용할 수 있는 능력을 말한다. 대인관계적인 측면에서 자아분화가 잘 이루어지지 못한 사람은 확고한 자아를 발달시키지 못하고 거짓 자아가 발달되므로 자아경계가 불분명하고 자신의 일관된 신념을 갖거나 자주적이며 독립적인 행동을 하지 못한다.

삼각관계는 가족 구성원에서 두 사람이 다른 한 사람을 자신들의 정서적 문제에 끌어들이는 형태다. 불편한 두 사람의 관계, 특히 부부의 갈등으로 불안에 떠는 자녀가 자아분화 수준이 낮은 부모의 한 쪽과 연합되어 자신도 제대로 된 분화를 이루지 못한다.

핵가족의 정서체계에서는 가족 구성원들의 정서적인 기능의 형태가 과거 세대의 반복되는 과정을 통하여 전달되므로 다음 세대를 어느 정도 예측할 수 있다.

가족의 투사과정은 가족체계가 한 아동에게 상처를 입히는 메커니즘의 현상이다. 다음 세대를 희생시키면서까지 부모가 자신의 미분화되고 미성숙한 것들을 자녀에게 투사하므로 자녀는 상처를 받게 되고 부모 자신은 불안을 경감시키려는 과정이다. 자녀는 상처를 받게 될 때 그 탈출의 방법으로 정서적 단절을 선택할 수 있다. 정서적 단절은 자기가 태어난 가정에 대한 미해결된 정서적 애착 또는 융합을 처리하는 과정이다. 부모로부터의 격리, 위축, 부모로부터 멀리 달아나는 것 등이다 예를 들어 상처입은 자녀가 충동적인 결혼을 통해 원가족에서 벗어나려 하지만 진정한 독립을 얻을 수 없다. 왜냐하면 배우자 또한 상처 입은 사람을 만나 자신의 어린 시절 원가족에서의 문제를 재연하기 때문이다. 이러한 다세대 전수과정은 병리적 현상이 어떻게 세대 간에 전달되는가를 설명하는 것으로서 여러 세대를 통해 자아분화수준이 전달되는 과정을 의미한다. 자아분화 수준이 낮은 사람이 자신과 분화수준이 유사한 배우자와 결혼하여 자녀를 낳으면 그 자녀는 부모로부터 부모가 어린 시절 상처를 받았던 동일한 과정을 겪으며 정서질환을 나타내기 쉽다. 다시 말해 상처 입은 사람은 비슷한 상처 입은 사람을 만나 결혼하여 그들의 자녀에게 상처를 주고, 상처받은 자녀는 자라서 자신과 비슷한 상처를 가진 사람을 만나 그들의 자녀에게 상처를 주는 다세대 전수과정을 경험 한다.

가족의 역기능적인 체계가 점점 확장이 되어 사회적 영역까지 영향을 미치면 사회적 퇴행으로 발전한다. 가족체계와 마찬가지로 사회의 분화가 안 될 경우, 사람들은 정서적 충동에 의한 의사결정을 하게 되어 사회의 역기능적 증상이 나타난다. 폭력, 이혼, 성범죄, 정국 불안 등이 그 예이다.

보웬의 가족치료 목표는 가족의 불안을 감소시키고 가족 구성원들의 자아분화 수준을 높이는 것이다. 치료체계는 가족의 일상적인 삼각관계의 정서적인 체계를 수정하는 것을 중요시한다. 가족 내에서의 문제는 개인의 문제가 아니라 체계에 원래부터 존재하여 왔던 것으로 본다. 이러한 문제를 해결하는 것은 가족구성원들의 자율성을 도와 폐쇄적인 가족관계를 개방하고, 궁극적으로 삼각관계에서 벗어나도록 돕는 것이다.

가족 구성원 중 어느 한 사람의 문제가 아니라 가족 전체가 문제다. 그 의미를 알게 되면 다른 가족 구성원을 탓하는 것을 멈추게 되고 자신의 문제를 볼 수 있는 시각이 열린다. 물론 다른 가족 구성원의 문제를 볼 수 있는 시각도 열리지만 그것은 상대방을 탓하려는 것이 아니라 그 가족 구성원을 이해하고 용서하며 자신과 건강한 관계를 이루도록 돕는 치유의 시각을 의미한다.

가족의 필수조건

가족의 필수조건은 결혼이다. 결혼으로 자녀를 생산하고 다시 그들이 결혼하므로 대를 잇고 종족을 보존한다. 세대를 거쳐 지속되는 가족체계에서 한 개인의 중요한 본질의 의미를 가진 단어라고 하면 나는 '참 자기와 거짓 자기[1](True Self and False Self)'라고 생각한다.

참 자기는 부모로부터 사랑을 많이 받고 분화(分化)가 잘 되어 건강한 자아를 가진 자기를 것을 말한다. 이처럼 부모와 자녀의 순기능적인 관계에서는 자녀들이 건강한 인격으로 성숙하여 결혼을 하고 또 자신의 부모처럼 자녀를 낳아 좋은 부모가 된다.

나는 6·25전쟁 때 아버지를 잃은 유자녀(遺子女)들을 대학 내에서 몇 개의 팀으로 나누어 강의로 만났다. 강의 겸 집단 상담을 2년에 걸쳐 했고, 이제는 이 분들이 70세 전후의 조부모 세대가 되었다. 이 분들은 거의 대부분 어린 시절의 상처가 있었다. 자신의 배우자를 죽이고 싶다는 표현을 할 정도로 상처가 깊은 분도 있었고, 자녀들에게 한 번도 긍정적인 말이나 사랑의 표현을 못해 본 분들도 많았다. 이혼과 사별을 한 분에게는 재혼을 권했지만 역기능으로 얼룩진 과거의 상처는 선뜻 재혼을 하려는 의지를 꺾어 놓았다. "왜 또 그 고생을 해야 하느냐?"란 답만 돌아 왔다.

"왜 또 고통을 받게 될 것이라고 생각을 하십니까? 얼마든지 건강한 사람을 만나 행복하게 살 수 있지 않습니까?"라고 물으면 그래도 재혼은 안 하겠단다. 분명 이미 받은 상처에 기인하는 인생패턴과 역기능의 가족체계로 인한 고통이 재혼을 해도 계속 이어질 것으로 생각하기 때문일 것이다.

서울시민의 33%가 결혼은 선택사항이라고 한다. 게다가 요즘은 저출산으로 인해 점점 가족공동체가 위협받고 있다. 가족의 역기능은 결국 성인아이를 만든다. 성인이면 성인이어야 하는데 성인이 되었음에도 상처 입었을 당시의 아이 상태가 그대로 남아있고 고착되어 있어 내면에 기억되는 존재로 현재를 살아가는 것을 상처 입은 성인아이라 부른다.

항상성[2](恒常性; Homeostasis; 현재의 상태를 계속 유지시키려는 힘)은 가족체계가 역기능적일 때 역기능을 계속 유지하려는 에너지를 말하고 순기능적일 때는 계속 순기능을 유지하려는 에너지를 말한다. 그러므로 항상성에 의하여 역기능의 가족체계를 가진 가족은 계속 역기능의 체계를 유지하려 한다. 결혼을 할 때도 상처가 있는 사람은 자신과 비슷하거나 상처가 더한 사람을 만나서 가족의 역기능이 유지되거나 강화되기 쉽다. 이렇게 개인은 자신 안에 원가족의 체계를 짊어지고 산다. 이처럼 사람들은 오로지 자신이 경험한 것과 같은 관계만을 추구하려는 경향이 있다.

알코올중독자이며 폭력을 행사하는 아버지에 의해 상처를 받은 아이가 있었다. 이 아이는 아버지처럼 되지 않으려 많은 노력을 기울여 봉사자나 성직자가 되었다. 그러나 어린 시절 자신의 상처에 대한 치료가 이루어지지 않았다면 이것은 가족최면에 걸린 하나의 그림자로 여전히 '거짓 자기'가 기능하고 있다고 볼 수 있다.

그림자(거짓 자기)로서 성인이 된 자신은 자신의 역기능적인 가족체계에서 아버지의 모습을 자신에게서 지우려 한다. 그 방법으로 자신이나 가족, 그리고 관계된 사람들에게 올바른 행동을 유지시키고자 하는 행동을 하게 되는데 그 중의 하나가 자신이나 타인을 과도하게 통제하는 것이다. 아버지처럼 폭력을 휘두를 수도 있고, 바른 가치관과 신념, 애국심, 종교로 위장하여 자신의 수치심을 드러내지 않으면서 타인의 자아경계를 교묘히 침범할 수도 있다.

어린 시절 수치심과 상처에 노출되었던 한 아버지가 어느 날 회사에서 야단을 맞고 집으로 돌아왔다. 쓰러져 있던 자전거를 보자 아들을 불러 자신의 분노를 쏟아 냈다. "지난번에 자전거를 구석에 잘 세워놓으라 그랬지?"라고 소리쳤다. 교육상으로 문제없는 일처럼 보이지만 아버지는 자신의 분노를 교육이란 미명하에 아들에게 투사를 하고 있었던 것이고 이러한 행동의 중심에는 자신이 어린 시절에 받았던 상처로 인해 형성된 수치심이 작동한 것이라고 볼 수 있다. 만약 건강한 자아상을 가진 아버지였다면 회사에서 안 좋은 일이 있었어도 가정에서는 껄껄 웃으며 아들과 반가운 대화를 나눌 수 있었을 것이다. 이러한 아버지를 감정에 휘둘리지 않고 분화가 잘 되었다고 말할 수 있다.

분화가 잘 되었다는 것은 '성숙하다'란 말과 같다. 성숙한 사람은 모든 일에 스스로 느끼고 자유롭게 생각하며 말하고 싶을 때 말을 할 자유가 있다. 분화가 잘 이루어 지지 못하면 쉽게 감정에 휘둘리게 된다. 그러면 자신이 느껴야 할 것, 말하고 싶은 것, 하고 싶은 것 등을 자신이 아닌 다른 사람과의 관계에서 올바로 사용하지 못하여 감정에 휘둘린다. 이러한 감정은 오염되었다.

싸우는 부모를 향하여 "싸우지 마세요. 부모님이 싸우시니까 무섭고 힘들어요."라고 아이는 말할 수 있어야 한다. 그런데 이런 말을 할 수 있는 능력을 가진 아이의 부모는 싸우지 않는다. 반대로 싸우는 부모의 아이는 부모로부터 하고 싶은 말을 할 수 있는 능력을 박탈당한다. 아예 무엇을 말하고 싶은지 모를 정도로 마비가 되고 감정은 오염되며 싫거나 좋거나 자신의 대상인 부모를 닮아간다.

억압, 동일시, 합리화, 투사, 전이 등의 방어기제들은 사람이라면 누구나 가지고 있다. 이러한 것들이 순기능에서는 자신과 가족의 관계를 사랑으로 잘 유지시키는 방향으로 나타난다. 반면 역기능 체계에서는 이러한 방어기제들이 참 감정을 회피하고 거짓 자기를 만들어 사람과의 관계에서 부정적인 영향을 미친다.

예를 들어 자동차는 모두 달리는 기능을 갖고 있다. 이러한 기능의 순기능은 규범대로 정해진 차로에서 자신의 목적지를 향해 자유롭게 움직이는 것이지만 역기능은 차가 움직이는 것은 같으나 차로를 역주행하는 것처럼 위험하다는 것이다.

스트레스(stress)가 왔을 때 순기능적인 가족체계 속에서 분화와 성숙이 잘된 사람은 그 스트레스를 이겨 나갈 수 있는 힘이 내재되어 있다. 반면 역기능적인 가족체계에서 상처를 많이 받은 사람은 작은 스트레스도 크게 받아들여 자신의 상처를 키우고 역기능적인 가족체계를 강화시킨다. 자신의 상처가 커져 감당할 수 없으면 결국 상처가 원인이 된 행동들이 나타나는데, 자해나 자살 등 스스로에게 공격을 할 수도 있고, 타인에게 가해를 할 수도 있다. 혹은 드물지만 자신과 타인 모두에게 가해를 할 수도 있다. 사실 자살이라는 것도 현재의 고통이 너무 크기에 그 고통을 피하는 수단으로 택하게 되지만 이것이 결국 자신과 가족을 파멸로 이끈다. 고통을 피하여 살기 위해 선택하는 것이 자살이라고 보면 결국 살기 위한 선택이 자신을 죽음으로 몰아가는 것이 되기에 역기능적이다. 즉, 모두가 갖고 있는 삶에 대한 욕구가 역기능으로 나타나 오히려 이 욕구가 죽음과 파멸로 이끌어 가는 힘으로 작용한다. 또한 가족 구성원들이 참 자기를 찾지 못하고 거짓 자기인 그림자로서의 역할로만 살도록 강요한다. 그러므로 삶과 생존이란 의미는 체계의 기능이 역(逆)이냐 순(順)이냐에 의해 해석이 달라진다.

　한 독자(讀者)가 나의 글을 보고 전화로 치유에 대해 물었다. 그러나 이 부분은 전화통화로 해결할 수 있는 간단한 부분이 아니다. 그러므로 상처의 치유를 다룰 수 있는 상담소를 찾는 것이 가장 좋은 방법이라고 알려 주었다. 왜냐하면 상담 중에 일어나는 감정과 직면은 상담자 없이 내담자가 스스로 상담서적을 찾아보거나 혼자 공부해서 알 수 있는 부분이 아니기 때문이다. 그러나 대부분의 사람들은 자신의 문제를 혼자 해결하려 한다. 물론 자신의 노력으로 많은 도움이 되는 부분도 있겠지만 오히려 그것이 자신의 상처를 내면에 더 깊숙이 숨겨 크게 만들 수도 있다.

　대부분의 상처들은 가족체계 내에서 온 것인 만큼 상담을 통하여 자신의 수치심을 직면하고 노출하여 맞닥뜨리게 되는 감정을 순환시킴으로 치유가 시작된다. 또한 상담자는 과거 나에게 상처를 준 사람의 역할을 할 수도 있고, 역할극이나 빈 의자기법 등 여러 방법들을 동원하여 대상과의 관계 속에서 왜곡되었던 자신의 생각을 바르게 조명해 줄 수도 있다. 몸이 아프면 병원을 찾듯이 심리적인 고통을 인지하면 자신 스스로 해결하려 하지 말고 유능한 상담자를 찾기 바란다.

　치유는 가족체계에 있어서 체계의 역기능을 순기능으로 바꾸는 과정이다. 그러므로 성인아이의 치유는 그의 내면에 살아 있는 인간문서로 기록된 역기능의 원가족체계로 인해 결혼을 통하여 형성된 현재의 가족체계에서의 역기능을 걷어내는 작업이다. 다행스럽게도 어린 시절 상처가 있었어도 현재에서 치료는 가능하다. 내면아이의 치료는 결국 자신에게 원래 기록되어진 상처를 계속 써 내려가려는 역기능의 항상성을 물리치고 순기능으로써의 새로운 관계를 재구성하여 긍정적인 관계를 계속해서 경험함으로써 순기능의 항상성으로 변화시키는 것이 치유다.

건강한 결혼(結婚)

　가족의 필수요소는 결혼이다. 가족체계에 있어서 부모 자체가 서로 사랑하는 건강한 관계라면 가족체계는 순기능적이다. 아이들은 부모처럼 건강하고 자아경계선이 분명하며, 잘 분화되어 성숙한 인격으로 자란다. 또한 자율적이고 책임감이 있으며 부모로부터 받은 사랑의 에너지는 건강한 배우자를 선택하는 안목이 된다. 결혼은 원하는 소유물처럼 배우자를 갖거나 아니면 역기능의 항상성을 유지시키는 방법으로 배우자에게 종속되고 싶은 심리적인 필요에 의해서 하는 것이 아니다. 참 자기로 실제의 감정을 느끼고, 서로의 자아경계선이 존중되며 상대방의 필요를 채워주는 것이 참 행복이라고 느껴지는 사랑이 있을 때 결혼을 해야 한다. 이러한 부부가 건강한 부부다. 이 부부는 자녀를 낳아 자신들과 같이 건강하게 아이들을 양육하기에 마치 유전자가 대물림이 되듯이 건강하고 기능적인 가족체계를 대를 이어 물려주게 된다.

　완벽하게 이상적인 부부는 없다. 정도의 차이는 있지만 누구나 불완전하다. 그렇게 불완전한 사람들이 만나 부부가 되었기에 치유의 과정이 필요한 것이다.

　건강하고 기능적인 부부란 서로가 서로를 선택하고 스스로가 책임을 진다. 그들은 부유하거나 가난하거나, 건강할 때나 병들었을 때나 죽음이 둘 사이를 갈라놓을 때까지 함께 한다. 왜냐하면 사랑이란 한 몸 됨이요, 배우자가 바로 나이기에 그 무슨 조건이나 환경보다도 배우자가 생명처럼 소중한 존재라는 것을 알기 때문이다.

30대 초반의 한 젊은이가 있었다. 독신주의를 고집하다가 이제는 부모님을 위해서라도 결혼을 해야겠다고 한다. 현재는 취업을 위한 프로그램에 참여하고 있다. 적성검사를 할 때에 그 질문들조차도 고통스럽게 받아들이고 어려워하여 답을 못하였다. 그러면서도 공부에는 누구보다도 열심히 매달려 취업에 대한 의지를 나타냈다. 결혼은 누구를 위해서가 아닌 자신을 위해서이고 자신을 위한 일이 곧 배우자를 위한 일이 되려면 자기 자신의 상처에 대한 치유가 선행되어야 한다는 것을 말해 주었다. 그러자 반문을 하였다.

"돈이 없는데 나에게 올 여자가 있을까요?"

물론 세상에 경제적인 어려움이 있는 사람을 남편으로 두고 싶은 사람은 거의 없을 것이다. 그러나 가난하더라도 긍정적인 신념과 건강한 에너지를 갖고 있는 사람이라면 타인과의 교제에 있어서도 분명 좋은 만남을 통해 좋은 결과를 가져올 수 있을 것이다. 사랑하면 재산이 눈에 안 들어온다. 사랑하는 그 사람만이 보인다. 내면의 무의식으로 들어가는 감정의 문을 열고 맞이하게 되는 자신의 가치관과 신념들은 그대로 타인에 대한 사랑과 열정으로 거짓 없이 이어진다. 그 사랑은 결코 감상적이거나 감정에만 치우치지 않는다. 이미 이 사람은 어린 시절 대상(어머니, 부모)과의 관계에 의해서 자신의 필요가 채워졌고 사랑을 많이 받아 사랑할 줄 아는 사람이 되었다. 또는 상처를 치유한 경험이 있어 역기능에서 순기능으로 바뀐 체계 안에서 실제의 자기로 기능을 하고 있기에 타인과의 교류는 진실된 자신의 감정, 건강한 가치관과 사랑, 그리고 배우자에 대한 사랑 등이 함께 어우러져 더 깊은 내면의 영적인 만남을 가능하게 한다. 이러한 만남은 머리된 남편과 몸된 아내의 한 몸 됨을 통한 영적인 결합을 이루게 한다. 이로써 진정한 사랑의 결합이요, 아름다운 결혼이 된다.

세상에 결혼하는 쌍 중에 완전한 사랑을 하여 결혼하는 사람이 어디 있으며, 완벽한 사랑으로 결혼 생활을 하는 쌍이 몇이나 되냐고 반문할지도 모른다. 물론 완전하고 완벽한 사랑의 기준을 어디다 두어야 할지 모르겠지만 누구나 정도의 차이가 있고 처음의 미성숙한 사랑도 시간이 지나며 성숙해지는 과정이 있다. 비록 불완전한 인격이라도 치유의 과정과 사랑의 과정을 통해 그 관계는 성숙한 관계로 발전한다. 그러므로 미성숙한 남녀가 만나 결혼을 하고, 완전한 사랑을 목표로 역기능적인 요소를 줄여가며 사랑을 통하여 순기능적인 가족체계를 이어간다면 이보다 아름다운 일은 없을 것이다. 이런 가정에서 태어나는 아이는 부모의 사랑을 많이 받아 건강한 인격과 성숙한 사람이 된다. 그러면 이 아이는 자라서 배우자를 고르거나 만날 때 스스로 선택하고 책임질 수 있는 능력을 갖게 된다. 결혼을 할 때나 결혼을 한 후 난관이 있어도 이미 실제의 자기 안에 내장된 건강한 에너지가 어려움을 극복하게 한다.

심리학적으로 완전한 것을 향하여 강박적으로 나간다거나 완전에 이르렀다고 생각하는 것은 역기능적이다. 개개인에 있어서 크거나 작거나 그 상처를 치유하여 실제의 자기가 기능하도록 하는 과정이 중요하다.

역기능의 가족체계에서 상처 입은 사람은 상처 입은 배우자를 만날 가능성이 많다. 왜냐하면 역기능 체계의 원가족에서 경험되어진 방식들이 연인과의 관계에서도 작동하기 때문이다. 그렇다고 꼭 순기능적인 사람은 순기능적인 배우자를, 역기능의 상처를 가진 사람은 비슷한 배우자를 만난다는 것은 아니다. 그럴 가능성이 많다는 것이다. 그러나 우리가 쉽게 추측할 수 있는 것은 순기능적인 배우자는 역기능적인 배우자의 상처를 치유할 수 있는 긍정적인 에너지가 있으며, 그 에너지를 역기능적인 배우자에게 줄 수 있다는 것이다. 반면에 남편과 아내가 모두 역기능적이라면 자신의 상처를 치유하기도 어렵지만 서로의 상처는 상대방을 찌르는 도구가 되어 역기능이 더욱 강화되고 부부간에도 심각한 문제를 일으킬 수 있다.

역기능적인 가족체계에 있어서 가족의 문제는 가족구성원 중에 어느 한 사람이 문제가 아니라 가족 전체가 문제다. 구성원 한 사람의 치료만이 아니라 가족의 체계를 역기능에서 순기능으로 바꾸어 가족 전체를 치료해야 하는 것이다. 그 가운데 기본이 되는 것은 성인아이, 즉 상처 입은 내면아이 치유다. 상처 입은 내면아이가 치유되려면 가족 전체가 치유되어야 하며, 가족 전체의 체계를 바로잡는 핵심은 부부치료이다. 이는 내면의 치유와 관계의 치유를 포함하는 기본 단위이면서 가족체계를 바로잡는 데 가장 우선시 되어야 할 치료이기에 부부치료는 가족치료의 핵심이라고 볼 수 있다. 단순하게 이야기 하면 모든 치료의 우선순위를 부부치료에 두라는 말이다. 부부치료 안에는 부부 개개인의 내면 치유와 부부의 관계 치유가 있다. 부부가 치유 된다면 자녀의 치료는 저절로 이루어진다. 아울러 그 부부의 부모와의 관계도 회복된다. 비록 그들의 부모님들이 생각만큼 변화가 더디고 많은 치유가 이루어지지 않는다 해도 함께 관계가 개선되고 있음을 경험하게 될 것이다. 그러므로 가족치료의 핵심은 부부치료란 사실을 잊지 말자.

대부분의 부부들은 부부 사이 갈등의 책임을 배우자에게 떠넘기기에 문제가 해결되지 않고 상황이 악화된다. 그러므로 문제의 해결을 위해 시각의 변화가 필요하다. 즉, 갈등의 책임이 배우자 때문이 아니라 자신의 원가족에서 미분화된 자신의 문제라고 볼 줄 알아야 한다. 그렇다고 모든 책임을 자신에게만 돌리라는 말이 아니다. 객관적으로 보면 부부 안에 내포 된 부부 각자의 원가족의 문제가 크다는 것이다. 자신의 내면에 원가족의 체계가 기록되어 있고, 그 기억들은 현재에도 작동되고 있다.

남편과 아내가 평등하다고 할 때, 평등은 개별적이고 독립적인 인격체로서의 동등한 교류를 의미한다. 다른 말로 표현하면 각자가 상대방의 자아경계선을 잘 지켜주는 것이다. 상대방의 경계선을 무너뜨리지 않으며 각자 자기의 책임과 자유의지로 건강한 관계를 유지하고 발전시킨다. 결혼은 남자가 반, 여자가 반 이렇게 합하여 하나가 되는 것이 아니다. 온전한 인격으로서의 한 남자와 한 여자가 만나 하나를 이루는 것이다. 이러한 평등은 부부가 한 목표를 향해 손을 잡고 걷는 것이며, 둘이 좋아하는 곡을 서로 다른 악기를 사용하여 자신만의 독특한 기술로 합주하며 함께 즐기고 기뻐하는 것이다.

각자는 서로를 포함하여 전체가 되며 전체 속에서 각자는 서로가 완전하다. 여기서의 완전은 어떤 전능한 능력을 가졌다는 것이 아니라 하나의 온전한 인격으로 그 누군가에게나 그 무엇에 종속되지 않고 자신의 자아경계선에 부정적인 영향을 받지도 않으며 자신이 타인의 자아경계선을 무너뜨리지도 않는다. 그 관계는 순기능적인 관계로 서로 존중하며 배려하고, 이해하고 사랑한다. 그러기에 고난도 함께 쉽게 극복할 수 있으며 시간이 지나며 깊어지는 사랑으로 인하여 점점 더 행복감을 느낀다.

성경에서는 남편이 머리요, 아내는 몸이라고 표현한다. 남편 안에 아내가 있고, 아내 안에 남편이 있다. 이것을 사랑이라고 하는데, 부부 각자는 건강한 하나의 독립체이면서 둘이 만나 한 몸 됨의 관계를 이룬다. 부부는 각자 어린 시절 원가족의 체계를 지니고 있기에 두 원가족을 대표하는 남녀가 부부가 되어 새로운 원가족을 탄생시켜 새로운 자녀를 생산하게 된다. 참 아름다운 생명의 이어짐이다. 이렇게 한 몸 됨의 비밀은 가족 내에서 순기능적인 사랑의 생명으로 이어진다.

　서로 사랑하는 부부가 자녀를 낳았고, 그 자녀가 자라 결혼을 하여 부모가 되면 자신을 사랑하는 부모의 상(像; Image)을 이어가게 된다. 이러한 순기능의 가족체계 안에서는 자녀가 인생의 발달 단계에 따르는 필요와 의존의 욕구를 안전하게 채우게 된다. 건강한 부부관계는 자녀를 이용하여 필요를 채우려 들지 않으며 부모는 자녀에게 성숙함과 자율성의 본을 보여주게 된다.

　완벽한 사람은 없는 것처럼 부모 또한 완벽하지 않기에 부부의 치유 과정 속에서 자녀도 치유받으며 함께 성숙해 간다. 치유가 되면 필요해서 결혼하는 것이 아니라 사랑해서 결혼하게 된다. 치유가 되면 결혼은 선택이 아니라 결혼하고 싶은 상대가 보인다.

FAMILY

　FAMILY는 FA+M+I+L+Y의 결합으로 각각 FAther, Mother, I, Love, You를 말한다. 아빠가 엄마에게 '나는 당신을 사랑합니다'라는 의미를 내포하는 것이 가족이다. 아담이 하와에게 사랑의 고백을 한다. "내 뼈 중의 뼈요 살 중의 살이라."(창 2:23). 사랑은 서로에게서 한 몸 됨의 관계를 말한다.

　이처럼 부모가 서로 사랑하는 가족의 자녀들은 사랑을 통한 부모의 한 몸 됨의 관계를 보게 되는데 나는 이것을 '동일메시지'(同一Message)라고 부르고 싶다. 아빠와 엄마가 한 몸이고 부모와 자녀가 한 몸이라는 의미다. '남녀평등이다', '여성상위다', '역차별이다'라고 말을 하지만 남성과 여성, 남편과 아내는 수평관계도 아니고 수직관계도 아닌 그저 한 몸일 뿐이다. 남편과 아내는 누가 위냐 아래냐가 아니라 머리와 몸이 한 몸으로 기능을 할 때 온전한 인격이 된다.

부부가 서로 사랑하면 태어난 아이는 부모로부터 한 몸 됨의 '동일메시지'를 경험한다. 그러므로 자녀는 부모처럼 온전한 인격으로 성숙하여 배우자를 만나 일치형의 인생패턴으로 배우자를 사랑할 수 있고 다시 자녀를 사랑할 줄 아는 사람이 된다.

동일메시지는 서로 사랑하므로 한 몸 됨의 관계를 표현하는데 '이중메시지'는 부모가 서로 싸우거나 갈등관계에 있어 그 중간에 끼어 있는 자녀가 두 가지의 서로 반대되는 자극을 받아 상처를 받게 되는 것을 말한다. 자녀를 사이에 두고 갈등이 있는 남편과 아내가 동일한 힘을 지닐 때 싸움이 지속된다. 부부 사이에서 힘의 불균형으로 배우자를 지배하거나 배우자에 의하여 굴복되는 형태도 자녀에게 이중메시지를 경험하게 한다. 이러한 부부의 갈등은 이혼으로 이어질 수 있다. 자녀는 자신의 존재의 근원인 부모의 이혼(머리 된 아버지와 몸 된 엄마의 분리)을 보며 심리적인 죽음을 경험하게 된다. 반대로 부부가 한 몸으로 사랑하게 되면 그 자녀도 부모처럼 일치형의 인생패턴을 갖고 결혼을 하게 되고, 부부로서 한 몸 됨을 경험하기 쉽다. 부모가 한 몸인 것처럼 부모와 자녀도 한 몸이다. 가족이 서로 사랑하므로 한 몸의 관계를 이루기 때문이다.

언젠가 북한에서 댐의 물을 방류하여 여러 명이 목숨을 잃었는데 한 아버지는 아들을 아이스박스에 태워 사력을 다해 강가로 밀어내 아들을 살리고 자신은 급류에 휩쓸려 죽었다. 아버지는 아들이 사는 것이 내가 사는 것이라는 것을 본능적으로 실천하였던 것이다. 내가 죽어 네가 사는 사랑이 그리스도의 사랑이다. 그 아들 안에 아버지가 살아 있어 대(代)를 잇는다.

나는 상담학을 배우며 상처 입은 내면아이(성인아이)의 치료가 신앙과 무관하지 않다는 것을 경험하고 있다. 특히 가족의 3세대 체계 안에서 치유 과정은 아들인 내가 아버지가 준 상처를 직면하여 가해자로서의 아버지를 만나는 것이 치유의 첫 관문임을 알았다. 그 다음 과정이 바로 아버지를 이해하고 용서하는 것이다. 아버지에 대한 이해는 할아버지와 아버지의 관계, 그리고 아버지와 나의 관계에 대한 이해를 필요로 한다. 아마도 아버지와 나는 비슷한 과정을 거치며 상처를 받았을 것이다. 치유 과정에서 아버지에 대한 이해는 아버지를 용서하게 되고, 그 용서는 결국 자기 자신을 이해하고 용서하며 자신의 수치심을 씻게 한다.

나는 무의식적으로 내면의 수치심을 가리기 위해 완벽한 아버지요, 남편이 되려고 노력했었고 그것이 마음대로 되지 않거나 나의 부족한 모습이 가족에게 드러나면 숨겨져 있었던 부정적인 수치심의 단추가 자동적으로 눌려져 아내나 자녀에게 분노를 터뜨리곤 했었다. 또한 잦은 부부싸움으로 아이들에게 큰 상처를 주기도 했다. 이후에 나는 아이들에게 완전한 아버지가 아니요, 불완전한 아버지임을 인정하게 되었고, 그 순간 숨겨진 수치심을 의식적으로 받아들일 수 있게 되었다. 이는 치유의 기틀을 마련해 주었다. 자녀에게는 아버지인 내가 가해자였다는 사실을 인정하고 직접 아이들에게 용서를 구할 수 있었고, 내 자신이 어린 시절 피해자였음을 알고 가해자인 나의 아버지를 직면하게 되면서 이 모든 고통의 책임이 아버지에게 있었음을 말하며 내 안에 끌어안고 있었던 수치심을 밖으로 드러낼 수 있게 되었다.

가족체계

가족체계는 부모체계, 부부체계, 자녀체계로 나뉜다. 자녀를 기준으로 하면 부모와 조부모까지 3세대를 말한다. 그 자녀가 조부모가 된다면 자신의 조부모와 손자까지 5세대를 경험하기에 가족치료의 경우 넓게는 5세대까지 이해하는 것이 필요하다.

부부 사이가 좋지 않으면 엄마는 자녀, 특히 아들과 밀착이 된다. 엄마는 아들의 심리적인 대리 아내가 되고, 아들은 엄마의 심리적인 대리 남편이 된다. 그 아들이 성장하여 결혼을 하면 아들 부부는 서로 갈등하기 쉽다. 그 이유는 아들과 엄마는 심리적으로 부부관계이기에 아들의 아내가 설 자리가 없기 때문이다. 그러므로 부모의 관계가 안 좋으면 자녀도 부모처럼 그 길을 가기 쉽다. 상담을 해 보면 그 추측은 그리 틀린 말이 아니다. 인류는 누구나 시대와 지역과 피부색이 달라도 이 3세대의 체계를 거치며 살고 있고 앞으로도 그럴 것이다. 그러므로 인간의 원형을 이해하는 데 있어서 이 3세대에 대한 이해가 필요하다. 이는 곧 자기 자신과 원가족에 대한 이해다. 나 자신의 가족체계에 대하여 이해할 수 없다면 나만이 아니라 나의 배우자와 가족, 그리고 사회에 대한 문제가 무엇인지 이해할 수 없다.

역기능 가정에서 엄마와 아들이 서로 밀착되어 있다면 엄마와 아들은 그 자체가 역기능적이다. 가뜩이나 아버지와 어머니는 사이가 안 좋고 아들도 아버지에 의하여 상처를 많이 받았는데 엄마가 아들에게 위로를 얻고 아들에게 사랑을 듬뿍 주는 것이 뭐가 잘못이냐고 반문한다. 그러나 아들이 결혼을 하게 되면 엄마와 아들은 심리적 부부 사이로 밀착된 상태이기에 고부 간의 갈등과 아들 부부 사이에 갈등을 만든다. 그러면 그 사이에 태어나는 자녀도 특히 그 아이가 아들이면 다시 엄마와 밀착되어 가족체계의 역기능은 대물림된다.

지금은 은퇴했지만 영국의 프리미어리그(Premier League)에서 뛰었던 박지성 선수는 골을 잘 넣는 스트라이커도 아니고, 그렇다고 뛰어난 수비수도 아니었지만 쉼 없이 뛰면서 공수에 활력을 불어 넣었다. 그래서 장기간 팀을 운영하는 데 도움이 되고 팀 공헌도도 높은 편이다. 이러한 체계 속의 역할은 박지성 선수가 영국 프리미어리그에서도 살아남을 수 있었던 요소가 되었다. 반면 과거에 우리나라 선수들은 골을 넣는 선수만 주목을 받았는데 요즘은 선진국의 축구처럼 팀 전체적인 시각으로 보려는 노력이 보인다. 이처럼 가족도 한 개인의 문제로만 보아서는 안 되며 여러 세대와 체계로 이해하며 접근해야 한다. 이러한 체계의 이해는 개인의 치료와 함께 가족 전체의 치료로 이어지게 한다.

해외에서 상을 많이 탄 한국영화 중에 '똥파리'라는 영화가 있다. 아버지가 알코올중독자로서 가정폭력을 행사하다가 그만 아내를 살해하게 되었다. 역기능 가정에서 자란 아들은 성장하여 폭력을 무기로 채무자의 돈을 받아내는 일을 하였다. 아들은 교도소를 출소한 아버지를 증오한 나머지 아버지를 폭행을 했다. 아들의 분노는 가시지 않았고 아버지는 자살을 하게 된다. 어느 날 아들은 채무자에게 급작스런 폭행을 당하고 아들이 데리고 다니던 조수(역기능 출신으로 언제든 분노를 터뜨릴 준비가 되어 있던)로부터 살해 당한다. 이 영화는 한 개인의 상처가 가족의 상처와 맞물려 있고, 가족의 상처는 사회의 상처와 맞물려 있다는 의미를 내포하고 있다. 그러므로 개인을 이해하는 데 가정(3세대)과 사회를 같은 맥락에서 볼 수 있는 넓은 시각이 필요하다. 이러한 이해는 가해자가 왜 그런 부정적인 행동을 했는지 그 원인을 찾게 하며 가해자가 원래 상처 입은 피해자였다는 사실을 알게 한다.

개인과 개인의 관계에서 이루어지는 대화를 통하여 개인의 자아상을 분석하는 것을 교류분석[3)](交流分析; Transactional Analysis)이라 한다. 교류분석은 성격, 대인관계, 의사소통에 관한 이론의 하나다. 자아(ego)는 크게 3가지(부모자아, 어른자아, 아이자아)로 나뉘고 부모자아는 비판적이냐, 양육적이냐 하는 두 가지로 나뉜다. 아이자아는 자유 아이자아, 교수 아이자아, 적응적 아이자아로 나뉜다. 적응적 아이자아는 다시 반항적으로 적응하느냐, 아니면 순응적으로 적응하느냐 하는 두 가지로 나뉜다. 짧은 글로 교류분석을 설명하기는 불가능하지만 반항적으로 적응한 아이나 모범적으로 적응한 아이나 둘 다 상처가 있고, 3세대의 관계적인 측면에서 역기능을 계속 유지할 수밖에 없는 한계를 지녔다. 우리는 단지 '모범생이면 괜찮지 않느냐'라고 생각하기 쉽지만 사실 그렇지 않다. 왜냐하면 부모에 의해 상처를 받게 되면 자신의 실제적인 참 자아가 숨어 버리고 모범생으로 적응되어진 가면을 쓰게 되기 때문이다. 역기능 가정에서 받은 상처는 내면에 수치심을 끌어안게 한다. 그리고 자신의 내면의 수치심을 가리기 위해 모범적인 상담자나 봉사자, 또는 목사가 될 수도 있다. 반대로 반항아의 가면을 쓸 수도 있다. 이러한 것은 역기능 체계 속에서 갖게 되는 자신의 무의식적 생존전략이 된다.

다음에 교류분석에서 말하는 인생패턴 네 가지에 대해 알아본다.

첫째는 비난형(I'm OK, You are not OK; 나는 맞고, 너는 틀리다)이다. 강박적인 수치심으로 남들보다 더 완벽해지려는 노력으로 더욱 착하게, 더 빈틈없게 완벽해져서 완벽하지 못한 다른 사람을 공격하여 자신의 수치심을 가리든가 아니면 반대로 자신이 타인에 비해 완벽하지도 못하다고 생각하며, 부정적인 행동을 하면서 무조건적으로 타인이나 사회를 비난할 수도 있다.

둘째는 회유형(I'm not OK, You are OK; 나는 틀리고, 너는 맞다)이다. 역기능 가정에서 눈치를 보며 자라서 '내가 아니라 아버지가 중요해'라는 인생패턴을 가진 아이라면 모범생으로 봉사를 하고 남을 위해 사는데, 이것도 자신의 수치심을 가리고 생존하려는 하나의 방법이 된다. 자신의 정체성을 찾지 못하고 다른 사람에 의해 휘둘려 살기 쉽다.

셋째는 산만형(I'm not OK, You are not OK; 나도 틀리고, 너도 틀리다)이다. 치유에 있어서도 '비난형'이나 '회유형'은 그래도 나와 너 중에서 한 쪽은 옳다고 생각하는 지지선이 있기 때문에 치유가 비교적 수월하지만 '산만형'은 나와 상대방 모두 틀리다는 부정적 이미지를 가진 인생패턴을 갖고 있기에 쉽게 치유되기 어렵다. 그렇다고 치유가 안 되는 것은 아니다. 누군가 자신을 끝까지 사랑해 주는 상담자를 만나 치유될 때까지 오랜 시간을 함께 해 준다면 가능하다. 산만형의 예(例)는 어려서 엄마가 집을 나가고 아버지는 알코올중독자로 폭력적인데다가 교도소에 가고 자녀는 홀로 남아 제대로 돌봄을 받지 못하는 경우다. 이렇게 유기와 방임을 경험한 결과, 자신에 대한 불신과 타인에 대한 불신으로 이어져 사회에 부적응적인 행동을 하게 된다.

넷째는 일치형(I'm OK, You are OK; 나도 맞고, 너도 맞다)이다. 이는 서로 사랑하는 부모로부터 사랑을 듬뿍 받으며 인생의 발달 단계에 따른 필요를 잘 공급받아 자신과 타인을 모두 사랑 할 수 있는 능력을 갖게 된다. 나도 중요하고 너도 중요하며, 너를 위한 일이 나를 위한 것이라는 부모의 사랑이 자녀 자신의 자아상으로 형성되며, 이를 통해 자녀는 부모처럼 일치형의 인생 패턴을 갖게 된다.

우리의 치유목표는 위의 네 가지 인생 패턴을 가진 사람들이 모두 참 자아를 찾아 일치형의 인생 패턴을 갖게 되는 것이다. 일치형을 설명하는데 가장 적절한 단어는 사랑이다. 이는 봉사와 선행이 참 자아로서 기능하는 것을 말한다. 그러므로 상처의 치유는 관계 속에서 사랑의 통로를 확보하는 작업이다. 역기능 속에서 사랑을 받지 못한 사람이 사랑을 한다고 하면 자신의 무의식적인 생존전략으로 거짓 자기가 기능을 하고 있다고 할 수 있다. 사랑은 사랑을 받은 자만이 할 수 있고 받은 자만이 줄 수 있다. 받지도 못하고 주려니 실제가 없는 그림자가 된다.

가족의 위기

세상에 갓 태어난 아이에게 있어서 가족은 처음으로 대상(對象)과의 관계를 경험하는 곳이다. 그 최초의 대상은 엄마다. 엄마가 아이인 자신을 어떻게 보고 있으며 엄마에 의해 자신의 필요가 어떻게 채워지느냐에 따라 아이는 자기의 이미지를 형성한다. 그러므로 부모, 특히 엄마의 눈이라는 거울을 통해서 처음으로 아이는 자신의 이미지를 형성하게 된다. 부모로부터 사랑을 많이 받은 아이는 건강하게 자란다. 그러나 대상인 부모로부터 상처를 많이 받은 아이는 자라서 여러 형태의 중독적인 성향을 나타낸다.

중독은 고통을 피하기 위한 진통제와 같은 대체물이지만 이것이 지속되면 진통제의 양이 점점 늘고 내성이 생겨 병세는 점점 더 심해지고 죽음에도 이를 수 있다. 고통을 이겨내려면 진통제를 끊고 고통이 수반된 현재의 감정을 그대로 느끼며 상처를 극복할 수 있도록 노력해야 하며 새로운 관계 경험으로 치료를 받아야 한다. 중독에 대하여는 뒤에서 더 자세히 다루도록 하겠다.

상처의 핵심은 수치심이다. 그 수치심이 자신과 타인 사이에서 고통을 안겨주는 원인이 되기에 수치심은 영혼의 병이다. 대상과의 관계에서 나쁜 이미지를 받거나 모멸감을 느껴서 상처를 받을 수 있다. 그리고 인생의 발달 단계에서 어려움을 겪거나 자신의 삶의 목적달성에 실패하여 상처를 받을 수도 있다. 이처럼 대상과의 관계 가운데 받았던 상처에 기인한 자신의 고통스런 이미지를 계속해서 느끼는 고통스런 병이 있는데 그것이 수치심이다.

수치심은 많은 부분 어린 시절(2-3세)에 대상(특히 엄마)과의 관계에서 받게 되는 나쁜 이미지로 형성된다. 예를 들면 아이가 아무 곳에나 배변을 하였을 경우 일관성이 없는 엄마의 대처나 신체적, 정서적으로 아이의 필요를 채우지 못하여 아이가 부정적 자극을 받았을 때 수치심이 생긴다. 이처럼 대상과의 관계에서 상처를 받으면 수치심을 갖게 되고 이러한 패턴이 계속 이어지면 자기 자신과 타인 사이에 벽을 세우게 된다.

죄책감은 자신의 잘못한 행동을 인정한다. 잘한 행동에 대해서는 자신을 자랑스럽게 여길 것이다. 그러나 수치심은 내가 잘했든 잘못했든 나란 존재 자체가 잘못된 존재라고 느끼게 한다. 죄책감은 자신의 실수에 대하여 후회하는 감정을 갖지만 수치심은 나란 존재 자체가 잘못이라고 말한다.

수치심의 형태 가운데 버림받음에 의한 수치심이 있다. 관계적인 측면에서 아이의 감정표현을 엄마가 지지해 주지 못하여 의존의 욕구를 채워주지 못할 때 수치심을 갖게 된다.

에릭 에릭슨(Erik Erikson)은 영아기(0-1세)에 엄마와의 관계가 중요하다고 본다. 엄마가 유아의 신체적, 심리적 욕구와 필요를 적절히 충족시켜 주는 것이 중요하며, 충족되었을 때 신뢰감을 형성하고, 어머니가 거부적이거나, 주의를 기울이지 않거나, 먹이는 일에 일관성이 없을 때 아이는 불신감을 형성한다고 보았다.

유아기(2-3세)는 여러 개의 상반되는 충동 사이에서 스스로 선택하며 자신의 의지를 나타낼 수 있게 된다. 유아는 근육발달로 인하여 대소변의 통제가 가능해지고 혼자의 힘으로 걷게 되며 주위를 탐색하며 음식도 스스로 먹으려고 한다. 언어는 '나', '내 것', '싫어'라는 말을 쓰며 자기주장을 할 수 있게 된다. 24개월 전후로 엄마와 자신의 신체가 별개임을 알게 되는 신체적인 분화가 일어난다. 부모에게서 신체적, 정서적으로 적절한 반영을 받으며 일관성 있게 배변교육이 이루어지는 등 긍정적인 이미지를 많이 받게 되면 자율적인 아이가 되지만 그렇지 못하면 수치심을 갖게 된다.

4, 5세가 되는 때에 대상과의 관계에서 좋은 영향을 받으면 주도적인 아이가 되고 돌봄을 잘 받지 못하면 죄책감을 갖게 된다. 그러므로 태어나서 5세까지 대상과의 관계에서 좋은 영향을 받았을 때 신뢰감, 자율성, 주도적인 아이가 되고 나쁜 영향을 받았을 때 불신감, 수치심, 죄책감을 갖게 된다. 그러므로 아이에 있어서 대상과의 관계는 어리면 어릴수록 더 중요하다. 우리는 이미 수치심과 죄책감이 인격에 어떠한 영향을 미치는지 살펴보았다. 그 무엇보다 최초의 대상과의 관계에 있어서 신뢰감을 형성하는 것은 가장 중요하다. 자신을 신뢰하면 타인을 신뢰할 수 있고 서로의 관계 속에서도 일치를 볼 수 있다. 그 일치는 사랑을 의미한다. 그러므로 적어도 자녀가 5세가 될 때까지 가족 안에서 좋은 인격과 일치형 인생 패턴의 에너지를 확보할 수 있도록 사랑하고 돌보는 일은 중요하다.

이 모든 것이 결국 대상(특히 엄마)과의 관계에서 이루어진다. 순기능은 부모가 자녀의 필요를 채워주는 것이고 역기능은 욕구를 채워주어야 할 부모가 오히려 자녀를 이용하여 부모 자신의 욕구를 채우는 것이다. 이러한 역기능이 자녀에게 심각한 수치심을 불러일으키는 요인이 된다.

아이에게 내재된 상처 입은 경험은 고통스러운 느낌을 갖게 하고 수치심을 만들어 내는 원인이 된다. 아이는 무의식적으로 고통을 피하기 위하여 거짓 자기를 만들어 내는데, 이것이 그림자다. 거짓 자기를 만들면 참 자기로서 받은 고통을 당장은 피할 수 있는 것 같지만 계속 고통은 숨겨져서 일생을 괴롭히게 된다. 고통을 회피한 감정도 참 감정이 아닌 거짓 감정으로 대치된다. 아이에게 있어서 이것은 무의식적인 생존전략이며, 거짓 자기를 발달시키는 원인이다. 이렇게 상처 입은 아이가 부모가 되면 상처 입은 성인아이가 자녀를 기르게 되고 그 자녀는 부모처럼 상처 입은 성인아이가 되기 쉽다.

거짓 자기에는 반항아, 문제아뿐만이 아니라 모범생, 착한 사람 등 그 역할은 실로 많다. 그러므로 자신이 좋은 역할을 하느냐 나쁜 역할을 하느냐가 중요한 것이 아니다. 역할을 한다는 것은 상처가 있다는 것이고 그 상처는 역할과 관계없이 치료해야 한다. 그 치료는 어린 시절의 받지 못한 사랑의 결핍으로 생긴 상처를 치유하는 것이다. 치유가 되지 않는다면 자신은 참 자기가 아닌 거짓 자기로서 평생 살게 되며 그 자녀들 또한 역기능에 노출되어 상처는 대물림이 된다.

자녀를 양육함에 있어서 가족 내의 규칙, 학교 제도, 사회 질서, 종교 규범 등을 적용하는 것은 당연한 것으로 여기고 있다. 그러나 이러한 체계들도 폐해가 있다. 자녀가 실제의 자기로서가 아니라 거짓 자기로 기능을 하는 상태에서의 규칙이란 개인의 자유를 무시한 채 질서 안에 가두는 역기능적인 규칙이다. 이런 경우 부모는 자녀에게 강요하는 이러한 질서가 자신의 상처를 가리기 위한 거짓 질서임을 알아야 한다.

역기능의 가정이 많이 모여 만들어 내는 사회 규칙은 건강한 규칙이 아니라 오염된 병든 규칙이다. 오염된 사람들은 강박적이고 중독적인 행동을 하게 된다. 역기능적인 규칙은 중독과 강박에 의하여 더 강화되며 '말하지 않기' 규칙에 의하여 만들어 낸 비밀을 집단적으로 공유한다. 이처럼 역기능의 규모가 커지면서 대상은 개인과 가족을 넘어 집단이나 사회로 커질 수 있다. 그러므로 이러한 위기를 심각하게 받아들여야 한다.

역기능의 체계가 만들어 내는 강박적이고 중독적인 행동은 잠시 쾌감을 줄 수 있지만 결국 자신의 신체적, 정서적, 영적 삶을 파괴하여 가족과 사회에서 격리되는 결과를 낳는다.

Alice Miller는 '유해한 교육'은 순종(아이의 입장에서는 자신의 생각이나 판단이나 선택에 상관없는 복종)을 가장 중요한 가치로 여긴다고 말한다. 순종 다음은 정리정돈, 청결 그리고 감정과 욕구의 절제다. 아이들은 가르침을 받은 대로 생각하고 행동할 때만 '좋은 아이'로 여겨진다. 그러나 그러한 규칙에만 맞추어진 아이는 자신의 실제를 잊고 남들에 의해 만들어진 거짓 자기로 살아가게 된다. 또한 이 아이가 부모가 되면 자신의 자녀를 자신과 똑같이 가르치게 될 것이다. 이러한 패턴을 이루는 신념은 사실 거짓된 신념이다. 부모가 거짓 자기로서의 거짓된 신념을 갖고 있다면 아이들도 부모와 같이 거짓 자기로서의 거짓 신념을 가질 수밖에 없기에 아이들이 가지는 신념은 바로 그 부모에게서 나온다고 본다. 이와 같이 수치심은 여러 세대에 걸쳐 대물림된다.

자녀는 정서적으로 박탈감을 느낄수록 연결의 환상(무의식적으로 자신의 존재의 안정감을 위해 상처를 주는 부모를 미화하여 부모를 이상화(理想化)시키고 오히려 자신이 잘못되었다고 자신이 책임을 안아 부모와 자신이 안전하게 하나라고 생각하려는 일종의 자신의 방어기제)은 강해지게 마련이다. 사람은 버림받고 상처를 받으면 받을수록 자신의 가족과 부모를 이상화하며 집착하려는 경향이 있다.

부모에 의하여 버림받은 아이는 자신이 안전하게 생존하려면 자신의 부모를 이상화하고 자신이 나쁘다고 생각함으로써 자신을 분열시켜야 한다. 이렇게 분열된 자신의 한 부분은 사실 자신이 받아들기를 거부한 부모의 일부분이다. 아이는 이렇게 분열되고 금지된 자기를 다른 사람들, 즉 자신의 가족이나 타인에게 투사한다. 그리고 상처를 주는 부모의 목소리를 자신의 내부로 투사하게 된다. 이 말은 아이가 원래 자신의 부모로부터 들었던(상처가 되는 부정적인 말) 대화를 자동으로 계속 자신의 내부에서 듣게 된다는 것이다.

긍정적 이미지를 받든 부정적 이미지를 받든 아이는 자신이 부모에게서 양육을 받은 대로 자신을 본다. 오랫동안 거짓 자기를 자신으로 동일시하다 보면 자신의 진정한 감정, 필요, 욕구를 거의 의식하지 못하게 된다. 즉, 수치심이 내면화가 된다. 진짜 자기와의 의식적인 접촉은 차단되고 진짜 자기는 존중의 대상이 되지 못한다.

순종은 사랑을 통해 순기능적으로 이루어진다. 이는 부모의 참 자기로서의 건강한 생명이 자녀에게 흘러 자녀 역시 참 자기로서 부모를 향하여 건강하게 소통하는 교류다. 순종이 부모의 강요나 병든 규칙에 의하여 '좋은 아이'(거짓 자기가 기능을 하는)가 되었다면 이는 순종이 아닌 무조건적인 복종이 된다. 종교적인 신념이 옳아 보여도 그 신념이 개개인의 인격과 자아경계선을 침범하여 강요된 신념이라면 이 또한 역기능적이다.

가정에서 부모의 역할이 중요한 것처럼 교회 공동체에서는 목사의 역할이 중요하다. 자신의 내적 상처가 치유되지 못한 목사는 성도들에게 역기능적으로 믿음과 신앙을 가르칠 수 있다. 그러므로 목사는 자신의 상처에 관심을 갖고 치유해야 하며 자신의 치유 경험이 있어야만 다른 형제의 상처를 치유할 수 있다는 것을 알아야 한다. 이렇게 치유하는 삶의 과정을 사랑의 연합이라 부르고 싶다. 그러나 사랑을 경험하지 못하고(상처를 치유하지 못하고) 거짓 자기가 기능하는 가운데 강조하는 순종은 자율적인 순종이 아닌 강요된 복종이 되고 사랑은 참 사랑이 아닌 목사의 수치심을 가리기 위해 성도들을 통제하는 율법(律法)이 된다.

역기능 가정에서 상처 입은 아이로 자라 목사가 되었다면 자신만의 부정적인 신념을 가질 수 있다. 여기서의 신념은 모든 권위는 하나님에게서 온 것이기 때문에 신성한 명령으로 여기고 목사에게 무조건적으로 복종해야만 한다는 신념이다. 이러한 역기능이 강화되면 극단적으로 잘못된 권위에 자신이 복종하게 되기도 하고 자신 또한 자녀나 연약한 누군가를 복종시키기도 한다.

거짓 자기가 기능하는 가운데 내적 자유가 없는 복종은 나치즘이나 집단 자살 등으로 나타날 수 있고 이러한 역기능적인 행동이 사회적, 국가적, 그리고 종교적으로 나타날 수 있다. 이것은 인간이 실제로 느낄 수 있는 참 감정이 단절된 절대화된 복종이다. 유사하게 법과 질서도 자발성이 없다면 강박적 예속 상태가 되게 한다. 내적인 자유와 독립성, 그리고 비판하고 선택할 수 있는 자유가 박탈당한 채로 표현되는 배려, 친절, 이타적인 헌신은 그림자다. 독재자나 신격화된 사람에 의해서 지배를 당하는 상처 입은 사람들은 참 자기를 잃고 무비판적으로 복종하게 된다.

어린 시절의 상처로 자신의 감정이 오염되면 참 감정을 잃어버리게 되고, 자신의 신체와의 접촉도 잃어버리게 된다. 그렇게 부모가 되면 자신의 자녀들의 욕구와 생각을 감시하고 통제한다. 이처럼 어린 시절 상처 입은 목사는 성도들의 욕구와 생각을 감시하고 통제할 수 있다. 이는 무의식중에 자신의 상처에 의하여 생기는 욕구를 상대방으로부터 채우고자 상대방을 통제하게 되는 것이다. 그 통제는 권위주의적일 수도 있고 친절과 자상함일 수도 있다. 또한 그와 관계하는 사람들은 정서적으로 중독될 가능성이 많다. 만일 상대방이 통제에 따르지 않는다면 자신의 수치심이 건드려지며 분노를 표출하게 되는데 상대방에게 신체적 위해를 가할 수도 있고 종교적인 교리를 이용하여 합리적으로 상대방을 통제하면서 성도들의 자아경계선을 침범할 수도 있다.

사람이 감정, 신체, 욕구, 생각을 통제당하게 되면 자기 자신을 잃어버리게 되며 자존감에 심각한 손상을 입는다. 내가 진정 누구인지 느끼지도 못하고 사는 것은 매우 슬픈 일이다. 이러한 참 자기의 부재는 역기능적인 세상을 지배하는 분노로 나타나기 쉽다. 분노가 외부로 향하게 되면 난폭한 범죄를 저지르게 되며, 자기 자신을 향하게 되면 수치심으로 인하여 여러 가지 중독에 빠진다. 극히 일부분의 사람은 수치심을 가리는 도구로 사람들도 인정하는 목표를 세우고 강박적 열심을 내어 그 목표를 이루기도 한다.

대부분의 가족은 크거나 작거나 역기능적인 요소를 가지고 있다. 그러기에 우리가 정상이라고 생각하는 규칙들도 각 가족이나 개개인에게 적용됨에 있어서 크거나 작거나 역기능적인 부분이 있다. 예를 들어 부모가 자녀에게 공부하라고 강요하는 규칙이 있다면 아이는 부모가 자신보다 공부를 더 중요하게 여기고 있다고 생각하게 된다. 부모의 사랑보다 상처를 먼저 받게 된 아이는 실제의 자기를 느끼고 인정하기도 전에 상처 입은 거짓 자기가 발달하게 된다. 아이는 그 거짓 자기가 참 자기인 줄 알고 있다가 부모의 기대치에 못 미친다고 생각이 되고 자신이 부모의 강요에 견디지 못할 정도가 될 때 자해나 자살을 할 수도 있다.

역기능적인 가족체계에서 그 구성원들은 자신들 스스로가 정상이라 생각했고, 겉으로는 정상적인 사랑의 행위인 것 같았던 것도 상호 그림자로써 관계를 하게 되면 각자의 자아경계선이 불분명한 상호의존증(일종의 '정체성 상실의 병')을 갖게 된다. 상호의존적 관계가 된다는 것은 사람들이 자신의 감정이나 욕구 등을 포기해야 한다는 것을 의미하고 가족 구성원들 간에는 밀착이나 연합, 그리고 종속과 갈등구조 등을 만든다.

많은 성인아이들은 어린 시절 유기되거나 방치되었던 것에 대한 두려움과 다른 사람들에게 종속될 것에 대한 두려움을 갖는다. 일부는 다른 사람에게 거절당할까 봐 두려워 타인이나 외부세계로부터 스스로를 고립시켜서 자폐적이 되든가 반대로 타인이나 외부세계에 집착을 한다. 상처 입은 성인아이들은 무질서한 모습(반항아)이나 지나치게 규율적인 모습(모범생)으로 심리적인 갈등을 하고 있다.

순기능의 가족체계에서는 어린 시절에 충분한 사랑과 필요를 공급받아 분화(分化)가 잘 된다. 자녀는 결혼을 하여 부모의 품을 떠난다. 부모는 자녀가 온전한 한 인격으로 자라 새로운 독립된 가정을 이루게 되는 것을 보며 기뻐한다. 순기능 가족의 부모는 자녀를 기쁘게 떠나보낸다. 그 부모 자체가 어린 시절 사랑을 많이 받아 분화가 잘 되어 성숙한 인격이 되었기 때문이고 부모처럼 자녀도 참 자기로서 기능을 하므로 앞으로의 삶도 부모처럼 자녀를 잘 양육할 가능성이 높다. 그러나 부모 자체가 원래 성숙한 사람이 아닐 수도 있다. 그래서 상처의 치유가 필요하다. 치유를 통하여 거짓 자기를 버리고 참 자기를 찾고 배우자와의 관계를 회복하여 자녀를 잘 양육한다면 자녀도 건강하고 성숙한 인격이 된다.

사랑받지 못한 사람은 사랑할 수도 없고, 사랑받지 못한 사람은 사랑을 주어도 받을 줄 모른다. 그러나 먼저 사랑을 받아 사랑할 줄 알게 된 사람은 상대방의 어떠한 이유에도 그를 사랑할 준비가 되어 있다. 또한 상대방이 자신의 사랑을 받아 사랑할 수 있는 사람이 될 때까지 사랑의 수고를 아끼지 않는다. 치유는 사랑받지 못한 사람이 사랑할 줄 아는 사람으로부터 사랑을 받을 때 시작된다. 사랑의 통로를 막고 있는 과거의 상처를 현재에 직면하여 상처를 준 사람, 특히 부모로부터의 사과와 사랑한다는 말을 들어야 한다. 이는 오염되었던 감정을 씻는 일이고 자기 자신의 이미지를 대신했던 가면을 벗고 실제의 자기를 만나 참 자기로서의 삶을 현재에 누리도록 하는 치유다.

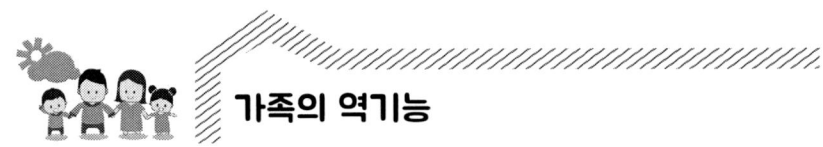

가족의 역기능

 A가정의 아이와 B가정의 아이가 각각 자신의 가정에서 선반 위의 과자를 먹기 위해 의자에 올라가 과자를 꺼내다가 그릇을 깨뜨렸다. A가정의 엄마는 "이게 얼마짜린데, 누가 거기 올라가라고 했어?"라며 호통을 치고, 아이 머리에 꿀밤을 주었다. 반면 B가정의 엄마는 달려가 "어디 다치지 않았니?" 하며 아이를 안아 준다. A가정의 아이는 '나는 그릇보다 못한 놈'이라고 자신의 이미지를 형성할 것이고, B가정 아이는 '그릇보다 내가 더 소중한 존재구나'라는 이미지를 갖게 될 것이다. A가정 아이는 왜곡된 자존심인 수치심을 갖게 되고, B가정 아이는 건강하고 높은 자존감을 갖게 될 것이다.

 대부분 죄책감으로부터 상처의 근원을 느끼는데 먼저 생각해 봐야 할 것은 그 죄책감이란 것이 이미 역기능의 가족체계에서 형성된 수치심에서 비롯되었다는 것이다. 성인아이가 상처 받았던 모든 방식들은 결국 '나'라는 참 자아를 잃어버린 데서 비롯된다. 건강한 사람은 스스로 느끼고, 마음대로 생각하고, 말하고 싶을 때 말하고, 하고 싶을 때 하고, 하기 싫을 때 거절할 수 있는 사람이다. 이 능력은 그 아이의 부모가 서로 사랑하고 존중하며, 부부의 한 몸 됨의 관계 속에서 자녀의 필요를 채워줬을 때 나타난다. 그러면 아이 스스로 자기 자신이 귀한 존재임을 느끼고 동일메시지의 사랑을 받아서 타인을 사랑할 수 있는 존재가 된다.

 가족체계는 인과관계에 의해서가 아니라 순환적인 가족관계를 통하여 움직인다. 그러므로 가족체계 안에서는 각 가족 구성원이 다른 모든 구성원에게 어떤 형태로든 연루되어 있다. 따라서 가족의 체계로 볼 때 가해자는 어린 시절 역기능 가족의 '희생양'이었다. 어린 시절 부모로부터 상처를 받았던 피해자가 결혼을 하고 부모가 되면 자신의 부모처럼 가해자가 되어 자녀에게 상처를 준다. 그러므로 개인이 아닌 가족이 환자다.

이러한 역기능적인 가족이 많게 되면 사회 자체도 역기능적으로 병이 든다. 그 속에서 태어나는 아이들은 가족과 사회 모두에게서 상처를 받게 된다. 즉, 개인만이 아니라 가족과 사회가 환자가 되는 것이다. 그러므로 한 개인의 범죄라고만 여기지 말고 그 책임이 그 가족과 사회에도 있다는 것을 알아야 한다. 그러므로 사회적인 측면에서 성폭력 같은 범죄를 미연에 방지하도록 국가가 제도적으로 힘을 써야 한다. 가족적인 면에서는 가족의 역기능을 순기능으로 바꾸는 가족치료와 상담이 중요하다. 이 과정은 가족만이 아니라 나아가 사회를 순기능으로 변화시키는 중요한 작업이다. 그 일환으로 역기능의 개념이 무엇인지 알아보고 역기능을 순기능으로 바꾸는 치유 방안을 생각해 보자.

가족의 역기능 가운데 부모가 자녀에게 상처를 주는 학대에는 성적, 신체적, 정서적 학대 등이 있다.

첫째, 성적 학대다. 성적 학대에는 신체적인 학대와 정서적인 학대가 있다. 많은 사람들은 신체적이지 않은 학대는 학대가 아니라고 오해한다. 부부 중 어느 쪽이든 자신의 배우자보다 자녀가 더 중요하다고 생각한다면 잠재적이면서 정서적인 성적 학대를 하는 것이다. 부모 중에 어느 한 쪽이 자녀와 밀착 될 때 자녀는 어느 한쪽으로 편향된 성의 이미지를 갖게 되기 때문에 성적 왜곡을 일으키는 성적 학대가 된다. 부부 중 한 쪽이 자녀와 밀착된 것이야말로 가족의 대표적 역기능의 삼각구조다. 부부 사이에서 해결하지 못한 신체적, 정서적, 심리적인 필요를 아이를 이용해서 채우게 되기에 일종의 학대라고 할 수 있다. 이것을 가족체계 내에서 '역기능의 삼각구조'라고 부른다. 부부가 갈등이 있으면 그 사이에서 상처를 받는 아이는 참 자기를 잃어버리고 누군가의 대리인 역할을 하게 되기에 거짓 자기를 형성하여 가면을 쓰게 된다. 이것이 아이에게 상처를 주는 학대가 된다. 엄마가 아이에게 아무리 잘 해주고 사랑해 주어도 부모의 관계가 좋지 않으면 그 아이는 부모로부터 학대를 받는다고 생각하면 된다. 부모로부터 받게 되는 이중메시지는 자녀에게 상처가 된다.

둘째, 신체적인 학대는 정신적 학대와 함께 영적인 상처를 남긴다.

셋째, 정서적인 학대다. 아이들에게 소리치고 고함을 치는 것은 물론 '멍청이', '바보' 등의 욕설은 아이의 내면에 기록이 되고 마음속에서 계속 재생이 되어 자신을 그와 같은 존재로 여기게 한다.

마지막으로 중독된 수치심이다. 수치심 중독은 죄책감보다 훨씬 더 심각하다. 죄책감은 자신이 무엇인가 잘못한 것을 인지하고 그것을 다시 고칠 수 있다. 그러나 수치심 중독은 자신이 잘하든 못하든 상관없이 자기 자신이 잘못된 존재라고 느끼고 그것에 대해 자신이 할 수 있는 것이란 아무것도 없다고 여긴다.

무의식으로 들어가는 첫 관문은 감정이다. 어린 시절 역기능 가정에서 상처를 받아 수치심을 갖게 되면 감정에 상해를 입는다. 상처 입은 감정은 오염이 되어 더 깊숙한 무의식으로의 연결을 불가능하게 만든다. 감정보다 더 깊은 곳에 있는 가치관과 열망, 사랑, 사람에 대한 기대감, 그리고 가장 깊숙한 곳에 있는 영(靈)까지 서로 연결된 상태를 참 자아, 또는 참 자기가 기능한다고 말한다. 오염된 감정은 더 깊은 무의식으로의 연결을 차단하여 거짓 자기를 만들어 낸다. 그렇게 되면 자신의 진짜 감정을 느끼지 못하기에 다른 사람과도 진실된 감정과 생각을 나눌 수 없게 된다. 왜냐하면 감정과 연결된 과거 상처의 기억들을 억누르는 방어기제가 작동하고 있기 때문이다. 그러면 참 자기, 즉 참 감정은 숨게 된다. 그러므로 상처의 치유에 있어서 꼭 필요로 하는 것이 직면이다. 직면은 과거 상처 받은 사람이 바로 자신이었으며, 그때 느껴졌던 감정을 방어기제로 피하지 않고 직면을 통하여 그 감정을 느끼고 순환시킴으로 실제의 감정을 두려움 없이 받아들이는 것이다.

감정을 순환시킨다는 것은 상처 입은 사건이 있었을 당시 자신이 감당하기엔 너무 큰 상처로 인하여 참 감정을 회피하였던 것을 이제는 회피하지 않고 그 때의 참 감정을 현재에서 느껴보는 작업이다. 이와 같은 작업은 1회성이 아니라 기회가 있을 때마다 자주 할수록 그 고통이 감소하며 실제의 감정을 자연스럽게 만 날 수 있게 된다. 실제의 감정을 만나며 상처는 서서히 치유된다.

가족의 비밀(秘密)

누구나 비밀이 있다. 그 비밀에는 기쁨과 슬픔, 고통과 분노, 그리고 즐거움과 그리움 등 많은 감정과 기억을 포함하고 있다. 비밀은 보이지 않지만 숨을 쉴 수 있게 만드는 공간이요, 그림의 여백과도 같다. 또한 간간히 나란 존재를 마음속으로부터 느끼게 하고 내 감정을 정확히 만나며 실제의 자기를 보게 하는 거울과도 같다. 이와 같이 긍정적인 비밀은 자기만의 숨 쉴 수 있는 공간이 되기도 하며 은밀한 기쁨이 되거나 슬픔과 고통이 되기도 한다. 만일 비밀이 없이 인간의 관계가 투명하다면 오히려 서로 고통스러울 것이다. 그런 면에서 비밀은 인간관계에서 충돌을 방지하며 서로의 관계를 적절하게 유지시키는 역할을 한다. 만일 내가 숨겨지기를 원하는 비밀까지도 폭로되어지고 통제를 받는다면 이처럼 끔찍한 일은 없을 것이다. 이러한 순기능적 비밀과는 반대로 아픔과 고통을 유지시키고 강화시키는 역기능적인 비밀도 있다. 한 예로 역기능적인 가족체계와 자신의 상처에 대하여 말하지 않는 규칙 같은 것이 역기능적인 비밀이다.

비밀에 있어서 프라이버시(Privacy)와 관련된 일상의 비밀과 이중성을 초래하는 병적인 비밀의 의미는 다르다. 일상의 비밀이란 일반적인 대상과의 관계에 있어서 자아경계선을 침범당하지 않고 대상(부모)과의 교류에서 참 자기가 기능하는 자녀가 스스로 원해서 갖게 된 비밀이다. 이 비밀은 자신의 능력으로 지킬 수 있는 비밀이고 건강한 비밀이다. 반대로 병적인 비밀은 자신의 능력으로 비밀을 지킬 수 있는 자유가 개인(자녀)에게 없다는 것이다. 문제는 가정 내에 비밀이 있지만 그런 비밀이 존재한다는 것을 생각할 수도 없고 말해서도 안 되는 역기능적인 가족체계에 있다. 만일 이 비밀을 자녀가 인지하게 되고 밖으로 폭로한다면 이 아이는 부모로부터 버림받을 것 같은 두려움과 위험을 느끼기에 아이는 자신이 느낀 것을 말할 수 없다. 아예 인지하지 않거나 생각조차 안 하는 것이 편하다고 생각한다. 이러한 역기능의 가족체계는 자녀가 느껴야 할 것을 느끼지도 못하게 하며 가족의 역기능적 비밀을 제대로 이해하지 못하도록 한다. 고통을 이겨나가고 싶지만 여전히 역기능적인 비밀은 숨어 있기에 자아는 분열되고 정신적으로 이중성을 띠게 된다. 더욱 심각한 것은 훗날 비밀이 밝혀진 뒤에도 역기능적인 비밀 때문에 이미 분열된 정신세계는 여전히 분열된 채로 남아 있다.

이중성이란 어린 시절 상처 입은 아이가 자라 부모가 되어 자신의 자녀에게 상처를 주게 되는 모든 형태로, 병적이고 역기능적인 비밀이 이에 속한다. 자녀는 부모가 처한 고통스런 이중성(어린 시절 피해자이면서 부모가 되어 가해자가 됨)을 그 누구보다도 잘 느낀다. 그러면서도 이런 사실을 부모가 눈치채지 못하도록 불완전한 부모를 완벽하다고 이상화(理想化)한다. 이렇게 자녀는 완벽하지 못하며 상처를 주는 부모를 완벽하다고 이상화하고, 부모가 원래 가지고 있던 이중성을 끌어안으며 자신 또한 부모처럼 이중성을 띠게 된다. 역기능적 비밀은 이런 식으로 세대에 걸쳐 반복된다.

역기능 가족체계에서는 상처로 인해 모범생의 가면을 쓴 아이가 아니라 부모로부터 받게 되는 상처를 거부하는 고집스런 반항아가 오히려 건강한 아이다. 자기 자신이 원해서 거부할 수 있는 능력이 있기 때문이다. 부모는 이때 자신의 수치심 때문에 아이의 자유로운 표현을 막아서는 안 된다. 문제는 부모가 이러한 사실을 지각하지 못하고 무의식적으로 수치심을 가리기 위하여 아이를 통제하고 있는 것이다.

역기능 가족의 특징을 보면 부모가 자녀를 통제하려는 경향이 강하다. 부모의 통제는 부모가 자신의 수치심을 가리는 도구가 되고 자녀에게는 참 자기를 형성하지 못하고 거짓 자기로 살게 하는 원인이 된다.

국가가 개인의 자아경계선을 침범하면서까지 통제를 하게 된다면 국가 자체가 역기능적이고 국가 간에 전쟁을 일으킬 수도 있으며 국가의 수반은 신격화되기도 한다. 그러므로 인간의 자아경계선을 지키기 위한 긍정적인 면에서의 비밀은 필요하며 이러한 비밀은 아름다운 것이다. 반면에 인간관계나 사회의 법을 어기면서 타인과 사회공동체에 악영향을 주는 비밀은 역기능적이다. 이러한 비밀은 타인이나 다른 공동체의 경계선을 침범하는 것이 되므로 가족이나 사회체계에 좋지 않은 영향을 끼치게 된다.

기능적인 가족은 서로 존중하고 배려하며 사랑한다. 자신의 자아경계선이 분명한 것처럼 가족 구성원 모두의 자아경계선을 존중하며 지켜주려 노력한다. 그리고 최대한 자녀를 인격적으로 대하며 통제하기보다는 자유를 주기 원하며, 말하기보다는 자녀의 이야기를 들으려 한다. 대화할 때는 자녀의 감정을 반영하는 방법을 안다. 또한 자녀의 행동이나 심리적인 모든 것들을 알려하지 않는다. 자녀가 비밀이라고 생각하지만 부모가 알고 있는 경우에도 자녀의 입장을 존중하여 비밀은 지켜져야 한다. 이러한 비밀들이 지켜져야 하는 긍정적인 비밀이다.

'가족의 비밀'이라고 하면 많은 사람들은 남들에게 알려지고 싶지 않은 출생의 비밀, 가족 간의 상속문제를 둘러싼 갈등, 입양, 지병, 이혼, 패륜, 불륜 등 많은 가족들의 상처와 아픔을 고스란히 간직하고 있는 비밀들을 말한다. 비밀의 뿌리는 부끄러워서 말할 수 없는 사실들과 기억 자체가 고통스러워 방어기제로 억누르고 있는 오염된 감정으로부터 비롯한다.

부모에게 상처를 받아 수치심을 떠안은 아이가 부모가 되어 그 수치심을 가리는 방법으로 자신의 부모가 자기에게 하였던 것처럼 교육이나 신앙, 또는 폭력이나 유기 등과 같은 것으로 자녀가 갖추어야 할 자아경계선을 무너뜨린다. 이러한 상처의 대물림이 역기능 가족체계의 특징이다. 이처럼 역기능의 가족체계는 가족의 비밀을 만들어 낸다. 그리고 부모든 자녀든 고통을 수반한 가족이나 자신의 과거에 대한 비밀을 말하지 않음으로써 가족이 받게 될 큰 충격을 막아냈다고 생각한다. 또한 이 비밀을 숨기는 것은 자신뿐만이 아니라 가족을 보호하기 위해서라고 생각한다. 그러나 이러한 믿음은 가족을 보호하는 것이 아니라 가족의 역기능을 강화시키는 것이다. 그러므로 역기능을 탈피하기 위해서 가족의 비밀은 드러나야 한다. 부정적인 비밀이 드러나면 가족에게 큰 충격과 어려움이 올 것이라는 잘못된 믿음과 신념을 벗어야 한다. 물론 처음에는 충격이 오겠지만 역기능적인 비밀이 사라지면 점차 고통은 줄어들어 순기능의 가족체계로 바뀌게 된다.

이러한 과정은 개인의 상처 입은 내면아이 치유 과정과도 일맥상통한다. 과거에 잘못 매듭지었던 것을 다시 과거로 돌아가 푸는 작업이 '직면'이다. 직면을 통하여 과거의 꼬인 줄을 풀면 현재의 줄이 꼬이지 않게 된다. 물론 직면할 때 과거의 상처 입은 경험들을 만나게 되므로 몹시 두렵고 고통이 따른다. 그러나 이 과정을 이겨나가야 한다. 아버지와의 역기능적인 관계를 직면을 통하여 꼬인 매듭을 만나고 풀어 순기능적인 관계로 전환시킨 경험을 하게 하여 이것을 현재에서도 경험하게 하는 것이 치유다. 직면은 가해자가 아버지이고, 피해자가 자신이었음을 인정하는 것이다. 그러면 내면으로부터 감정이 올라오는데 그 감정을 그대로 표현해야 된다. 이것을 감정을 순환시킨다고 한다.

직면을 위하여 아버지와의 맞장을 뜨는 첫 번째 방법은 상담이나 치유 과정에서 과거를 연상하거나 재연하는 것이다. 그 당시 자아경계선이 침범당할 때 무조건적으로 자신이 받았던 피해에 대하여 인정해야 한다. 그리고 무너졌던 자아경계선 때문에 말도 못하고 상처를 받았던 그때의 시점에서 분명한 자아경계선을 갖고 말했어야 할 "싫어요", "그만 두세요", "그건 내 잘못이 아니에요"라고 당당히 말해야 한다. 그러면서 당시에 느꼈던 두려움, 슬픔, 그리고 많은 세월 억눌려 온 것에 대한 분노 등 느꼈었던 감정을 터뜨려야 한다. 실제로 아버지가 참여할 수도 있고 집단 상담일 경우 아버지와 이미지가 비슷한 사람을 아버지 대역으로 사용할 수도 있다. 상담자와 자신 밖에 없는 경우 빈 의자 기법을 동원하여 빈 의자에 아버지가 있다고 생각하고 말할 수도 있고 상담자가 아버지 대역을 할 수도 있다. 내담자 자신이 아버지가 되어 빈 의자에 아들이었던 자신이 앉아있다고 생각하고 말을 할 수도 있다.

가해자인 아버지에게 피해자인 자신이 이렇게 말할 수 있다.

(상처를 받을 당시 이렇게 말했어야 했다.)

"한 번이라도 나를 사랑한다고 말해본 적이 있어요?"
"나를 따뜻하게 안아준 적이 있어요?"
"그러면서 어떻게 당신이 나의 아버지라고 할 수 있어요?"

위의 말들처럼 내담자는 분노를 나타낼 수도 있다. 그리고 상담자는 내담자 스스로가 받은 상처에 대하여 책임이 없었다는 말을 하도록 도와줘

야 한다. '내 책임이 아니에요, 이 모든 것은 당신(가해자로서의 부모)때문이에
요'라는 말을 당시에 왜 못했을까? 그것은 어린 시절 힘 있는 부모로부터
살아나려고 발버둥 쳤던 무의식적인 생존 전략이었다. 부모이상화로 부
모의 수치심을 자신이 끌어안게 되어 연결환상에 빠지게 되고 자신의 상
처를 꼭꼭 숨겨 그 상처와 아픈 기억들이 드러나지 않도록 자신과 가족
의 비밀로 간직했으며 결국 거짓 자기가 자신을 지배하여 자신에게나 가
족에게, 그리고 대를 이어 역기능이 대물림이 되는 가족의 비밀을 만들어
냈고 역기능은 강화되었다. 그러므로 상처의 치유는 수치심을 인정하고
직면을 통하여 의식의 세계인 밖으로 상처(수치심)를 드러내는 일이며, 가족
의 비밀을 인정하고 폭로하는 것도 포함된다.

　직면에서 부모와의 '맞장뜨기'는 내가 피해자로서 끌어안은 수치심을
원래의 주인이었던 가해자인 부모에게 돌려주는 작업이다. 자녀는 아버지
와의 동등한 인격이 되어 잘못된 요구를 거절하는 경험을 통하여 자신의
분명한 자아경계선을 경험하게 된다. 이러한 작업은 일회성으로 되지 않
는다. 기회가 될 때마다 직면을 하여 묵은 때를 서서히 씻어내듯 서서히
치유의 과정을 거치게 된다. 과거 상처를 받았던 당시 두려움에 떨었던 실
제의 감정은 상처에 대한 기억과 서로 꽁꽁 묶여 있었다. 어떠한 상황에
서든 상처가 의식적으로 떠오르면 상처와 함께 두려움에 떨던 고통스런
감정도 함께 만나게 되는데, 그 고통스런 감정을 방어기제로 피해왔다. 그
러나 치유를 위해 계속되는 직면은 숨어있는 고통스런 감정을 만나 차츰
씻어내는 작업이다. 치유가 되면 될수록 고통스러웠던 실제의 감정을 만
나도 두렵지 않고 고통도 점점 없어진다.

　사실 역기능 체계에서 생성된 비밀은 감정이나 생각이 금지당하고 있었
기 때문에 비밀 자체가 존재한다는 것을 생각할 수도 없었기에 말해야 될

필요도 느끼지 못했다. 크거나 작거나 그러한 비밀에 대한 부분이 느껴질 때도 말해서는 안 되는 상황에 놓여 있었다. 이러한 부적절한 느낌은 상처의 치유에 대한 필요를 깨닫게 해 준다. 두려워 말고 어떻게 하든 자신의 상처를 치유하고 극복하겠다는 결심을 갖고 전문적인 상담자나 조력자를 통하여 치유의 과정을 거쳐야 한다.

프랑스의 화가이자 작가인 앙리 퀴에코(Henri Cueco)의 경우는 역기능적인 비밀이 어떻게 가족에게 피해를 끼치게 되는지를 보여주는 예이다.

자신이 언청이인지 모르고 다섯 살까지 자란 앙리에게 한 의사가 '우리 토끼'(프랑스에서는 언청이를 산토끼 주둥이라 일컫는다)라고 불렀다. 앙리는 할머니에게 "토끼가 뭐냐?"고 묻자 앙리가 상처를 입는 것이 두려워 할머니는 대답 대신 서둘러 외면하였고 앙리는 질문한 자신이 무엇인가 잘못되었다고 느꼈다. 이것이 가족의 비밀이 되었으며 가족이 숨기는 비밀이 드러나면 자신과 가족에게 큰 위험을 줄 수 있기 때문에 앙리는 이와 같은 질문을 할 수 없게 되었다. 이런 불안감은 수치심과 죄책감을 갖게 하였다. 결국 자신이 잘못된 존재요, 가족에게 없으면 더 좋을 존재라고 생각하게 되었다. 이러한 생각은 다른 사람들로부터 스스로를 고립시키는 핑계거리가 되었다. 그리고 토끼에 집착하여 토끼에 대한 정보를 섭렵하였다. 사춘기가 되면서는 성에 관한 몽상에 빠지기도 했으며 자신을 '주둥이'와 연관 지어 수치심을 끌어안게 되었다. 앙리는 50대가 되어서야 간단한 수술로 언청이를 고칠 수 있다는 사실을 알게 되었고 자신의 온 생애가 이 상처 때문에 고통을 받으며 살아 왔다는 사실에 경악하였다.

역기능 가족체계에서는 생각할 수 있는 자유, 느낄 수 있는 자유, 그리고 선택에 대한 자유 등이 제지당하는 것처럼 비밀에 대한 호기심이 금지되면서 아이는 자신의 정체성을 형성하는 데 어려움을 겪게 되고 자신을 수치스러운 존재로 인식한다. 그리고 부모가 숨기는 비밀로 인하여 부모와의 괴리감을 갖게 되고 신뢰를 잃어버려서 부모와 같이 공감하거나 참자기로 소통하는 데 어려움을 겪으며 부모가 가지고 있는 비밀처럼 자신만의 비밀을 만들어 내기도 한다. 앙리가 무의식적으로 언청이 비밀을 유지하는 것은 부모를 위한 일이었다. 부모를 이상화하고 부모 대신 자신이 비밀에 대한 무거운 책임을 지고 인생의 많은 시간을 비밀을 캐내며 에너지를 소비한다. 비밀은 다음 세대에도 이런 식으로 대물림이 된다. 말로는 금지를 당한 비밀이 그 이름도 부르거나 불리지 못하게 되다가 비밀의 내용이 된 결과에 대하여 원인은 잊어버리고 결과로써 고통을 느끼는 문제만을 인식하게 된다. 그리고 명확하지 않은 그 원인에 대하여 의문으로만 남는다. 그 고통은 지속되며 방어기제에 의하여 비밀에 대한 생각 자체가 금지된다. 이러한 비밀이 역기능 체계에서 강화가 되면 아이는 신체적, 정신적으로 장애를 겪게 되고, 자신만의 상상(想像) 속으로 빠지기도 한다. 이렇게 세대를 이으며 역기능이 강화되면 정신분열(分裂)을 일으킬 수도 있다.

그렇다면 우리는 이러한 비밀들을 어떻게 다루면 좋을까?

첫째, 역기능적인 비밀이 발생하지 않도록 부모는 자녀와 소통을 해야 한다. 부모는 자녀에게 털어놓기 어려운 비밀까지 말하라는 것이 아니다. 자녀에게 자세하게 말하지는 못해도 부모가 안고 있는 심리적인 어려움이 있다는 것을 인정하고 그 문제는 자녀의 탓이 아니라고 말해주는 것이 중요하다.

둘째, 부모는 자녀 앞에서 완전한 존재로 보이고 싶어 하는 욕구를 내려놓아야 한다. 자신의 부족한 부분을 스스럼없이 드러낼 수 있는 바탕은 높은 자존감이다. 이렇게 자신을 있는 모습 그대로 받아들일 때 자녀에게도 참 자기로서 소통할 수 있게 된다. 사실 부모가 자녀에게 완벽해 보이려고 하는 행동은 부모 자신이 내면에 갖고 있는 수치심을 가리려는 방어기제 때문이다. 부모는 자신의 부족한 모습을 그대로 받아들이고 자녀에게 주었던 상처의 책임이 자신에게 있음을 고백해야 한다.

셋째, 부모나 자녀는 모두 금지되고 억압되었던 비밀을 인지하고 비밀을 인정하며 받아들이려는 노력이 필요하다. 자녀입장에서는 부모이상화를 통하여 완벽한 부모를 만들려는 생각을 버려야 한다. 부모이상화는 자녀로 하여금 부모 자신들을 치유하라고 부모가 조종하는 것과 같다. 그러므로 자녀가 스스로 부모이상화를 하여 부모의 수치심을 자신의 내면에 받아들였던 것에 대하여 비밀에 대한 책임은 자녀가 아닌 부모에게 있다는 것을 서로 깨달아 인정하고 소통하여야 한다. 이럴 때 자녀는 부모이상화를 탈피하게 되고 자신의 정체성을 회복시킬 수 있다.

넷째, 자아경계선이 불분명한 가운데서의 부정적 비밀은 역기능을 강화시키기에 이러한 비밀은 빨리 털어놓는 것이 좋다. 상처는 초기에 대응할 때 더 악화가 되지 않고 빨리 치료된다. 자녀가 어려도 부모 자신이 말이나 행동으로 표현할 수 있고 이해할 수 있는 만큼, 그리고 비밀을 털어놓고 싶은 만큼 하는 것이 좋다. 그렇게 부모는 서툴게라도 비밀을 이야기하며 소통을 늘리면 아이는 비밀에서 소외되지 않고 점진적으로 부모를 신뢰할 수 있게 된다.

비밀을 이해하는 방법에 대하여 알아보자.

첫째, 비밀은 생각을 한다고 그 정체를 알 수 있는 것이 아니다. 그 비밀을 만들게 된 원인이 어린 시절 특히 부모와의 관계 속에서 이루어지기 때문에 그 비밀들이 어떻게 만들어졌으며 그로 인하여 자신의 이미지가 어떻게 형성되었는지를 알아보는 것이 좋다. 사실 그 비밀을 인지하기도 어렵지만 비밀을 찾아야만 한다는 강박에 빠지면 실제의 비밀로부터 벗어날 수 없다. 그러므로 부모와의 관계 속에서 어린 시절에 받았던 고통을 직면하고 그 이후에 나타났던 현상들을 살펴보자. 더 구체적으로 보면 인생을 살아가는 데 바뀌었던 대상들마다 자신이 썼던 가면에 대하여 이해를 하는 것이다. 이러한 작업은 강박에 빠지지 않고 가족의 비밀로부터 억압되었던 부분들을 천천히 풀어내어 참 자기를 찾을 수 있게 한다. 유아기 때는 대상이 엄마, 아동기 때는 부모나 가족, 사춘기 때는 친구나 선생님, 그리고 청년기 때는 이성이나 직장동료 등으로 대상은 바뀔 것이다. 그때마다 대상과의 관계에서 자신의 가면이 무엇이었나를 알아보자. 그 가면은 가족의 마스코트나 반항아, 모범생, 공주, 왕자, 이방인, 희생양 등이 될 수 있을 것이다.

둘째, 자신이나 가족이 고통을 지속적으로 느끼게 되면서 그 고통이 비밀로부터 온다는 것에 동의가 되면 현재 자신의 삶이나 행동들에 어떤 역기능적인 결과가 나타나고 있었는가를 스스로 살펴보아야 한다. 가족의 역기능적인 체계에서 비밀을 인지하였다고 바로 치유되는 것은 아니다. 이제 치유가 시작된 것이다. 자신을 옭아매었던 여러 겹의 매듭의 끝을 찾아내었기에 이제 얽히고설킨 매듭을 풀어나가야 하는 과정이 있다.

셋째, 가족보다 넓은 집단의 비밀은 무엇이며 어떻게 대하여야 할지 알아보자. 개인과 가족과 국가는 서로 연관되어 있다. 이 모든 것들은 역기능이든 순기능이든 항상성에 의하여 현재의 상태를 유지하려는 힘이 있다. 또한 개인과 가족, 그리고 국가차원의 비밀은 서로에게 영향을 미친다. 순기능 가족이 많아지면 국가가 순기능체계가 되기 쉽고 역기능 가족이 많아지면 국가도 역기능의 체계로 바뀌기 쉽다. 반대로 국가 자체가 순기능이면 가족이 순기능의 영향을 받게 되고 국가가 역기능이면 가족체계도 역기능의 영향을 받게 된다. 가해자였던 부모가 피해자였던 자녀에게 자신의 잘못을 인정하고 사과하는 것도 비밀을 털어 놓는 것과 같은 효과를 얻는다. 이로써 자녀는 더 이상 부모이상화를 통하여 부모의 수치심을 자신이 물려받지 않아도 되고 명확한 자아경계선을 가지고 부모와 건강한 소통을 할 수 있게 된다. 부모가 자녀에게 씌운 굴레와 같은 비밀을 부모가 벗겨 주지 않는다면 자녀 스스로 해결하기는 몇 배 더 힘들 것이다. 부모도 어린 시절부터 지속되었던 상처에 대한 고통이 있겠지만 상처 입은 자녀를 위해서 부모 자신이 스스로 자신이 가해자였음을 고백하고 사과하며 자신은 물론 자녀를 위하여 비밀을 털어 놓아야 한다. 이 모든 것을 혼자 감당하기는 어렵기 때문에 전문적인 상담가의 도움을 받는 것이 중요하다.

제2차 세계 대전은 많은 가족의 역기능이 국가의 역기능으로 나타난 결과로 볼 수 있다. 과거에 국가나 민족 집단이 공동으로 겪었던 사건에 대한 비밀을 제대로 인지하지 못했다면 그 비밀은 유지가 되어 그 고통은 여전히 억압된 비밀을 만들어 낸다. 일본이 가해자로서 과거사를 부정하려는 이유는 개인이 과거 자신이 받은 상처에 따르는 고통을 피하기 위하여 방어기제가 작동하고 있는 것과 같다. 그러므로 가해자가 상처를 직면하여 그 비밀들을 감추지 말고 먼저 털어 놓고 사과하게 된다면 피해자와 함께 치유되고 회복이 되는 건강한 관계를 이룰 수 있을 것이다. 그러므로 과거사 청산은 상처의 청산이다. 상처의 청산이란 상처에 수반된 고통의 청산이다. 이것을 우리는 치유라고 부른다. 치유가 되면 부모와 자녀, 가해자와 피해자, 그리고 가해국가와 피해국가가 건강한 관계로 회복된다.

이마고(IMAGO) 부부치료

이마고(Imago)는 라티어로 그 어원은 이미지(Image)다. 자녀는 부모의 모습을 심상에 각인하고 이러한 이미지를 삶 속에 간직하게 되는데 그런 이미지를 '이마고'라 한다. 많은 부분에 있어서 어린 시절 형성되고 만들어진 부모에 대한 이미지가 성인이 된 후에 배우자를 선택하는 동기가 된다. 자녀들은 부모의 긍정적인 이미지나 또는 부정적인 이미지를 닮은 사람을 배우자로 선택하는 경향이 있다. 결국 이런 이유로 자녀들이 결혼 후에도 어린 시절 받았던 상처가 그들의 자녀들에게 재연되기도 한다.

갈등이 있는 부부관계에서 있어서 갈등의 원인을 배우자가 아니라 원가족 가운데서 찾을 수 있어야 한다. 부부갈등의 원인이 자신이 어렸을 때 받았던 상처에 기인한다는 것을 알게 되면서 자신과 배우자를 함께 이해하며 서로의 관계를 치료하는 것이 이마고 부부치료다. 상담자를 통해 어느 정도 부부관계치료의 경험이 생기면 부부가 스스로 부부관계치료의 대화법을 터득하게 된다. 이마고 부부치료는 치료가 진행되면서 점차로 순기능을 강화시켜 건강한 가족이 되게 한다.

상담자로서 이마고 부부관계치료를 함에 있어서 그 규칙들을 알아보자. 또는 상담자가 없는 가운데 부부치료에 참여하는 대상자로서 아래의 규칙들을 잘 이해하고 부부 스스로가 적용할 수 있는 만큼 시도해 보자.

첫째, 대화는 한 사람에게 편중되지 않게 번갈아가면서 한다.

둘째, 결코 비난과 비판을 하지 않고 소리를 지르거나 화를 내지 않는다. 즉 부정적인 이야기를 피하고 긍정적인 이야기만을 하도록 한다.

[예] 상담자와 부부의 자리배치를 이해하기 쉽도록 설명해 보면, 의자 네 개를 마주보게 하고, 의자 하나는 빼 남편과 아내를 마주보게 앉히고 상담자는 둘 사이에 남은 의자에 앉는다. 상담 전에 부부 각자에게 자신들의 부모를 생각해 보게 하고 아빠와 엄마의 긍정적인 이미지와 부정적인 이미지를 적은 종이를 들고 부모에 대한 느낌들을 나눈다.

예를 들어 아내가 새엄마로부터 받은 상처를 기억하고 상처를 준 새엄마에 대하여 말을 하게 될 때 상담자는 구체적으로 "나는 8살 ○○입니다."라고 말하게 하고 어린 시절로 돌아가게 한다. 남편에게는 "나는 8살 ○○이의 새엄마입니다."라고 말하게 하고 어린 시절에 있었던 사건들에 대한 내용들을 재연한다. 그리고 그때 하고 싶었으나 하지 못했던 말들을 마음껏 하게 한다.

아내는 폭행을 당하고 생명의 위협까지도 느꼈던 상처를 이야기 한다. 그리고 '나를 귀한 사람으로 여겨 달라'고 말을 한다. 상담자는 이러한 말들에 반영을 하고 공감을 하며 남편에게 반영하고 공감하는 말을 하도록 가르쳐 준다. 그러면 남편은 아내의 관점에서 이야기를 들으며 아내의 상처를 보고 이해하게 된다. 마찬가지로 이번에는 남편이 어린 시절로 돌아가고 아내는 남편에게 상처를 준 남편의 아빠, 또는 엄마의 역할을 한다.

새엄마에게 상처를 입은 아내는 남편에게서 새엄마의 이미지가 겹쳐 보인다고 말했다. 남편은 아빠에게 폭행당한 상처에 대한 두려움과 수치심으로 아내의 요구에 순순히 응하지 못하고 수치심을 가리고자 아내에게 공격적이었던 자신을 보게 되었다. 이러한 이해는 자신들의 상처가 배우자에게 어떻게 투사되고 상처를 주고 갈등을 만들게 되었는지를 알게 해 주고 서로의 갈등을 줄여 준다. 이처럼 서로를 비판하지 않고 인정하는 이마고 부부관계치료에 대한 대화는 서로를 방어하지 않고 안정감을 느끼는 가운데 긍정적으로 소통하는 대화법이다.

대화법의 세부사항을 보자.

첫 번째 대화법은 반영하기다.

"그때 나는 두려웠어."

"그때 당신은 두려웠구나."

반영하기는 상대의 말을 잘 들었는지 확인하기 위한 단계로 말한 그대로 되묻거나 반복하여 말하는 것이다.

두 번째 대화법은 인정하기다.

"새 엄마가 무서웠고 내가 나쁜 애인 줄 알았어."

"어렸을 때였기에 당연히 무서웠을 거야."

인정하기는 상대의 생각에 대한 인정이다. 인정하기는 동의를 할 수도 있지만, 꼭 동의를 의미하는 것은 아니다. 말하는 상대의 관점에서 바라보면 이해가 된다는 말이다.

세 번째 대화법은 공감하기다.

"고통스러웠어."

"얼마나 고통스러웠는지 내 마음에 전해져."

"얼마나 힘이 들었을까?"

공감하기는 말하는 상대가 가지는 감정이나 느낌을 이해하는 것이다. 감정이입을 통한 연결점을 찾고 상대가 가진 감정들을 정확하게 이해하도록 도와준다.

고등학생인 외아들을 둔 부부가 있었다. 실직한 아빠는 거실에 이불을 깔고 아내와 각방을 썼고 술을 먹고 늦게 자고 늦게 일어났으며 어린 아들에게 몇 번 심하게 폭행을 했었다.

이마고 부부관계치료에 참가한 이 부부는 아들이 보는 앞에서 부부치료를 했다. 아빠는 자신이 어린 시절 자신의 아버지로부터 폭행을 당해 무섭고 두려웠으며, 자신이 아내와 아들에게 인정받고 싶은 마음이 있었으나 그러지 못했고, 그럴수록 내재된 수치심으로 인해 가족에게 폭력적이었다는 것을 자신과 가족이 모두 알게 되었다. 아들도 자신을 미워한다고 생각했던 아빠가 그럴 수밖에 없었던 이유와 자신을 사랑하고 엄마와 자신에게 인정받고 싶어 한다는 것을 알게 되었다. 아내도, 아들도 아빠를 이해하고 용서하게 되었고, 아빠는 부정적 수치심이 건드려지는 연약한 모습을 노출시키는 것을 두려워하지 않게 되었다. 모자(母子)의 사진만이 걸려 있던 가정에 아빠도 함께하는 가족사진을 찍으러 가는 날이 왔다.

싸움의 기술

이혼숙려기간에 부부상담을 통하여 많은 부부가 이혼하려는 생각을 접는다. 부부치료를 통하여 부부관계가 회복되도록 노력하고 그 결과로 많은 부부가 원상태로 회복이 된다. 이혼을 생각하는 대부분의 부부들은 모든 책임이 상대방에게 있다고 생각하는데, 부부상담을 통하여 누가 맞고 틀리고의 문제가 아니라 서로 다름을 인정하지 않았던 것에서 오는 문제라는 것을 알게 된다. 서로의 원가족으로부터 자신과 배우자의 상처를 보게 되면서 서로에 대한 이해의 폭이 넓어진다. 그렇게 되면 자신이 상처가 있었음을 인정하고 자신도 일부분 가해자가 되었음을 인정하게 되며, 배우자 또한 자신과 별반 다를 것이 없었음을 알게 되어 서로 용서하고 다시 사랑할 수 있게 될 기회가 생긴다.

갈등은 서로 다르다는 것을 인정하지 않을 때 찾아오기 마련이다. 왜 너는 나의 기준에 어긋나는 행동을 하느냐는 것이다. 나의 기준은 항상 객관적이라고 하면서 사실 자신만의 절대적인 기준을 적용하고 있기에 상대방의 기준을 이해하거나 수용할 수 없다. 그러기에 갈등은 유지되고 강화된다. 이제는 갈등을 그냥 머물러 있게 해서는 안 되며, 그렇다고 도망가거나 대충 덮거나 피해서도 안 된다. 갈등은 여전히 남아 계속해서 서로를 괴롭힌다. 그러므로 갈등은 해결이 될 때까지 서로 접촉하고 협상해야 되는 것이다. 갈등은 크거나 작거나 관계에서 일어나는 자연스런 과정 중의 하나다. 갈등이 없는 것이 기능적인 것 같지만 사실 그렇지 않다. 강압적 통제에 의해서 갈등이 없다고 한다면 그것은 역기능적이기 때문이다. 그러므로 사람과의 관계에서 일어나는 자연스런 갈등을 순기능의 테두리 안에서 다루는 지혜가 필요하다.

권위주의적인 아버지에 의하여 자신의 자아경계선을 지키지 못한 자녀가 복종(屈從)을 하는 형태라면 겉으로는 갈등이 없는 것 같지만 역기능의 상처로 인하여 갈등을 느끼는 기능 자체가 망가진다. 이것이 역기능이다. 그러므로 누구나 사람 사이의 갈등은 크거나 작거나 존재하며 갈등이 있을 때 갈등을 느끼고 표현할 수 있어야 하며 이것이 순기능이다. 그러므로 가족 구성원 중 누구나 자아경계선이 침범을 받았다고 생각되면 자신의 주장을 펼 수 있어야 한다. 이러한 자기주장들이 가족 구성원들 사이에서 만들어 내는 갈등이라면 가족체계를 건강하게 만드는 기능적인 갈등이라고 부를 수 있다. 왜냐하면 건강한 갈등은 가족구성원들 사이에서 건강한 소통으로 말미암아 서로의 자아경계선이 지켜지고 존중되면서 생산적으로 갈등을 해소시킬 수 있기 때문이다. 그래서 전체적인 가족체계는 더욱 순기능적이 되고 그 결과로 서로 만족하게 된다.

부모가 싸울 때 구석에서 무서워 아무 말도 못하는 자녀가 아니라 당당하게 부모에게 싸우지 말아 달라고 요청하며 자신이 많이 불안하고 두렵고, 마음이 아프다는 표현을 할 수 있는 아이가 건강한 아이다. 그러나 이렇게 자기표현을 잘하는 아이의 부모는 잘 싸우지 않는다. 왜냐하면 건강한 아이의 부모도 건강할 가능성이 매우 높기 때문이다. 부모 자체가 건강하고 일치형의 부모이기에 잘 싸우지도 않고 건강하게 소통을 할 것이며 그러기에 그들의 자녀도 건강한 소통으로 분명한 자아경계선을 갖게 되어 자기표현을 할 수 있다. 반대로 자기표현을 못하는 아이의 부모는 잘 싸운다는 것을 역으로 유추해 낼 수 있다. 이것은 틀린 말이 아니다. 부모로부터 상처 입은 아이들은 감정이 오염되고 자아경계선이 무너져 자기표현을 할 수 없게 된다.

갈등은 그 자체가 좋거나 나쁜 것이 아니고 갈등을 대하는 가족의 체계가 기능적이냐 역기능적이냐가 중요하다. 만일 가족체계가 역기능적이라면 기능적인 체계로 바꾸어 건강하게 갈등을 해결하는 방법을 배워야 할 것이다.

부부싸움은 단지 배우자 간의 싸움이 아니라는 것을 인식해야 한다. 배우자와 결혼하기 전에 자신과 배우자는 자신들의 부모(원가족) 밑에서 기능적이든 역기능적이든 가족체계에서의 영향을 받았기에 부부싸움은 서로의 원가족들이 서로 충돌하고 있다고 볼 수 있다.

완벽한 가족은 없다. 크거나 작거나 역기능적인 가족체계에서 받은 상처는 결혼을 하고서도 계속 작동을 한다. 그래서 원가족 가운데서 받은 상처로 인하여 갖게 된 '수치심'은 여전히 자신을 괴롭히고 배우자에게 고통을 주는 원인이 된다. 이들 부부의 싸움은 다시 자녀에게 대물림이 되어 자녀가 성장하여 결혼을 했을 때 마찬가지로 부부간의 갈등과 부부싸움으로 재연된다. 그러므로 상처를 치유하기 위해 직면이 필요하다. 상처 입은 내면아이에게로 타임머신을 타고 가서 상처를 씻고 진짜 자기를 찾아 성인이 된 자신의 내면에 치유된 건강한 참 자기를 안착시켜 현재 성인으로서의 참 자기가 제대로 기능을 하도록 하여야 한다. 이로써 자신과 가족이 다 같이 건강하게 살아가도록 하는 일은 무엇보다 중요한 일일 것이다.

상처 입은 내면아이를 어떻게 찾느냐고 그 방법을 묻는다면 상처 입은 내면아이는 과거도 아니고 무의식에 있는 것도 아니다. 상처 입은 내면아이는 현재 나로서 존재한다. 이것을 이해하여야 한다. 상처 입은 내면아이는 성인이 된 현재의 시점까지 여전히 살아서 그 고통을 갖고 있고, 어린 시절에 받은 고통을 피하기 위하여 썼던 그 당시의 가면을 지금도 쓰고 살고 있다. 성인이 된 지금도 내 안에 상처 입은 내면아이가 나로서 살고 있는 것이다. 그래서 상처 입은 내면아이, 또는 상처 입은 성인아이라고 부른다.

부부싸움에 대한 몇 가지 지침을 알아본다.

첫째, 상대방을 공격하여 이기려는 대신에 자기주장을 한다. 자기를 주장하는 것은 상대방을 공격하지 않으며 자신과 상대방의 자아경계선을 서로 지켜 주는 것이다. 자기주장은 상대방으로 하여금 소통의 길로 안내한다. 그 주장이 맞으면 인정을 하게 될 것이고 아니면 자신의 생각을 주장하여 상대방으로 하여금 동의를 이끌어 낼 수 있다. 그러므로 그 과정이 진행되는 시간이 필요할 뿐이다. 그렇다고 꼭 누구의 주장이 맞고 틀리고가 중요한 것이 아니다. 어느 입장에서는 누구의 주장이 옳을 수 있고, 다른 입장에서는 다른 사람의 주장이 옳을 수도 있다. 그리고 자기의 주장이 옳지만 상대방의 주장도 어느 정도 옳을 수 있기에 흑백논리처럼 옳고 그른 것을 구별해 내는 것은 역기능적이다. 그러므로 순기능적인 부부관계는 서로 다른 입장과 다른 성격, 서로 다른 독특성을 인정하고 타협할 줄 안다.

둘째, 자신의 느낌과 생각을 말하는 아이-메시지(I-message)로 대화한다. 유-메시지(You-message)는 '왜', '당신', '때문에' 등 상대방을 비난하거나 책임을 전가할 때 많이 쓰이는 단어가 들어가는 공격형의 말이다. 반면 수비형인 아이-메시지(I-message)는 자신의 느낌, 견해, 그리고 생각을 말한다.

자신의 생일날 밖에서 만나기로 한 남편이 약속 장소에 오래 기다려도 나타나지 않아 못 만나고 집에서 다시 보게 되었다.

"왜 안 왔어?"

"좀 늦게 도착했는데 당신이 안 보이더군."

"그걸 말이라고 해? 마치 내가 잘못한 것처럼 들리네?"

"누가 당신이 잘못했다고 했어? 난 단지 회사일로 좀 늦었을 뿐이라고."

"그걸 변명이라고 해? 잘못했다고 말하는 것이 그렇게 힘들어?"

"회사일로 좀 늦은 것이 그렇게도 잘못한 일이야? 난 단지 사정이 있었다고."

"사정? 내 생일보다도 더 중요한 사정이라는 것이 뭔데?"

위 대화는 무척 답답해 보인다. 그리고 끝날 기미가 보이지 않는다. 화가 날 법도 하지만 이것을 아이-메시지로 말한다면 '당신이 약속 시간에 오지 않아 화가 났어'라고 이야기할 수 있을 것이다. 아이-메시지라고 하여 일어나는 참 감정, 즉 분노를 숨기라는 말이 아니다. 현 상황 가운데 자신의 느낌과 감정을 말하는 것이다. 자신이 화가 난 감정을 표현했지만 공격하는 말이 아니며 남편에게는 말할 기회를 주게 된다. 아마도 '미안해, 회사일로 늦었어. 연락도 없어서 많이 화났지? 핸드폰 배터리가 다 되어서 연락을 못했어. 용서해줘'라는 남편의 사과가 이어질 수 있을 것이다.

셋째, 지금 현재의 문제만을 이야기한다. '당신은 작년에도 내 생일 날 술 먹고 늦게 들어와서 생일을 망쳤잖아' 대신에 '당신이 늦어서 화가 많이 났어, 오랜만에 당신과 좋은 시간을 갖고 싶었거든'이라고 말하는 것이 좋을 것이다.

넷째, 상대방을 비판하지 않는다. 아이에게 하듯 가르치려 하거나 비판을 하는 것을 삼가고 상대방을 탓하지 말아야 한다. 어떠한 상황에서도 서로 동등한 하나의 인격체로서 서로 존중하는 자세를 취하여야 한다.

다섯째, 자신의 잘못을 인정하고 사과한다. 갈등을 피하고 싶다고 대충 얼버무리는 것이 아니라 갈등으로 취한 구체적인 행동과 말들을 기초로 하여 서로 자신의 잘못을 인정하고 사과하여야 한다. 원인을 누가 제공을 하였든지 갈등과 부부싸움에 있어서 일방적으로 한 사람만이 잘못할 수는 없다. 그러기에 갈등의 원인을 제공한 사람은 당연히 자신의 잘못을 시인하고 용서를 구해야 하며 상대방도 자신의 언행으로 배우자의 인격을 손상시키거나 공격했던 잘못을 인정하고 사과함으로써 모든 갈등을 푸는 것이 문제해결의 지름길이다.

여섯째, 문제의 핵심을 벗어난 지엽적인 일로 논쟁하지 않는다.

'당신 벌써 몇 번째야?', '뭐가 몇 번째야? 기껏해야 세 번째라고' 같은 것이다.

일곱째, 한 번에 한 가지만 가지고 싸운다. 싸우다 보면 과거의 문제를 현재의 문제에 끌어들여 나중에는 상대방의 원가족까지 탓하는 말을 하게 되어 문제해결보다는 감정싸움으로 번지게 되고 집안싸움으로 확대되어 부부 당사자들은 물론 그들의 자녀들에게 더 큰 상처를 줄 수도 있다.

여덟째, 내가 먼저 말을 하려 하지 말고 상대방의 말에 적극적으로 경청을 한다. 경청은 자신의 감정을 다스리며 상대방이 말할 기회를 주고 상대방이 자신의 마음을 이해한다고 생각하게 한다. 경청은 자신뿐 아니라 상대방의 마음도 가라앉히기에 내가 원하는 상대방의 행동을 이끌어 낼 수 있다. 경청은 이성적인 자신을 찾을 수 있게 한다. 화가 났는데 어떻게 경청을 할 수 있겠냐고 말할지 모르겠다. 그러나 부부갈등이나 부부싸움 중에 미리 '경청'이란 말을 머릿속에 떠올려 일단 들어보자. 그러면 그동안 경험하지 못했던 긍정적인 효과들을 경험하게 될 것이다.

상호의존중독(相互依存中毒)

　중독은 크게 신체 증상인 중독(Intoxication; 약물중독)과 알코올, 마약과 같은 정신적인 중독(Addiction; 의존증)을 동시에 일컫는다. 여기서는 역기능적인 가족체계 내에서의 의존증에 대한 상호작용에 관하여 알아보도록 한다.

　남편이 흡연자인 경우 임신한 아내는 비흡연자이지만 간접흡연으로 인하여 태아에게 악영향을 주어 신체적으로 발달을 저해하거나 조기 출산의 원인이 되기도 한다. 이처럼 니코틴중독자인 남편만이 중독자인 것이 아니라 함께 생활하는 가족이 중독에 반응하고 노출되기에 상호의존중독에 걸렸다고 보는 것이다. 그러므로 환자는 증상이 나타나는 한 사람이 아닌 가족 전체로 보아야 한다.

　알코올중독자인 남편은 자신이 어린 시절 원가족의 역기능을 자신 안에 살아있는 인간 문서로 기록하여 자신의 가족에게 상처를 대물림한다.

　역기능의 특징 중에 하나가 수치심에 기반을 둔 성인아이로 각 가족 구성원들은 외부에 노출되지 않으며 겉으로는 평화와 질서, 그리고 모범적인 일들로 치장할 수 있다. 또는 역기능이 과도하게 외부로 노출되어 폭력으로 나타날 수 있다. 종교적인 가면을 쓰게 된다면 종교중독이 되고, 열심히 일을 하는 것으로 참 자기를 가리게 되면 일중독이 된다.

　상담의 이론과 실제에서도 그렇지만 내가 직접 경험한 상담사례에서도 상처 입은 내담자가 상처 입은 배우자를 만나 역기능을 유지하거나 강화가 되는 것을 많이 보았다.

비난형의 권위주의적인 목회자가 있는 교회의 성도들은 목회자에 의해서 자신들의 감정을 제대로 느끼지 못하며 신앙의 이름으로 통제되고 억압받기 쉽다. 역기능이 강화되면 목회자 자신이 신격화될 수도 있다. 역기능 체계에서 자란 사람은 역기능적인 교회를 선호할 가능성이 많다. 왜냐하면 역기능의 가족체계에서 느끼는 왜곡되고 중독된 편안함이 역기능적인 교회에서도 느껴지기 때문이다. 그러므로 역기능적인 편안함은 중독의 증상이다. 그 편안함은 정상적이지 않다.

역기능 출신의 목회자는 내재된 수치심을 가리기 위한 방편으로 보다 완벽해야 하고 또 다른 수치심을 가진 성도들에게 필요한 존재라는 것을 보여 줌으로 성도와 연결되었다는 것을 무의식적으로 느끼고 싶어 한다. 왜냐하면 자신이 어린 시절 부모에게 상처 받고 유기되었던 경험 때문에 버림받지 않기 위한 발버둥으로 완벽한 존재가 되려고 하기 때문이다. 합리적인 방법으로 신앙과 교리를 사용하여 자신과 타인 모두에게 억압과 통제를 할 수 있다.

역기능 출신의 성도는 나의 수치심을 가려줄 대상이 목사라고 생각한다. 목사는 완벽해야 하고, 하나님처럼 완벽한 목사의 인정을 받기 위해 신앙에 더 열심을 내야만 한다. 역기능적인 카리스마가 있는 목사 앞에서는 절대 순종(굴종)을 할 수 있고, 반대로 회유형의 목사에게는 비난형의 성도가 될 수도 있다. 다른 사람과 비교하여 누구보다도 목사에게 인정받고 싶어 하며 다른 사람들을 경쟁의 대상으로 생각하고 목사를 누가 차지하느냐에 대하여 민감하게 반응한다. 만일 그 싸움에서 지면 수치심이 건드려져 분노를 폭발시킨다. 그러기에 목사가 자기편이 되면 목사와 밀착되고 그렇지 않으면 목사를 비난한다.

이러한 그림자들의 만남 가운데 수치심이 교묘하게 중앙에 자리를 잡고 있다. 이러한 관계는 목사가 하나님을 대신하게 하며, 성도는 목사를 하나님으로 만들려는 심리적 특성이 결합된 역기능적인 구조를 띠게 한다.

역기능 체계에서는 교리로는 맞는데 이해하고 느끼고 살아가는 데 왜곡을 일으킨다. 그 중심에 수치심이라는 보이지 않는 세력과의 엄청난 싸움이 있다. 이것을 깨닫고 치유하는 것이 중요하다.

바울은 자신의 연약함을 자랑하므로 그리스도를 높였다. 복음의 씨는 완전하다. 그러나 그 씨가 나에게 심겼어도 장성한 분량으로 가는 과정이 남았다. 그 과정에서 자신의 연약함을 실제로 드러내는 것이 참 자기요, 순기능적이다. 아버지와 아들의 관계는 교리로 억지로 맞추어서는 안 된다. 부모가 서로 사랑하는 가운데 자녀를 낳고 자녀를 사랑하므로 자녀가 성숙한 인격으로 자라서 부모를 떠나 결혼을 하여 한 몸이 된 가정으로 나타나야 된다. 그 기초가 사랑이다. 하나님은 사랑이시다. 그 사랑이 온전히 부부에게 임하여 서로 한 몸 됨의 관계를 이루고 태어나는 자녀에게 하나님의 사랑을 부모의 육체를 통하여 보여줘야 한다. 그러면 자녀는 사랑을 받고, 사랑을 알아, 사랑을 할 수 있는 일치형의 건강한 인격이 된다.

그러므로 부모와 자녀의 관계에 있어서 사랑의 순서가 있다. 자녀는 부모에게 효도하는 일보다 먼저 부모로부터 사랑을 받아야 한다. 부모의 사랑을 마음껏 받기도 전에 부모에게 효도를 강요받는다면 이것은 역기능적이다. 사랑을 받은 자만이 사랑을 할 수 있다. 물은 위에서 아래로 흐른다. 부모가 자신의 상처를 지닌 채 자녀를 사랑하려면 왜곡된 사랑일 수밖에 없고 그것은 억압과 통제, 방임과 유기, 그리고 학대 등으로 나타난다. 그러므로 부모는 서로의 관계가 한 몸이 되는 사랑의 관계가 되기 위해 부부치료를 해야 하며 그 다음 자녀에 대한 치료로 이어져야 한다. 이 것이 치유의 순서다. 내가 주님께 간 것이 아니라 주님이 나에게 먼저 찾아오셨다. 자녀가 부모를 낳은 것이 아니라 부모가 자녀를 낳는다.

알코올중독 가정

아버지가 알코올중독자인 가정의 자녀들은 아버지의 음주에만 영향을 받는 것이 아니다. 그들은 아버지와의 관계 속에서 분노, 통제, 아버지의 정서적 부재에 대하여 반응하게 된다. 그러므로 알코올중독자인 아버지만이 아닌 그 가족도 중독에서 자유로울 수 없다. 중독자 아버지에게서 자녀들은 발달단계에 따른 신체적, 정서적인 필요를 채울 수 없다.

부모님의 갈등만이 아니라 일관성 있는 교육이 어렵기 때문에 신체적, 정서적으로 버림받음의 충격을 받게 되며, 그 결과로 자녀들은 수치심을 떠안게 된다. 그러므로 알코올중독의 문제는 알코올뿐만이 아니라 가족관계의 문제라는 것을 알 수 있다. 이러한 특성들은 강박의 뿌리를 이해하는 데 도움을 준다.

세계보건기구(WHO)의 정의에 의하면, 강박적이고 중독적인 행동이란 잠시 기분 전환을 시켜줄 뿐, 결국 삶을 파괴하는 결과를 가져오게 된다. 이 병리적 관계는 중독자 부모에 의해 유기된 채로 자녀에게 형성된 수치심을 기반으로 한다. 알코올중독 가정에서 자란 자녀들이 어렸을 때 치료를 받지 않으면 이후에 외상 후 스트레스(PTSD)의 특성이 나타나게 된다.

온전한 치료를 위해서는 알코올중독자 자신과 가족 구성원들 개개인의 내면에 대한 치료도 있지만 관계적인 측면에 있어서 부부치료, 부모의 알코올중독에 대한 치료, 가족치료까지 포함이 되어야 한다. 알코올중독 가족의 구성원들은 경계심과 걱정이 많고 만성적으로 두려워한다. 이러한 만성적인 스트레스의 중요한 결과는 버림받음의 느낌이다.

알코올중독 가족의 구성원들이 경험하는 버림받음(유기)에는 다음과 같은 특성이 있다.

첫째, 자녀들을 돌볼 시간이 없게 된다. 중독자는 중독된 행동으로 많은 시간을 빼앗기기 때문에 자녀는 유기되고 방임된다.

둘째, 자녀가 받아야 할 기본적인 의존 욕구를 채움 받지 못하여 방치된다. 아버지가 알코올중독이면, 어머니는 아버지에게 심리적으로 중독이 되어 있는 상호의존중독에 빠져 있다고 볼 수 있다. 어머니는 병적으로 아버지에게 의존되어 있을 수도 있고 역기능 체계에서 여러 부정적인 행동으로 나타날 수 있다. 그러므로 부모는 자녀와 함께 있어 줄 수 없다. 부모 스스로가 수치심이 있기에 부모가 자녀를 건강하게 키운다는 것은 너무나 어려운 일이다. 이처럼 부모에게 상처를 받은 자녀는 상처를 입고 성장하여 자신의 부모처럼 중독자가 되어 다시 자신의 자녀에게 상처를 줄 확률이 높다. 결국 부모처럼 알코올중독에 빠지거나, 방종의 습관과 기분을 전환시켜 주는 진통제와 같은 중독된 여러 방법들을 찾게 된다.

셋째, 알코올중독 가정은 여러 종류의 학대를 만들어 낸다. 알코올은 억제 기능을 낮추고 충동을 제어하지 못하게 한다. 그러므로 알코올중독자인 부모를 둔 아이들은 신체적, 성적, 정서적 학대를 많이 받게 된다. 또한 부부관계는 심한 갈등관계이기 쉽고 자녀는 자신의 발달단계에 따른 필요를 부모로부터 받지 못하기에 상처를 입게 된다. 결국 역기능의 항상성이 지배를 하는 가족체계를 이루게 된다. 역기능 체계 속의 아이들은 역기능으로 발생한 기울어진 균형을 잡으려고 노력을 하게 된다. 다시 말해 역기능 가족체계에서 희생양의 역할을 자처하게 되는 것이다.

예를 들어 아버지가 알코올중독으로 집을 자주 비우게 되면 어머니는 남편으로부터 받아야 할 필요를 아들에게서 채우게 된다. 그러므로 어머니는 아들과 밀착된다. 이 아이가 커서 결혼하게 되면 엄마와 밀착이 되어있기에 고부 간의 갈등과 부부 갈등을 일으키게 될 가능성이 높다. 또한 아들은 자신의 아버지처럼 알코올중독자가 되거나 여러 가지 강박적 중독에 빠질 가능성이 높으며 부모처럼 부부 갈등을 하여 아내는 아들과 다시 밀착되어 역기능은 대를 잇게 되기 쉽다.

여기서 중독과 강박에 대한 의미를 알아보는 것이 이해에 도움이 될 것 같다. 중독의 형태에는 일중독, 종교중독, 섭식장애, 상호의존적인 사람중독, 자녀에게 중독된 부모, 흡연중독, 분노중독 등이 있다. 중독은 사람의 마음을 편협하게 만들고 사람의 의지를 사용하지 못하게 마비시킨다. 그러므로 더 이상 자신의 인생에서 자신이 주도적으로 선택을 하거나 선택한 일에 대하여 책임을 질 수 없게 만든다.

강박은 중독보다 더 포괄적인 용어다. 강박의 뜻은 중독 성향에 더 가깝다. 중독 성향이 있다는 것은 자신의 마음을 자신이 느끼고 소유한 것이 아니라 중독에 의하여 빼앗겨 탈취당했다는 말이다. 그러므로 기분을 전환시켜 줄 것들을 찾아 탈취당한 자신의 빈 마음의 자리에 무엇이든 채우려 하는데, 이미 주도적이었던 자신의 마음은 빼앗긴 상태이기에 알코올이나 니코틴, 약물 같은 것들을 사용하여 중독에 빠져 끌려가게 되는 것이다. 중독의 형태는 도박, 성관계, 일, 먹는 것, 굶는 것과 같은 것들이 있다.

이러한 중독의 대상에서 중독을 끊었다고 해도 중독의 근본 원인인 강박성이 사라졌다고 말할 수는 없다. 강박성이 사라지지 않았다면 다시 다른 중독으로 대체되기 쉽다. 즉, 알코올중독을 끊었지만 약물중독이나 마약중독 같은 다른 형태의 중독으로 바뀌기 쉽다는 것이다. 그러므로 심리적인 강박을 치료하기까지 중독을 완전히 치유했다고 볼 수 없다. 강박은 여러 요인 중에서 특히 버림받음에 의하여 생긴다. 버림받음으로 인하여 생긴 고통을 치유하는 길이 강박을 치유하는 길이 된다. 그러므로 강박에 대한 치료는 개인이 원가족 가운데 역기능의 체계 속에서 받은 상처를 치유하는 일이다. 가족의 역기능을 순기능으로 바꾸는 일련의 가족치료가 강박을 멈추게 한다. 결국 자신의 상처 입은 내면아이 치유와 함께 가족치료까지 확대하여 치료를 해야만 중독과 함께 강박을 치유할 수 있다. 가족이 없거나 핵가족시대에 가족치료가 어렵다면 교회 공동체가 가족치료를 대신할 수 있을 것이다. 특히 알코올중독은 개인의 의지만으로는 치료가 어렵다. 그러므로 가족의 절대적인 도움과 전문가와의 상담, 그리고 관계의료기관과 알코올중독 치료그룹 등의 도움을 받는 방법이 좋다.

역기능적 통제(統制)

역기능(逆機能; Dysfunction)의 사전적인 의미를 보면 고유의 기능을 가지고 있는 사회의 여러 제도나 기구 등이 본래의 목적에서 벗어나 반작용을 일으켜 바람직하지 못한 방향으로 나아가는 것을 말한다. 기능(機能; Function)은 인간의 욕구충족이나 목표달성에 있어 유용한 활동이라는 의미와 어떤 시스템이 존속하거나 발전함에 있어 어떠한 활동이 긍정적으로 공헌한다는 의미가 있다. 여기에서는 기능과 순기능을 같은 의미로 사용한다.

순기능과 역기능을 가족의 체계로 이해하면 순기능은 3세대(부모, 부부, 자녀) 체계에서 개별적이고 분화가 잘된 건강한 가족체계의 구성을 말한다. 반면에 역기능은 가족관계에 있어서 밀착이나 융합, 갈등이 나타난다.

버지니아 새티어(Virginia Satir)는 가족의 96퍼센트가 역기능으로 보는데, 나도 거기에 동의한다. 정도의 차이는 있지만 대부분이 역기능적인 가족체계를 구성하고 있다고 보면 된다.

역기능 가족체계에서 알코올중독자이며, 폭력을 행사하는 아버지 밑에서 자란 아들은 상처를 많이 받게 되고 참 자기의 기능은 멈추게 되고 거짓 자기로서 반항아 역할이나 모범생 역할을 할 수 있다. 이들이 자라 다시 부모처럼 알코올중독자가 되면 자신의 부모처럼 자신들도 자녀의 행동을 통제하거나 방임한다. 어린 시절 반항아 역할을 했을 경우 폭력으로 자신의 자녀를 통제할 수 있고 모범생 역할을 했을 경우 가치관이나 신앙으로 통제하려 할 수도 있다. 그 어느 쪽이든 자녀는 감정에 상해를 입게 되고 참 자기를 잃어 폭력적이 되거나 여러 중독된 행동이 나타나기 쉽다. 자녀는 폭력적인 부모나 부모의 신앙, 그리고 부모의 신념을 통해 통제당할 때 자신만의 역할(거짓 자기)을 떠안게 된다.

통제하려는 것은 성폭력 피해자들의 특징과도 같은 것이다. 만약 자기 주변에 일어나는 일들을 모두 파악하고 있지 않으면 큰일이 일어 날 것 같은 두려움이 있기에 늘 긴장하면서 산다. 그 두려움은 통제하는 부모에 대한 예측 불가능으로 인한 불안감과 두려운 감정이다. 부모의 입장에서도 마찬가지다. 자신의 통제를 벗어나는 자녀는 자신의 수치심을 건드리는 일이 되며 자신이 어린 시절 통제를 당하거나 현재 부모로서 통제를 하지 않으면 역시 과거의 상처들로 인하여 불안과 두려움, 그리고 자신의 수치심 등이 건드려지게 된다.

수치심을 느낀다는 것은 과거의 상처에 대하여 직면을 하게 된다는 의미로 고통이 수반되기 때문에 두려움과 불안함은 항상 공존하게 된다. 그 고통과 두렵고 불안한 감정을 무의식적으로 누르려고 일을 항상 계획하여야 하고 준비해야 하며 통제하게 된다. 또는 반대로 자녀를 방임하고 유기할 수도 있다. 통제, 유기, 방임, 학대 등 이 모든 것은 자신이 받았던 상처를 자녀에게 대물림하고 있는 것이다.

통제의 한 방법으로 법이나 서열을 중요시 여길 수도 있다. 자신이 어린 시절 힘 있는 아버지로부터 받았던 상처로 인한 불안과 두려움을 피하고자 다른 사람들과의 관계에 있어서도 자신이 서열상 위에 있으려고 노력한다. 서열상 아래에 있다는 것은 힘 있는 대상에 의하여 과거 힘 있는 아버지와의 관계에서 받았던 상처가 재연될 것이란 두려움 때문에 자신이 서열상 위에 있어 타인을 통제하려 한다. 그러므로 무슨 수를 써서라도 통제하는 입장에 서려고 노력한다. 돈이나 명예, 권위에 있어서 자신보다 위에 있는 사람을 두기 싫어하며, 자신만이 구축하고 쌓아놓은 비교우위의 것들을 동원하여 점점 자신의 권위를 높이고, 그 높아진 권위(거짓 자기)로 타인과 관계하려 한다. 자신보다 다른 사람이 힘이 있거나 서열이 높아 넘볼 수 없는 사람이라면 어떻게든 한 편이 되려고 애를 쓰거나 반대로 관계를 피한다. 서열상 아래에 있는 사람에게는 모든 일을 통제하려 한다. 회사나 다른 조직에서 각자의 맡은 역할과 서로 돕는 역할로 공동의 목적을 이루어 내는 원만한 관계가 옳음에도 상처 받은 결과로 인한 왜곡된 사고는 흑백논리로 내 편 아니면 적이라는 개념을 갖기 쉬우며 지속적이거나 융통성 있는 인간관계를 기대하기 어렵다. 내 편이라고 생각했던 사람이 내가 싫어하는 사람과도 관계를 하면 견딜 수 없는 분노와 미운 감정이 든다. 그럴 경우 누구 편인지를 밝힐 것을 요구하거나 내 편이 아닌 적으로 간주할 수도 있다. 한마디로 오랜 친분을 유지하기 어렵다는 것이다. 이런 사람을 대할 때는 거리를 두고 교류분석의 세 가지 자아 가운데 객관적인 사실이나 누구나가 인정하고 상식적인 내용을 다루는 어른자아로 대화하는 편이 좋다.

내면의 상처 입은 아이를 그대로 둔 채 성인아이가 된다면 자신의 자녀에게 유해한 교육을 할 수밖에 없다. 근친상간, 폭력, 그리고 유기나 방임으로 나타날 수 있고, 반대로 윤리적이거나 종교적인 부모가 되어 자녀가 어떤 경우라도 부모에게 복종하고 존경해야 한다는 무조건적인 신념을 가르칠 수 있다. 이에 부모는 내면의 수치심을 가리는 도구로 완벽을 추구하거나 강박적으로 신앙생활을 하여 사람들로부터 존경을 이끌어 낼 수도 있다.

도덕과 윤리, 그리고 종교를 통하여 부모는 자녀들을 자기 마음대로 할 수 있는 권리를 암묵적으로 갖게 되는 것이다. 이러한 경우 윤리와 종교는 부모의 수치심을 가리면서 옳은 일, 더 높은 권위를 사용하여 자녀에게 자신의 상처와 분노를 투사하게 되는 것이다. 그러므로 역기능의 가족이 외부에 나타나는 모습은 극히 정상적이고 훌륭한 부모 밑에서 복종하고 효도 잘하는 좋은 자녀의 모습으로 비춰질 수 있고, 그러한 모습이 조금이라도 깨졌을 경우 부모는 몹시 불안하고 수치심을 느끼기에 그런 상황이 발생하지 않도록 항상 예측 가능하게 가족을 통제하게 된다. 내면의 상처가 폭력이나 중독형태로 드러나는 경우보다도 윤리적이고 종교적으로 드러나는 경우 치유를 위한 직면이 어려운 경우가 많다. 왜냐하면 본인만이 아니라 주위 사람들도 이러한 부모와 가족의 역기능을 눈치채지 못하기 때문이다. 상처 입은 부모는 수치심을 가리려 몰래 발버둥 치며, 남들보다 우월한 위치와 더 옳은 기준을 붙잡으려고 하거나 반대로 여러 가지 중독적인 행동으로 자녀를 학대하므로 자녀를 자신의 상처 안으로 밀어 넣는다.

부정적인 수치심과 상처가 너무 커서 해리로 대응을 하는 모든 내담자에 있어서 첫 번째로 내가 할 수 있는 것은 가능한 한 오감의 경험과 접촉하도록 하는 것이다. 자신이 느끼는 불편한 감정과 선명한 참 감정을 인지하도록 도와줘야 한다. 대체된 감정을 참 감정으로 만날 수 있게 하는 것은 치유의 관건이 된다.

통제와 강박을 멈추기 위해서는 역시 상처 입은 내면아이의 치료가 필요하다. 사람은 관계를 떠나 살 수 없는 존재이기에 내면의 치유는 사람 사이의 관계 치료로 확장되어야 하고 그 중에 부부의 관계 치료가 핵심이다. 부부가 치료되면 가족의 치료로 확장된다. 중독자만이 아니라 중독자가 있는 가족 전체가 중독에 반응하기에 가족도 상호의존중독에 걸렸다고 볼 수 있다. 그러기에 중독자 한 사람의 치료로 끝나는 것이 아니라 가족 전체가 치료받아야 하며 가족치료가 이루어져야 비로소 중독자도 온전히 치료되었다고 볼 수 있다.

　아이들의 부정적인 행동으로 상담을 청하는 부모는 대부분 부모의 갈등 때문에 아이들이 문제가 되는 행동을 한다는 것을 모른다. 그래서 아이보다도 그 원인이 되는 부모에게 상담의 초점을 맞추면 회피하거나 어떤 경우에는 분노를 터뜨리기도 한다. '아이 때문에 왔는데 왜 나 때문이라고 하느냐?'며 상담을 거부하거나 분노한다. 그래서 초기 상담은 조심스럽게 아이를 중심으로 이루어져야 한다. 주로 행동주의 치료기법을 동원하여 아이의 문제되는 행동을 수정한다. 그리고 아이의 치료에 부모님이 필요하다며 상담의 범위를 차근차근 부모에게로 확대하는 기술이 필요하다. 이렇게 점진적으로 아이의 부정적인 행동이 긍정적으로 수정이 되는 것을 보게 되면 문제아의 부모도 아이를 위해서 상담에 적극적으로 참여하게 된다. 신뢰감이 쌓이고 적절한 시기가 되면 아이 외에 부모(부부) 치료로 확장되면 좋다. 그리고 아이와 부모의 역기능 가족체계를 같이 다루어 역기능의 체계를 순기능의 체계로 바꿔 모든 가족 구성원의 상처를 근본적으로 치료해야 한다. 치료가 되면 아이의 문제가 되는 행동의 원인은 부모 자신들임을 시인하게 되고 부모가 치료되면서 덩달아 아이도 함께 치료된다. 그러므로 나의 관심은 항상 부부관계에 있다. 마찬가지로 교회 공동체에서는 목회자의 가정, 특히 상처 입은 목회자의 내면과 목회자의 부부관계에 관심이 간다. 왜냐하면 목회자 자신의 상처와 가족의 역기능을 치유해야만 교회 공동체가 건강해질 수 있기 때문이다.

　상처의 결과로 끌어안게 된 수치심(수치심은 죄된 행동의 원인이 됨)을 누구나 두려워하지 않았으면 좋겠다. 역기능의 원치 않는 일을 하는 것은 내가 아닌 내 속에 거하는 죄(롬 7:17)인 것이다. 그럴 수밖에 없었던 상처 입은 성인

아이의 눈물을 씻고 서로 사랑하는 행복한 부모가 되어 자녀에게 진정한 사랑을 물려주는 아름다운 가족이 되기를 고대한다.

우리는 가족체계 내에서도 개개인의 자아경계선이 침범 받지 않으면서 가족 전체가 융통성 있고 원활하게 움직여 모두의 행복을 극대화하는 순기능의 체계가 되는 것을 목표로 삼았다. 순도가 높은 순기능의 체계란 가족 구성원 모두가 개인의 자유가 최대한 누려지고 가족 전체적으로도 모두의 자유가 최대로 만족할 수 있는 체계다.

사회적으로 법이 필요하다. 법은 모든 사람이 서로의 경계를 침범하지 않으면서 개개인이 최대한 자유를 누리고 행복하게 살 수 있도록 돕는다. 그러나 규칙이나 법이 국가의 질서를 위한다는 이유로 인간의 인격에 반하는 전체적이고 절대적인 법이 될 때 매우 위험해진다.

인격적이고 개인적인 자유가 금지당한 복종은 나치즘과도 같다. 제2차 세계 대전 당시 가부장적이고 권위주의적인 독일의 역기능적 가족체계는 사회와 국가의 역기능을 초래하여 전체주의적이고 절대주의적인 제도 하에 히틀러라는 독재자를 탄생시켰다. 물론 이러한 역기능적인 사회와 국가체제는 역기능적인 가족구조를 만들어 내거나 강화시키는 데 큰 영향을 미치게 된다. 이렇게 가족과 국가가 상호작용을 하면서 역기능의 항상성은 유지되거나 강화가 된다. 이러한 역기능적인 가족구조와 함께 독재자가 절대 권력을 가진 역기능적인 국가체계는 국민들을 전쟁터로 내 몰고 다른 나라를 침략하게 한다.

역기능적 통제는 개인의 내적 자유를 금지시키고, 자기 스스로 비판하거나 판단하는 기능들을 마비시킨다. 또한 개인의 감정은 금지당한다. 그것과 마찬가지로 종교적인 복종은 사이비 교주를 만들어 내고 그 교주나 잘못된 교리에 의하여 집단 자살을 일으키기도 한다. 전쟁 중에는 힘없는 노인이나 어린이, 여성들이 학살당하기도 한다.

부모는 힘이 있고 자녀는 힘이 없다. 힘 있는 부모가 힘이 없는 자녀의 필요를 채워주는 것이 사랑이다. 사랑은 개개인이 독립된 인격을 갖추고 높은 자존감을 갖게 한다. 또한 타인과는 서로 존중하며 모든 가족과 사회가 함께 어우러져 행복하게 살게 한다. 반면에 힘이 있는 부모가 힘이 없는 자녀를 통제하거나 권력을 가진 사람이나 국가가 힘이 없는 사람이나 국민을 과도하게 통제하고 자유를 규제한다면 이것은 역기능적이고 폭력적이다.

순기능적인 국가는 국민의, 국민에 의한, 국민을 위한 국가다. 순기능적인 가족은 부모가 자신들의 생명을 이을 자녀가 소중하기 때문에 자신의 생명과 가지고 있는 모든 것을 다해 자녀의 필요를 채우고 사랑한다. 그러면 그 자녀는 스스로 판단하고 자유롭게 선택하며 실행하고 자기 자신을 책임질 수 있는 능력을 갖는다.

즐거움이 없는 봉사나 만족함이 없는 이타적인 사랑 등은 거의 모든 권위적인 사람에 의해서 지배받고 통제당했던 경험에 의하여 상처를 받아 거짓 자기로 살아가는 모습이다. 이 사람은 힘 있는 지배자에 의하여 굴종을 당한 상태로 무의식적인 자신의 생존전략에 의하여 착한 역할을 하는 사람이 되거나 다른 사람의 비위를 맞추는 사람이 되곤 한다. 이러한 역기능의 에너지는 피해자를 강박적으로 복종시키고 개인의 자유를 무너뜨리는 통제로 나타난다.

역기능적인 가정에서 상처 입은 아이는 자신의 현재 참 감정과 느낌을 잃어버린다. 그러므로 성적인 감정을 수치스럽게 생각하고 부인하거나 아예 성 중독으로 빠질 수도 있다. 어린 아이였을 때 가져야 할 자연스런 감정과 욕구가 상처 입은 아버지에 의해 감시당하고 통제당하며 금지되었던 것처럼, 자신이 아버지가 되어서 자기 자녀의 욕구와 감정, 그리고 생각을 감시하고 통제하게 된다. 사람이 감정, 신체, 욕구, 생각 등을 통제당하면 자기 자신을 잃어버리게 된다. 그리고 자존감에 심각한 손상을 입게 된다. 자아경계선이 침범당하는 가운데 가족이나 사회자체가 질서 정연하고 권위와 통제에 의해 잘 돌아가는 것 같지만 사실 그것이 역기능적이다.

가족은 인격이 형성되는 장소다. 그리고 부모로부터 사랑을 받아 높은 자존감을 갖게 되며 한 몸 됨의 관계를 이루도록 인격을 내면화하는 장소다. 이러한 기회를 놓친 상처 입은 성인아이는 그림자로서의 역할을 할 뿐, 자신의 신체와 감정, 욕구와 통제에서 여전히 참 자기를 찾지 못한다.

나는 오랜 시간 치유의 과정을 겪었다. 내 자신이 어느 정도 치료가 된 지금은 내담자와의 상담에 있어서 상처 입은 성인아이를 다루게 될 때 '양가감정[4](兩價感情; Ambivalence)'을 느끼게 된다.

첫째 감정은 내담자가 어린 시절 상처 입은 피해자로서의 아픔을 같이 느끼고 아파하며 공감을 하는 것이다. 빨리 상처를 씻고 참 자기를 찾게 되었으면 하는 안타까운 마음이다. 둘째 감정은 내담자가 가해자로서 자녀들에게 중독과 폭력, 어떤 경우에는 위장된(대부분 본인은 이해하지 못함) 신념과 신앙으로 상처를 대물림하고 있는 것에 따르는 분노다.

한 사람에게 상처 입은 어린 시절의 피해자와 성인이 된 후에 다시 가해자로서의 모습을 함께 갖고 있는 것에서 느껴지는 양가감정이다. 피해자인 아이를 보면 아픔과 안타까움을 느끼며 가해자인 부모를 보면 분노의 감정이 느껴지는데 상처 입은 성인아이인 내담자는 피해자이면서도 가해자의 모습을 동시에 가지고 있기에 양가감정이 느껴지는 것이다.

통제와 복종을 통해 아이에게 무엇을 자발적으로 해야 한다고 명령하는 것이나 부모를 사랑하는 것이 자녀의 의무라고 말하는 것은 '이중구속[5](二重拘束; Double binding)'으로 자녀의 자유를 박탈한다. 자녀는 부모로부터 사랑을 받고 내재된 부모의 사랑을 외부로 표현하면서 자신의 참 자기를 형성하게 된다. 그러나 부모로부터 받는 이중구속은 자녀가 자신의 필요를 채움 받지 못하게 할 뿐 아니라 오히려 참 자기를 형성하지 못하게 한다.

사랑받은 자만이 사랑을 할 수 있다. 사랑받지 못하고 사랑하는 것은 위선이다. 왜냐하면 참 자기로서 사랑하지 못하기 때문이다. 가해자로서의 부모가 피해자인 자녀에게 부모에게 순종하고 효도하는 것이 자녀의 의무라고 강요하여 자녀를 조종하게 된다면 이는 자녀 스스로가 자율적으로 순종하고 효도하는 것이 아니라 부모의 억압과 통제에 의하여 강요된 굴종이다. 이미 자녀의 자아경계선은 부모에 의해 무너졌다. 가해자인 부모로부터 상처를 받아 참 자기를 찾는 것을 금지당하고 그 가해자인 부모에게서 살아나려는 무의식적인 생존전략에 의하여 자녀가 오히려 부모를 돌보고 사랑하는 행동을 하게 된다. 부모로부터 돌봄과 사랑을 받아야 할 자녀가 부모로부터 상처를 받고 오히려 자신이 부모를 돌보고 사랑하는 것이 이중구속이다. 이러한 이중구속이 강화가 되면 아이는 정신분열로 나타날 수도 있다.

이중구속은 관계 속에서 갈등이나 단절, 밀착이나 융합으로 나타날 수 있다. 상처 입은 부모가 자녀에게 자녀의 의무를 강조하므로 자녀를 통제하는 일은 부모 자신의 수치심을 가리는 방편이 된다. 물론 부모는 자녀에게 부모의 역할을 잘하는 것처럼 보이지만 그림자에 불과하며 자신의 강박을 교육이라는 명목으로 통제할 뿐이다. 상처 입은 부모는 그들의 부모로부터 사랑을 받아보지 못했고, 그러기에 부모로서 자녀를 어떻게 사랑하는지를 알지 못한다. 그러므로 부모로서 자녀를 강박적으로 통제하여 부모인 자신의 부정적인 수치심을 느끼지 못하도록 계속 자녀를 억압하며 부모의 의무와 역할에 강박적으로 매달릴 때 역기능은 강화된다.

사랑을 받지 못한 성인아이인 부모가 자녀에게 자녀의 의무를 강조하면 강조할수록 자녀에게는 상처가 된다. 그러므로 부모는 자신의 상처 입은 내면아이의 치유와 더불어 부부치료로 이어져야 하고 그 다음 자녀에게 부모의 참 사랑을 공급하므로 자녀가 참 자기의 자리를 찾도록 도와주어야 한다. 부모 자신의 상처가 치유되면 자연스럽게 자녀를 사랑할 수 있게 되겠지만 완전히 치유되지 않은 상태라 하여도 자녀의 필요를 채우고 사랑을 주는 노력이 필요하다. 그것이 어렵기 때문에 상담자의 안내와 도움을 받아 용기 있게 자녀에게 사랑을 표현하고 자녀의 필요를 공급해야 한다.

치유 과정의 길목에 자신에 대한 직면이 기다리고 있다. 직면을 두려워하거나 부끄러워하지 말기를 바란다. 왜냐하면 그럴 수밖에 없었기 때문이다. 힘이 없었던 어린 시절 가해자가 된 힘 센 아버지 앞에서 자신이 어찌할 수 없지 않았는가? 내 잘못이 아니다. 그것은 아버지 잘못이었다고 가해자인 아버지와 맞장을 떠라. 그리고 비록 내 자신 스스로 완전한 치유를 이루지는 못했지만 어느덧 부모의 자리에서 자녀를 바라보고 있다면 자녀를 위하여 용기 있게 자신의 잘못을 고백하자. 자녀에게 직접 말을 하면 더 좋을 것이다.

"네 잘못이 아니야."

"아빠 잘못이야."

"미안해."

"용서해 줘."

"부족하지만 아빠가 널 사랑해."

정서 중독

사람은 누구나 홀로 존재하지 못한다. 누구나 부모를 통하여 이 세상에 나온다. 그러므로 자신은 대상과의 관계에 의해 영향을 받고 자신의 존재 또한 대상과의 관계를 떠나 이야기할 수 없다. 대부분 그 최초의 대상과의 관계는 엄마, 아빠, 그리고 가족이다.

세상에 태어난 사람은 자라면서 가족이나 타인과 관계를 갖게 되는데, 그 대상들은 인생의 발달단계마다 다르다. 우리는 이것을 대상관계라고 부른다. 대상과의 관계에서 좋은 영향을 받게 되면 건강한 인격을 형성하고, 나쁜 영향을 받게 되면 상처 입은 인격을 형성하게 되는데 건강한 인격을 참 자기(또는 참 자아)라 부르고, 상처 입은 인격을 거짓 자기(또는 거짓 자아)라 부른다. 어린 시절 상처를 입어 고통 받고 있는 사람을 치유를 통하여 건강하게 자기 자신이 지켜지고 타인과의 관계에서도 서로 행복해 질 수 있는 사람으로 회복시키는 것을 목적으로 한다.

치유는 상처 입은 거짓 자기에서 참 자기로 가는 길이다. 대부분의 심리학자들이 어린 시절에 대상과의 관계가 중요하며 인생에 많은 영향을 받는다는 데 동의하고 있다. 상처 입은 인격에는 불신, 낮은 자존감, 수치심, 죄책감 등이 내면에 자리를 잡게 된다. 그 고통을 피하기 위해 거짓 자기가 발달을 하게 되고 그렇게 부모가 되면 다시 자녀에게 상처를 주는 가해자가 된다.

대상과의 관계에서 나쁜 이미지를 받아 거짓 자기가 형성될 수도 있고 좋은 이미지를 받아 참 자기가 형성될 수 있는 것처럼 감정에도 거짓 감정과 참 감정이 있다. 상처 입은 자기는 외부와 타인에 의해 이미 상처를 받고 거짓 자기로서 기능을 하고 있기에 자신의 내면으로부터 상처 입은 감정이 발생되고 느끼는 일에 오작동을 일으킨다. 그러므로 참 감정은 거짓 감정으로 대치시키게 되는데 이것을 정서가 중독되었다고 하는 것이다. 정서중독은 심하면 심할수록 자신과 가족의 삶을 파괴시킨다.

정서중독은 자신이 원래 내면에 느끼는 고통스러운 감정을 그것 보다 덜 고통스럽다고 여겨지도록 다른 감정으로 대치(代置)하는 것이다. 즉, 거짓 자기의 역할로 고통스러운 감정을 억압하여 무의식적으로 덜 고통스러운 감정으로 대치하는 것을 말한다. '남자는 울면 안 된다'라는 잘못된 신념을 가진 역기능의 가족은 자신이 내면에 느끼는 원래의 감정인 슬픔이나 고통, 그리고 좌절감 등의 감정이 분노의 감정으로 대치되었다. 분노는 강한 느낌을 주지만, 슬픔은 약한 느낌을 주기에 남자로서 부적절하다고 생각한다. 그러므로 약한 모습을 외부로 보여주는 것이 두려워 슬픔 대신 분노로 감정을 대치하게 되는 것이다. 그러므로 이것이 바로 자기방어기제의 하나가 되고 정서중독의 한 부분이 된다.

나는 결혼 후에 아내는 나와 성격이 정반대라는 사실을 알았다. 이는 부부 사이의 갈등을 해결하기 위해 상담을 받기도 하고 상담학을 공부하며 알아낸 사실이다. 우리나라 이혼 사유의 1순위가 성격차이다. 나는 아내와의 관계를 치유하는 과정을 통해 성격차이는 이혼사유가 아닌 하나님이 주신 축복이라는 것을 알게 되었다. 사실 처음에 아내와의 성격차이를 경험하게 되었을 때 몹시 불편하고 힘들었다. 나는 남자고 아내는 여자이듯이 성격이 서로 다르기에 끌리는 매력이 있었지만 그것은 결혼하기 전 어느 정도 거리를 두고 교제하던 때였고 실제로 결혼을 하고 같이 살게 되면서 가까이에서 겪는 성격차이는 너무 불편하고 갈등을 일으키는 요소가 되었다. 부부싸움이 시작되었고 강도나 빈도가 점점 증가했다. 아이들의 상처의 크기도 거기에 비례했다. 이래서는 안 되겠다 싶어 상담을 받고 상담을 공부하게 되었다. 많은 시간이 지나면서 서로의 독특성과 다름을 인정하게 되었고 조금씩 치유가 일어나기 시작했다. 내가 치유되는 것만큼 아내도 치유되었다. 서로 치유되는 것만큼 서로의 성격차이와 독특성도 인정하게 되었다. 그만큼 아이들도 치유되었다.

어린 시절 사랑을 많이 받아 내재된 긍정적인 에너지가 많은 사람은 상대방의 다름을 잘 인정하고 이해하며, 건강하게 소통하고 서로 행복한 방향으로 가는 법을 알고 있다. 그러나 어린 시절 상처가 많은 사람은 역기능적인 에너지가 많고 상대방의 다름이 오히려 자신의 부정적인 수치심을 건드려 부정적으로 소통을 하게 되며 많은 갈등을 일으킨다. 그러므로 이러한 경우 개인의 내면에 대한 치유의 과정을 통하여 자기 자신 스스로가 건강한 에너지를 충전하여 상대방을 이해하고 인정하며 긍정적으로 소통하는 법을 배우고 실천해야 한다. 나는 나의 원가족과 3세대에 대한 역기능적인 체계를 알아가며 상처 입은 내면아이를 치유해 나갔다. 다음 순서로 나와 아내와의 관계회복을 이루었고 다시 자녀의 치유로 이어졌다. 역기능에서 순기능의 체계로 바뀌었다는 것은 자녀가 후에 결혼을 하여 낳게 될 자손에게 있어서 건강한 부모와의 대상관계를 미리 확보하게 되었다는 것을 의미한다. 그러기에 내면에 대한 치유와 더불어 부부치료, 그리고 가족치료는 차세대가 행복해지는 축복의 통로가 된다.

결혼 초 나는 책을 보거나 옷을 갈아입을 때 정리정돈을 잘 못하는 습관이 있었다. 반면 아내는 하루에 두 번 청소를 하였고, 모든 물건은 있어야 할 장소에 있어야 되었기에 부부의 성격차이는 부부간에 갈등을 만들곤 했다. 일 년이면 두어 번 가구배치가 달라야 했던 아내는 어느 날 장롱의 위치와 피아노의 위치를 바꿔 달라 하였고 나는 다음에 하자고 여러 번 연기를 하다가 결국 아내의 화를 부르게 되었다.

"요즘 힘들고 피곤한데 다음에 하면 어때?"

"벌써 몇 번이나 얘기를 했는데."

"대충 살아 왜 자꾸 힘들게 무거운 짐을 옮기려는데? 지금도 괜찮구면."

"당신이 안 옮기면 나 혼자서라도 옮길래."

"맘대로 해."

하루가 지나 아내는 혼자 피아노의 앞과 옆의 판을 떼어 피아노의 무게를 조금 줄인 후 건반 아래쪽에 엎드려 등으로 피아노를 들쳐 업듯이 기면서 피아노를 밀고가 기어코 옆방으로 옮겨 놓았다. 방바닥에 피아노 바퀴자국이 선명하게 난 것은 말할 것도 없었다. 집에 온 나는 이것을 보고 다시 분노가 폭발했다.

"방바닥이 이게 뭐야?"

"당신이 안 해주니까 그렇지."

이윽고 그날은 부부싸움을 하게 되었다. 나는 성격도 성격이지만 전기기구를 만지는 일이나 못을 박고 무엇을 만드는 일, 물건을 옮기는 일 등에 있어서 무척 서투르다. 아내는 남자가 그것도 못한다고 핀잔을 주는 일도 여러 차례 있었다. 그럴 때는 종종 수치심을 느끼곤 하였다. '집안에서 힘쓰는 일과 기계나 전기등의 일은 남자가 무조건 해야 돼'라는 왜곡된 신념이 나도 모르게 마음 저 아래에 자리 잡고 있었다는 사실을 뒤늦게 깨닫게 됐다. 이렇게 부적절하게 느껴지는 감정(가족의 역기능 체계에서 받은 상처로 인해 느껴지는 대체된 감정)이 결국 언성을 높이는 분노로 표출되었던 것이다.

분노는 자신의 수치심이나 부적절하게 느껴지는 감정을 나타내는 역할을 하게 된다. 분노는 힘이 센 것처럼 느껴지고, 부적절감은 겁쟁이 같은 느낌을 준다. 그러나 내 안의 상처 입은 성인아이의 치유와 함께 아내와의 부부치료는 부적절감을 그대로 받아들이게 했다.

"여보, 이 일은 내가 잘 못하는 일이고, 또 당신도 힘든 일이니 사람을 부릅시다."

"이런 일로 돈 쓸 필요 없어요. 내가 같이 할게 당신이 도와줘."

"그럴까?"

결국 조금씩 같이 하다 보니 이런 저런 일에 있어서 실력이 조금씩 늘게 됐다. 내가 실력이 느는 것처럼 결혼 초에 삼층밥을 짓던 아내의 손길이 식재료에 닿으면 맛있는 음식이 나온다는 사실이 깨달아졌다.

우리 사랑도 그렇게 깊어지고 있었다.

강박적 사고(强迫的思考)

현재 사회는 역기능으로 오염된 부분이 너무 많다. 물질만능주의, 생명경시풍조, 환경오염, 폭력과 전쟁 등 인간의 이기적인 욕심이 만들어 내는 것들이 결국 인간에게 화살이 되어 돌아오고 있다. 이렇듯 사회와 환경이 오염되면 그 안의 가족들도 역기능적인 영향을 받게 된다. 사회가 오염되면 가족이 오염되고, 가족이 오염되면 사회가 오염된다. 사람이 오염되면 환경이 오염되고 환경이 오염되면 사람이 오염된다. 이처럼 이 모든 것이 상호작용을 하는 순환 관계로 볼 때 인간과 사회, 그리고 환경을 한 생명으로 이해할 필요가 있다.

많은 부모가 자신들은 건강한 부모, 또는 보편적인 부모라고 생각한다. 그러나 세대에 걸친 역기능 체계와 함께 오염된 환경 속에서 자신들이 오염되어 있다고 직면하는 부모는 드물다. 그러므로 자신들의 아이를 양육함에 있어서 아이의 감정이나 자아경계선, 그리고 인격을 중요하게 생각하지 않고 단지 약육강식의 경쟁 속에서 살아남을 수 있는 힘은 공부라고 생각하여 공부를 시키는 일에 몰두하는 것을 부모의 마땅한 의무요, 책임으로 여긴다. 어떤 부모는 공부를 강요하는 것은 고사하고 직접적으로 아이에게 언어나 신체적 폭력을 가하기도 한다. 그러면서도 많은 부모들은 자녀에게서 나타나는 부적응적인 행동에 적절한 대응을 하기 보다는 공부라는 잣대를 가지고 자녀를 판단하고 자녀를 과도하게 통제하려 하고 자신의 뜻대로 움직여 주기를 원하고 있다. 그리고 부모의 기대를 충족시키지 못하면 아이의 잘못으로 책임을 전가한다. 부모가 아이에게 주는 신체적, 성적, 정서적, 정신적 고통이 아이의 부적응적인 행동의 원인임에도 부모는 자신의 잘못을 인식하지 못하거나 알아도 대수롭게 여기지 않는다. 게다가 부부간의 갈등에서는 배우자 탓을 할 뿐 자신의 잘못이라고 여기지도 않는다.

결국 아이는 이런 부모에 의해서 상처를 입고 학대를 당하게 되며, 부모가 가진 수치심이 야기한 가혹한 행동들을 아이는 무의식적으로 인정하지 않으며 부모 대신 자신의 탓으로 돌려 수치심을 끌어안는다. 아이들은 자신의 부모에게서 부정적인 감정을 느끼는 것은(자신보다 힘센 존재와의 불일치는 자신의 무의식적인 생존 전략에 위배되는 것) 불안을 가져오기 때문에 부모이상화를 통해서 자신을 방어하려 한다. 방어기제는 순기능에서는 건강하고 적절하게 작동을 하지만 역기능에서는 그 기능이 반대로 작동되기 때문에 상처를 가리고 고통을 느끼지 않으려 내면 깊숙이 꼭꼭 숨기려 한다. 하지만 깊은 상처는 해결이 되지 않고 시간이 지나며 더 악화된다.

순기능에서는 형성된 방어기제들은 자신과 가족에 있어서 서로의 경계선을 침범하지 않으며 서로의 참 자기가 정상적으로 작동한다. 반면에 역기능의 가족체계에서 형성된 방어기제는 일단 형성이 되면 자동적이고 무의식적으로 작동하며 상처 입은 일그러진 자아상(거짓 자기)으로 작동하기에 역기능에서의 방어기제는 매우 위험한 상황을 만들 수 있다.

역기능 체계에서는 거짓 자기에 의해 현재 느껴지는 감정을 다른 감정으로 대체하게 되는데 이것을 정서중독이라 한다. 정서중독은 생각이 정상적인(참 자기로 인식되어지는) 범위를 벗어나 강박적인 사고를 하게 되는 것이다. 상처가 크고 깊어지면 참 자기로서 느껴지고 표현하는 것을 막고 거짓 자기로서 실제의 감정이 다른 감정으로 대체된다. 왜냐하면 감정은 과거의 상처와 연결되어 그 감정을 만날 때마다 과거 상처의 불안한 상황이 연출되기에 무의식적으로 방어기제에 의해 감정을 분산시키고 차단하게 되는 것이다. 정서중독과 마찬가지로 강박적인 생각의 패턴들이 자신의 감정을 차단하는 방법이 될 수 있다. 지나친 걱정, 같은 생각의 반복, 작은 일들에 집착, 왜곡된 사고나 과잉 일반화, 추상적인 사고와 같은 것들이 우리가 느껴지는 참 감정을 차단시키는 방법들이다.

강박적이고 완벽주의적인 생각들은 결국 자신과 가족의 삶을 고통스럽게 만들고 참 자기로 회복되는 길을 막는다. 이러한 생각으로 신앙을 갖게 된다면 신앙 자체가 자신의 수치심을 가리는 도구가 될 수 있다. 더 철저히 기도하고, 더 깊이 성경을 연구해 상대평가로 남들보다 우월성을 입증하여 자신이 가진 비교우위의 신앙으로 다른 사람과의 관계에 있어서 상대방을 비난하거나 타인을 자신의 통제영역에 넣으려 할 수도 있다. 이렇게 오염된 생각은 다른 대상과의 관계에 있어서 서로 사랑하는 온전한 관계를 이루지 못하게 하는 원인이 된다.

강박은 자신과 가족의 모든 에너지를 끌고 간다. 선택의 폭은 좁아지고 자유를 잃어버리며 자신의 의지는 망가진다. 그러면서도 인식을 못하는 것은 무의식적으로 철저히 자신의 상처를 억압하고 거짓 자기에 의해 참 자기가 외면되었기 때문이다. 아버지 자신이 인간적으로 결함이 있고 불완전하다고 느낀다면 그 부적절한 감정과 수치심을 가리려고 권위로 누르려 하거나 반대로 좋은 아버지 상(像)으로 비춰도록 대체하려 할 것이다. 그러므로 우리에게 필요한 것은 용기 있는 직면이다. 옳은 행동이든 틀린 행동이든 자기성찰을 통해 그 감정과 사고에 대한 뿌리의 핵심을 찾아 참 자기로서의 감정을 되찾아오는 작업이 필요하다. 강박은 오랜 시간에 걸쳐 견고하게 만들어진 가면이기에 나쁜 습관과 잘못된 행동을 만들어 낸다. 나쁘다는 것은 알코올중독이나 약물중독, 또는 정서중독이나 강박적 사고 같은 것일 수 있고, 하나의 역할로서 착하거나 남들이 인정하는 신앙인이 될 수도 있다. 외부적으로는 역기능적인 가족형태를 노출시키거나 순기능으로 보이는 역기능적인 가족을 만들어 낼 수도 있다. 그러므로 초기 치유작업에 있어서 역기능에서 자란 성인아이들에게는 자신들의 역기능 행동과 문제들을 만들어 낸 원인이 어린 시절 버림받음의 경험에 있다는 것을 인지하고 직면하는 일은 무엇보다 중요하다. 버림받음은 자신의 권리, 자신의 경계선 그리고 어려서 참 자기를 형성하기 위한 필요들이 침범당한 것이다. 침범당한 진짜 자기는 계속 숨어 있다. 자신에게 일어난

일과 그 일에 대한 자신의 반응사이의 연관성을 잃어버린 것처럼 참 자기를 잃어버렸기에 거짓 자기가 참 자기를 대체한다.

부부치유는 동시에 자녀의 치유로 연결된다. 감정의 치유는 곧 상처의 치유다. 상처가 치유되면 원래의 감정을 무의식적으로 두려워하거나 다른 감정으로 대체할 필요 없이 그냥 그대로의 자기감정이 느껴진다. 그렇다면 이제 가족에게 자신의 느낌과 생각을 표현할 준비가 된 것이다. 그 표현들은 이런 말일 것이다. '너에게 상처를 주어 미안해', '나를 용서해줘', '네가 필요해', '네가 있어 난 행복해', '영원히 널 사랑해'.

강박과 중독에서의 회복

중독을 치유하는 첫 관문은 순복(順服)이다. 순복은 자신의 중독과 강박적인 행동이 어떤 형태로 나타났는지를 깨닫는 것이다. 순복은 중독과 강박에 자신이 무력했고 자신의 삶을 관리할 수 없었음을 시인하면서 시작된다. 이것은 마치 우리가 내 자신이 모든 것을 통제할 수 있다고 믿었었지만 이제는 내 자신이 스스로 통제할 수 없음을 인정하는 일이며 또한 하나님을 인정하는 일이기도 하다. 즉, 자신을 피조물로 인정하고 하나님의 도우심이 필요로 한다는 말이다. 치유는 자신의 순복을 통해 참 자기로서 하나님을 정확히 만나 주님께 나의 의지와 생명을 맡기기로 결정하는 과정이다. 순복이 아닌 상처 있는 부모 밑에서 어쩔 수 없이 상처를 받아 굴복(屈服)당했던 자녀들이 치유가 되지 않는다면 참 자기가 아닌 다른 가면을 쓰고 중독으로도 나타날 수 있다.

원가족의 역기능을 통해 생긴 거짓 자기가 기능을 하게 되면 평생 겸손한 성직자나 봉사자의 모습을 띨 수도 있고 종교의 힘을 빌려 타인을 통제하려 할 수도 있다. 그래서 자신뿐만 아니라 타인을 합법적으로 통제함으로 자신의 수치심은 여전히 가려지게 되고 마치 중독과 강박의 형태를 띠고 점점 더 자신이 하나님처럼 되려고 힘쓰게 된다. 그러므로 강박과 중독, 그리고 그 중독의 뿌리인 수치심의 치유를 통해 자신의 정체감을 찾아야 하는데 이것이 곧 상처를 입은 내면아이의 치유다.

부모로부터 사랑을 많이 받는 자녀에 대하여 잘못된 일이라 말할 사람은 없을 것이다. 이렇게 부모의 사랑을 많이 받고 자라난 아이들이 있는 가족의 특징은 그 부모가 서로 사랑하는 사이라는 것이다. 그들은 서로 배우자에게 종속되지도 않으며 그렇다고 강압적으로 상대방을 지배하지도 않는다. 자기가 원해서 자율적으로 하는 행동들이 상대방을 위한 사랑의 수고가 된다. 같은 방법으로 부모는 자녀를 사랑하고 자녀를 인격적으로 존중하며, 자녀의 필요를 채워준다. 부모는 하나님의 대리자로서 무조건적인 사랑을 자녀에게 주게 된다. 그러므로 자녀들은 온전한 인격으로 성장하여 부모 곁을 떠나 배우자와 연합하여 자신의 부모로부터 정신적, 육체적, 그리고 영적으로 떨어져 독립된 건강한 부부가 되고 다시 자녀를 낳아 자신들의 부모처럼 서로 사랑하는 가운데 자녀를 건강하게 양육하게 된다. 부모가 서로 사랑으로 하나가 됨으로 자녀가 결혼하여 동일하게 하나가 되고, 자신들의 자녀를 사랑으로 양육하는 모든 과정은 동일한 한 생명의 연속된 과정이다. 내가 죽어도 아들로 내가 살아있다는 일체감이 영생이 아닐까?

　이러한 순기능의 3세대 체계는 각자가 잘 분화된 성숙한 인격이기에 따로 떨어져 있어도 행복하고 3세대가 같이 살아도 행복하다. 왜냐하면 서로의 경계선이 잘 지켜지며 모든 체계가 어우러져도 개인의 자아경계선이 지켜지면서 전체가 한 몸 됨의 관계를 유지할 수 있기 때문이다. 역기능의 3세대 체계는 순기능의 체계와 반대다. 이는 서로 상처를 주는 체계이기에 개인의 자아경계선은 무시당한다. 그러므로 이러한 역기능의 3세대 체계에서는 부부갈등과 고부 간의 갈등, 부모에 의한 자녀학대 등이 나타나게 되고 피해자였던 자녀가 시간이 지나 가해자인 부모가 되어 자신의 자녀에게 또 다시 상처를 주게 된다. 이 체계는 부모가 심리적으로 자녀들과 밀착되거나 상호의존중독으로 나타나는데 이 또한 대물림이 된다. 그러므로 체계와 개인의 경계를 분명하게 하려면 서로 떼어 놓아야 할 필요가 있다. 한 방법으로 밀착된 모자 관계에서 결혼한 아들을 분가(分家)시키는 것이다.

　이러한 3세대 체계를 이해한다면 자녀가 결혼을 하여 부모를 모시는 것이 좋은가 아니면 분가를 하는 것이 좋은가에 대한 답은 보다 명확해진다. 3세대 체계가 순기능이면 함께 살아도 좋고 역기능이면 분가를 하는 것이 좋다. 그런데 묘하게 순기능 체계에서는 부모 스스로가 자녀를 자연스럽게 분가를 시키는 일에 적극적이고, 역기능 체계의 가족은 함께 살기를 고집하는 경향이 많다. 자녀 부부를 분가시키는 권리가 부모 자신에게 있다고 생각하는 것 자체가 역기능이다. 분가는 자녀가 성장하여 자연스럽게 부모와 자녀 사이에 생겨지는 경계선이다. 역기능으로서 이러한 자연스러운 경계선이 위협을 받을 때 의식적이라도 경계선을 지어 주어야 한다. 결혼한 자녀의 부부 사이가 갈등이 있다는 이유로 부모가 자녀의 부부 사이에 개입하지 말아야 한다. 이제 자녀와 자녀의 배우자는 서로에게 한 몸 됨의 관계를 통해 서로에게 1순위가 되었다. 그들 스스로가 자신의 상처를 치유받고 스스로가 배우자를 이해하고 용서하며 사랑할 수 있도록 부모는 인내하고 기다려야한다.

둘째 아이도 충청도 어느 시골학교 기숙사로 보내고 적적한 마음이 드는 어느 날 밤 아내에게 물었다.

"점점 아이들이 우리 품을 떠나는 연습을 하네."

"그러네요."

"아이들이 어렸을 때 참 예뻤는데 지금보다 그 시절이 더 행복하지 않아?"

"과거도 좋지만 지금이 가장 행복해요."

우리의 일생에서 지금이 가장 행복하다는 아내를 둔 내가 행복하다. 그렇게 오늘 밤 행복한 아내의 손을 잡고 잠이 든다. 내일 머리를 염색해야겠다고 하는 아내의 흰머리가 더 아름다워 보인다.

2

내면아이 치유

감정(感情)과 사고(思考)

   손을 의식적으로 불 속에 넣어 화상을 입었다면 생존에 대한 자연의 법칙을 어기는 일이며, 사람과 사물의 관계에서 각자 가지고 있는 고유한 성질에 반대되는 행동이다. 외부 세계에 자연의 법칙이 있듯이, 감정과 사고의 영역에도 자연의 법칙이 있다.

   대부분의 사람들은 외부 세계만큼 내부 혹은 심리적 영역을 잘 인식하지 못한다. 자신의 심리적, 신체적, 정서적 본성을 어김으로써 우리가 우리 자신을 어떻게 해치는지를 보지 못한다. 내가 화를 낸다면 그 화는 먼저 나에게 영향을 미치며 감정과 생각을 혼란스럽게 할 뿐만 아니라 신체에도 해를 미칠 것이다. 다른 사람이 화나게 한다고 다른 사람을 비난할 수 있다. 그러나 다른 사람에게 화내기에 앞서 먼저 자신 안에서 만들어진 화를 느끼고 화를 낸 이후의 결과에 후회하게 된다.

   원인과 결과의 관계는 외부에서는 즉각적으로 나타나지만 내부에서는 즉각적으로 나타나지 않을 수 있다. 손을 불 속에 넣으면, 자신이 행한 실수를 바로 느낀다. 그러나 자신이 화를 내거나 증오와 같은 격렬한 감정이 표출될 때는 외부의 사건들처럼 쉽게 감지하지 못한다. 대부분 원인과 결과를 전혀 자각하지 못할 수 있다. 그 이유 중 하나는, 그것을 자각할 수 있을 만큼 자신의 내면에 대한 이해가 없기 때문이다. 자신의 내면에 대한 이해는 순기능 가족체계에서 잘 이해된다. 순기능 가족은 자아에 대한 경계선이 서로 잘 지켜진다. 부모가 자녀의 필요를 잘 채워 주기에 자녀는 스스로 생각하고, 느끼고, 그리고 하고 싶을 때 하고 거절하고 싶을 때 거절할 수 있는 자유를 갖는다. 이는 참 자기로서의 기능을 하게 하여 현재 자신의 내면을 실제로 인식하고 원하는 것을 외부로 표출하며 외부의 자극을 참 자기로서 느끼며 받아들일 수 있게 한다.

크거나 작거나 가정에서 짊어진 역기능적인 관계로 인해 받게 되는 상처는 무의식과 내면으로 들어가게 될 때 처음으로 마주치게 되는 감정에 상해를 입힌다. 이는 부모와 자녀의 관계에서 부모의 불투명하고 딱딱해진 감정이 자녀에게도 같은 자아상을 형성하게 하여 자녀의 감정도 불투명하게 만든다. 그러므로 사물이나 사람과의 관계에 있어서 바로 지각하거나 교류할 수 없게 만들어 자신의 존재의 근원인 상처 입은 부모를 이상화하여 부모는 잘못이 없고 자신이 대신 부모의 상처를 짊어져 부모의 수치심을 자녀 자신들이 끌어안게 된다. 이는 무의식적인 자신의 생존전략으로 부모를 이상화하여 온전한(사실은 온전치 못한) 부모와 연결되어 있다는 연결환상(부모가 온전해야 자신도 온전하다는 일종의 생존전략)에 빠뜨린다. 그러나 이러한 생존전략은 순기능이 아닌 역기능적이기에 결과적으로 가족과 자신을 해치는 결과를 낳는다. 그 중 두드러진 특징은 온전치 못한 감정을 형성하게 되어 자신을 피동성에 빠뜨리게 되는 것이다. 피동성이란 남의 힘에 의하여 움직이게 되는 것을 말한다. 이는 온전한 자기 자신이 아닌 타인과의 관계에서 참 자기를 잃고 상대방에 의하여 움직여지는 자신을 말한다.

대부분의 사람은 부모와의 대상관계에서 자유로울 수 없고 정도의 차이는 있지만 피동성에서 자유로울 수 없다. 대부분의 가정이 크거나 작거나 역기능이 있기 때문이다. 그러기에 우리는 역기능을 치유하고 순기능의 가정을 이루는 것이 목표다. 인생의 발달단계에 따라 충분한 필요를 공급받고 사랑을 받으면 분화가 잘 되어 참 자기가 기능하는 건강한 인격이 된다. 분화가 잘 되고 건강한 인격이 되면 자신의 자아경계선이 잘 지켜지고 타인의 자아경계선을 존중하기에 배려, 이해, 협동, 준법, 사랑 등 순기능적인 에너지가 형성되어 가족이나 공동체가 서로 한 몸의 관계로 발전하게 된다.

나는 역기능의 대표적인 단어가 수치심이고 순기능의 대표적인 단어는 사랑이라고 부른다. 역기능의 가족체계에서는 부모로부터 자녀들이 상처를 받아 수치심을 내면에 새겨 강박적인 행동이나 여러 가지 중독형태로 나타난다. 이것이 일반적인 역기능 가정의 특징이다. 중독은 결국 자신과 가족, 그리고 사회에 부정적인 영향을 주는 죄(罪)의 모습으로 나타난다. 반대로 순기능의 체계에서는 서로 인격적으로 관계하며 사랑으로 하나가 되는 모습으로 나타나는데, 이러한 모습을 한 단어로 나타내면 사랑이다. 사랑은 상대방의 자아경계선을 침범하지도 않고 자신의 자아경계선을 침범하려는 그 무엇도 거부할 수 있는 능력이 있다. 나아가 상대방의 자아경계선을 지키려하고 상대방의 필요를 채워주는 데 행복을 느낀다. 상대방이 행복한 것이 나의 행복한 것이 되고 나의 행복이 상대방의 행복이 되는 아름다운 관계가 사랑이다.

부모와의 관계에서 역기능이 지속되거나 강화가 되는 가운데 단지 믿음을 통해 구원받았다고 한다면 이는 역기능적인 생존전략이 될 수 있다. 이러한 자신은 자신의 생존전략으로 전능하신 하나님에 대한 강한 믿음을 주장할 수도 있다. 성도는 관계하는 목사를 살아있는 하나님으로 우상화하거나 목사는 자신이 교주나 신처럼 되려고 할 수도 있다. 이러한 역기능의 체계 속에서 목사는 자신의 수치심을 가리며 자신의 분노를 합법적으로 교리나 권위를 내세워 상대방의 감정과 생각, 느낌까지도 통제하려 한다. 이러한 방법으로 목사는 자신의 상처와 고통을 숨겨 안정감을 가지려 행동하지만 성도들에게는 상처가 된다. 이러한 공동체는 순기능적인 사랑의 관계가 아니라 역기능적이고 피동적인 관계로 자율적인 감정과 사고를 불가능하게 하는 지배와 피지배의 구조를 만든다.

역기능의 체계에서 자신과 대상과의 관계를 직면하여 알아차리고 치유하는 작업은 너무나도 어렵다. 그러기에 끊임없이 나를 사랑하며 도와줄 상담자가 필요하다. 역기능의 관계를 끊고 순기능의 새로운 관계로 회복된다면 상처도 자연스럽게 치유된다. 교회 공동체를 이해함에 있어서도 먼저 자신의 가족체계의 이해로부터 시작되어야 할 필요가 있다. 물론 완전하다고 볼 수는 없지만 자신의 가족이 순기능의 관계가 유지되고 깊어지는 가운데 신앙의 공동체 안에서도 성도들의 자아경계선이 침범당하지 않고 유기적인 관계를 갖는다면 이는 건강한 신앙이라고 볼 수 있다.

우리는 교리적으로는 맞는데 실제 공동체가 역기능적일 수도 있고 이러한 역기능적인 구조가 강화되면서 다른 교리가 나오고 이단이라고 불리는 공동체가 나온다는 사실을 역사를 통해서도 알 수 있다. 그러므로 가족체계에서 자신을 직면하여 자신을 이해하고 치유하여 순기능으로 회복이 된다면 앞으로의 삶에서 다른 사람과의 관계도 건강하게 발전될 것이다. 그렇게 되면 치유된 자신의 건강한 영적, 정신적인 사랑의 에너지를 상처 입은 그 누구에게 다시 나누어 줄 수 있다.

상처 입었던 내담자가 치유받으면 치유의 경험을 가진 상담자가 된다. 상담자는 자신이 내담자보다 큰 상처를 경험하였다고 상담자의 역할을 할 수 있는 것이 아니다. 상담자 자신이 작은 상처라도 치유의 경험이 있고 사람을 사랑하는 마음과 열정이 있다면 자신보다 더 큰 상처를 가진 내담자를 치유할 수 있다. 또한 상처가 작다는 것은 원래 순기능적인 에너지가 많다는 의미이기도 하다. 상담자는 그렇게 치유의 경험과 긍정적인 순기능의 에너지를 확보한 사람이다. 그렇다고 완벽하게 치유된 다음에 상담자가 되어야 한다는 강박관념을 가져서는 안 된다. 치유되는 과정에 있더라도 나의 치유 과정만큼 상대방을 치유할 수 있다. 아니 내가 치유가 다 안 되었어도 사랑하는 마음이 있다면 치유할 수 있다.

신앙이 좋다는 사람들 중에 자신의 가족체계는 역기능적이며 자아경계선이 불분명한 가운데 피동적인 삶을 살아가는 사람이 많다. 누군가의 비판이나 심판을 두려워 말고 참 자기를 느끼며 자기 자신이 하고 싶은 일을 하고, 느껴지는 것들을 느끼며, 금지되지 않고 자유롭게 생각하며 자율적이고 행복한 삶을 살았으면 좋겠다. 남의 눈치 안 보고 신나게 놀 수도 있고, 나 혼자 영화나 연극을 보며 깔깔대거나 눈물을 흘릴 수도 있고, 식당에서 혼자 밥 먹는 데 열중할 수도 있을 것이다. 그렇다고 이기적으로 자신만을 위하여 마음껏 즐기라는 것이 아니다. 자신의 내적인 건강한 에너지가 충만해지면 자연스럽게 가족과 이웃, 동포와 인류애로 점점 자아는 확장된다. 그러면 참 자기가 기능을 하는 이타적인 사랑을 할 수 있게 된다.

사랑을 많이 받은 아이는 엄마가 있어도 잘 놀고, 엄마가 없어도 혼자서 잘 논다. 부부가 하나의 인격으로 잘 성숙하여 서로 사랑하는 사람이라면 같이 있어서 행복하고, 사별을 해도 모든 어려움을 이겨낼 수 있는 건강한 에너지가 있다. 이렇게 자아경계선이 분명한 가운데 사랑을 받고 사랑을 줄 수 있는 사람이어야 그 신앙이 참 신앙이 되고 자기 몸을 남을 위해 내어 줄 때 실제의 자기가 기능을 하게 되므로 유익이 된다. 그렇지 않고 거짓 자기로서 자기 몸을 불사르게 내어 주고도 아무 유익이 없을 수도 있다.

알코올중독자요, 가정폭력을 행사하는 아버지 밑에서는 두려움, 슬픔, 기쁨을 외부로부터 느끼거나 내면에 있는 참 감정을 표현할 수 있는 자유를 박탈당한다. 아버지의 권위 아래 나의 감정이 조종되어 아버지에 의해 기쁘기도 하고 슬프기도 하다면 이는 순종이 아니라 굴종이요, 폭력이다. 역기능의 이와 같은 행태가 복음이란 이름의 가면으로 나타나도 별반 다를 것이 없다.

피해자였던 아들이 아버지가 되어 자신의 아들에게 가해자가 된다. 단지 아들에서 아버지로의 역할이 바뀌었을 뿐 상처는 여전히 대물림하여 진행된다. 여전히 수치심이 치유되지 않은 가운데 모범적이거나 반항적인 역할을 떠안을 뿐이다. 실로 이런 역기능 가정의 자녀들 중에는 모범생 역할과 반항아 역할을 하는 자녀가 나올 수 있는데 그들은 자신들의 역할과 상관없이 역기능은 되풀이 된다.

가장 영적인 것은 가장 육적인 것이다. 육을 통해 표현되는 영이란 관계를 말한다. 그것은 하나님 사랑이 사람들 사이에서 관계로 나타나는 것이다. 부모가 서로 사랑하는 가운데 태어난 자녀는 하나님의 사랑을 서로 사랑하는 부모를 통해서 경험한다. 그러나 역기능의 가정에서는 하나님의 사랑에 대하여 말은 할 수 있어도 부모로부터 받는 상처는 진정한 의미의 사랑을 경험하지 못하게 한다. 참 자기가 아닌 거짓 자기가 발생하는 것처럼 사랑은 율법과 심판의 이미지로 대치될 수 있으며 내면은 수치심과 두려움으로 채워진다.

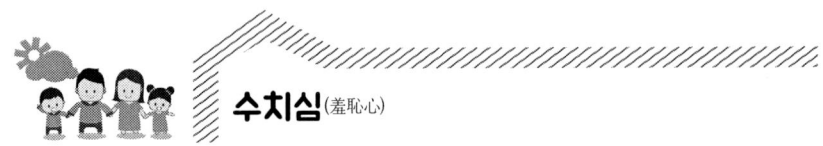

수치심(羞恥心)

나는 많은 목회자들에게 상담을 하고 강의도 하였다. 그 중에는 하루, 몇 달, 또는 몇 년을 학위나 자격증 과정으로 만났다. 목회자들 가운데 많은 분들이 갖고 있는 수치심은 상상 이상으로 크고 그 가족과 소속된 교회는 역기능적인 에너지가 많았다. 우리의 목적은 그 역기능의 구조에서 내면의 상처를 치유하여 순기능의 구조로 바꾸는 것이다.

목회자의 수치심은 심리학적으로 보았을 때 나의 또 다른 내담자 그룹이었던 가정폭력 가해자(법원에서 치유프로그램 수강 명령이 내려진 치료그룹)나 알코올중독자들의 수치심과 같은 것이었다. 역기능적인 수치심은 거짓 자기를 만들어 내는데, 그 역할로 목회자나 봉사자로도 나타날 수 있다. 이렇게 말하면 목회자들은 자신들의 역경과 고난 속에서 받은 하나님의 소명을 무시한다고 말할는지도 모른다. 하나님의 소명이 자신의 상처를 가리기 위한 합리화이고, 목사라는 직분이 거짓 자기로서 실제의 참 자기가 아니라고 한다면 분노를 터뜨리지 않을 사람은 별로 없을 것이다. 여기서 우리는 극단적으로 참과 거짓을 나누려는 우를 범해서는 안 된다. 역기능이든 순기능이든 누구나 정도의 차이가 있고 치유와 성숙의 과정을 거치며 모든 판단과 선택은 자기 자신이 해야 한다. 상처로 인한 거짓 가면이 있다면 한 꺼풀 두 꺼풀 벗어 던지면 될 일이다. 그리고 참 자기로서 자신의 소명이 분명하다면 역기능의 정도에 따른 치유 과정을 거쳐 목사의 직분을 수행하면 된다. 만일 하나님으로부터 받은 소명이 불분명하다고 느낀다면 치유의 과정을 계속 진행하면 된다. 치유의 과정에서 여러 겹의 거짓 가면을 벗어던지다가 목사라는 가면이 나의 참 자기가 아니라면, 다시 말해 내가 받은 소명이 참 소명이 아니라고 확신이 든다면 그때 목사직을 내려놓으면 된다. 물론 그 판단은 전적으로 자신의 몫이다. 무슨 판단을 내리든지 정직한 직면과 치유의 과정을 거치는 것을 전제 조건으로 한다. 나도 내 자신의 실제와 거짓을 직면하고 알아내는 것이 힘든데 어찌 쉽게 다른 사람의 참 자기와 거짓 자기를 판단할 수 있겠는가? 나는 단지 치유의 과정을 거치는 분들이 원할 경우 상처에 대한 직면을 도와 자신의 모습을 볼 수 있게 도와줄 뿐이다. 상담이 그렇듯이 내담자의 페이스에 따라 내담자가 원하는 것만큼 도와주며 모든 결정은 내담자 스스로 내릴 수 있도록 돕는 것이 상담이다. 이러한 상담을 통해 개개인이 역기능의 가족체계에서 어떤 상처를 받았고 어떤 역할을 했는가를 직면을 통해 볼 수 있기를 바라며 참 자기를 찾을 때까지 치유의 과정을 계속해 나가기를 소망한다.

내가 할 수 있는 부분은 목회자의 신앙을 더 좋게 하자는 것이 아니다. 단지 상처 입은 목회자가 있다면 그들의 필요에 따라 상담을 통해 상처를 치유하도록 도울 뿐이다. 실제로 나는 성 강박증, 성폭력 피해자, 역기능 가족, 부부의 갈등을 상담이라는 이름으로 만나며 도움을 주었다. 신기하게 목회자들은 신앙이라는 두루마리로 수치심을 겹겹이 가려서 참 자기를 만나기 어려운 반면에 상처 입은 성도나 평범한 사람들이 자신의 문제와 상처, 그리고 생각이나 느낌 등을 진솔하게 답하는 가운데 치료가 잘 되는 것을 경험했다. 목회자들은 내면에 대한 상처의 치유의 방법으로 빈 의자 기법이나 역할극, 그리고 사이코테라피 등에 잘 적응을 못하였고 자신의 감정을 잘 표현하지 못했다. 이러한 이유로 자신의 수치심을 알아차리거나 수치심을 직면하여 끌어안는 작업에 많은 제한을 받았다. 목회자들은 기도하거나 말씀을 읽는 것으로 모든 문제를 해결하려는 경향이 있다. 그러나 직면은 과거 상처 받은 대상과의 관계를 재경험해야 하는 일이다. 그러므로 목회자는 혼자 문제를 해결하려 하지 말고 상담자의 도움을 받아 자신의 오염된 감정과 왜곡된 사고를 인지하고 치유하는 과정에 열심히 참여해야 할 필요가 있다.

수녀님들이 서너 달 나의 강의를 듣게 되었다. 함께 그 분들의 가계도를 그려 보았고 자신의 발달과정 가운데 대상과의 관계 속에서 자신의 상처와 자신의 역할을 찾아보았다. 어느 분은 수녀원에서 인간관계에서 문제가 있었고 다른 분은 상처 받은 아이들과의 공동체 생활에서 오는 문제들과 씨름하고 있었다. 그러나 현재의 문제는 그 뿌리가 되는 어린 시절 가족체계가 많은 영향을 미치고 있음이 분명하였다. 목사라는 직함이 상처를 가리는 도구가 될 수 있는 것처럼 수녀라는 역할이 그림자가 된다면 그 직함들은 내려놓아야 할 것이다. 수녀라는 직분이 참 자기라면 그 역할을 행복하게 수행할 수 있고, 누구의 눈치를 보며 봉사자의 역할을 하는 삶이 거짓 자기라면 새롭게 자신의 인생을 결정하여 행복한 삶을 살았으면 좋겠다.

사회복지사로 피해 아동들을 보호하고 있는 한 자매가 있었다. 자신의 어린 시절 알코올중독자인 아버지에게서 받은 상처로 인하여 현재 자신이 만나고 있는 피해 아동의 알코올중독자인 아버지를 보고 감정이 전이되는 것이 느껴져 피하게 되었다며 내면을 열어 보인다. 자신의 상처에 대한 직면과 그 의미를 소개하고 상처와 연결 되었던 감정을 느끼고 순환시키는 과정을 알려주었다. 그리고 한 방법으로 빈 의자에 아버지가 앉아있다고 생각하고 자신의 실제 감정을 표현하게 했다. 상담소를 찾을 수 없거나 시간이 없을 때 집에서 혼자 이 과정을 진행할 수도 있다. 그때의 감정을 두려워 말고 피하지도 않으며 긍정적으로 받아들여 용감하게 계속 맞설 때 상처의 고통에서 차츰 벗어 날 수 있다.

십 여 명이 집단 상담에 참여하여 치유 과정이 진행 중이었다. 30대의 한 여성은 어린 자녀 셋을 남겨두고 일찍 소천한 남편인 목사와 직면을 하였다. 남편에 대한 미움과 분노를 표출한 뒤에 울먹이면서 사과를 한다. 남편이 없어 힘들게 살고 있는 것, 그리고 전도사라는 직함을 받았지만 경제적, 정서적, 신체적, 영적 어려움에 짓눌려 고통받고 있는 것에 대한 고통을 분노로 남편에게 쏟아냈다. 이윽고 불쌍하게 일찍 눈을 감은 남편에 대하여 다시 미안한 감정으로 바뀌어 사과를 했다. 이렇듯 복잡하고 중복된 감정들이라도 하나하나 일일이 만나서 풀어내는 것이 좋다. 아픈 상처에 대한 감정들을 정확히 만나는 것은 실제의 감정과 참 자기를 찾는 과정이다. 이 분은 다시 일상생활로 돌아가겠지만 내면의 상처들이 치유되며 삶에 대한 더 좋은 결정이 내려지고 행복해 지기를 소망한다. 좋은 분을 만나 재혼을 하는 것도 좋겠다.

자신의 내면에 대한 이해 없이 현재 자신의 역할을 자신의 실제로 받아들인다면 이는 또 다른 그림자요, 중독의 형태요, 수치심의 표현이 된다. 그림자라는 것은 마치 어릴 때 물에 빠졌던 경험 때문에 갖게 된 물에 대한 트라우마[6](Trauma)로 평생 물을 두려워하다가 결혼 적령기에 만난 상대방이 바다에 가자고 했을 때 물에 대한 두려움을 그에게 투사하여 그를 미워하는 것과 같다. 그러므로 우리는 자신의 내면에 대한 이해를 하기 위하여 실제의 참 자기를 찾아야만 한다.

부부 갈등에 있어서 자기 원가족의 역기능적 체계와 자신의 내면을 이해하게 되면 자신이 그럴 수밖에 없는 사람이었음을 알게 되고 배우자도 그럴 수밖에 없는 사람이었다는 것을 알게 된다. 그러나 대부분 자신의 상처를 보지 못한 채 배우자를 가해자라고 생각한다. 자신의 원가족으로부터 받은 아픈 상처로 만들어진 오물들을 그럴듯한 것들로 포장하여 배우자에게 던진다. 그 오물을 포장하고 있는 것은 양심, 윤리나 도덕, 그리고 신앙일 수 있다.

내가 피해자나 가해자가 되기 이전 갓 태어난 아기였을 때를 생각해 보자. 이 어여쁜 아기에게는 부모의 사랑만이 필요했다. 그러나 태어났을 때부터 어린 시절에 받은 상처들로 인해 피해자가 되고 어른이 되어서 자녀에게 가해자가 된다. 반대로 부모님의 사랑과 보살핌을 잘 받은 아이는 건강한 인격으로 잘 자라 누군가를 사랑할 수 있는 에너지를 가졌다. 사람이 태어나는 것은 자신의 잘못이 아니지 않은가? 모든 상처나 사랑은 대상과의 관계, 특히 부모와의 관계에서 일어났던 일들이다. 그러므로 자신의 상처를 치유하는 시발점은 내가 피해자였든 가해자였든 일단 자신의 상처를 직면하여 '내 잘못이 아니다'란 사실을 깨닫는 것이다.

상처를 직면한다는 것은 가족의 역기능으로부터 받는 상처로 인하여 갖게 되는 수치심을 깨닫는 것이다. 그 수치심이 내 책임이 아니라는 사실을 인정할 때 부모이상화를 멈추게 하고 연결환상에 빠진 자신을 구하게 된다. 사실 부모이상화로 원래 부모가 가지고 있던 수치심을 자신이 떠안게 되었던 것이다. '내 잘못이 아니야'를 받아들이는 것은 모든 잘못이 자신에게 상처를 준 부모에게 있다는 것을 인정하게 하여 상처의 책임을 부모에게 돌려주어 부모이상화를 탈피하게 한다. 어린 시절에 감히 힘 있는 부모에게 도전을 하지 못하였고 내 생각과 감정은 부모 앞에서 마비되었다. 그러나 지금은 부모가 가해자로 나 자신은 피해자로 직면하여 책임의 소재를 내가 아니라 가해자인 부모에게 있었다는 것을 인정하고 이 사실을 말로 표현해야 한다. 이 직면의 작업은 내 자신이 가해자였던 아버지와 동등한 힘이 있다는 것과 분명한 자아경계선을 경험하게 하므로 지금까지 내면에 부정적으로 자리 잡았던 수치심을 만나 그 수치심을 씻게 되는 첫 과정이다. 이러한 직면은 그동안 그림자에 갇혀 역기능적인 생존전략으로 선택의 여지가 없이 무비판적이고 무의식적으로 부모를 이상화했던 것을 멈추게 한다.

상담자는 내담자가 어린 시절의 가해자인 아버지를 만나도록 여러 상담의 기법들을 동원하여 직면하게 한다. 가해자였던 아버지가 내담자인 자녀와 함께 상담을 받는다면 직접 과거를 재연하므로 효과적인 직면을 할 수 있다. 그러면 동시에 아버지와 자녀가 함께 치유되는 것을 경험한다. 또한 직면을 통하여 아버지에 대한 두려움과 많은 시간을 억눌려 살아왔던 것에 대한 억울함, 분노, 슬픔 등의 감정이 방어기제의 늪에서부터 올라와 자신의 실제의 감정으로 느껴지게 된다. 실제의 감정을 느끼는 순간 잠자고 있던 참 자기가 깨어난다.

참 자기는 가해자인 아버지와 인격적으로 동등한 관계에서 같은 힘을 가지고 관계할 수 있게 한다. 가해자였던 아버지를 거부하거나 분노를 표출할 수 있고, 자신이 느껴지는 감정을 솔직하게 표현할 수도 있다. 여기서 상담자는 내담자가 말로써 자신의 감정을 표현할 수 있도록 도와줘야 한다. 오랜 시간 동안 이러한 고통과 감정을 피해왔기에 그 상처가 점점 깊어지며 역기능이 강화되었던 것이다.

이제는 직면을 통하여 그때의 생각과 감정을 피하지 말고 느끼며 상담자와의 상담을 통하여 과거의 상처 받았던 그 당시 했어야만 했던 말들과 행동, 그리고 감정들을 표출해야 된다. 이것은 일회성이 아니라 직면할 기회가 있을 때마다 해야 할 작업들이다. 이러한 작업이 계속되면 고착된 상처로 인한 고통이 줄어들면서 자신의 실제 감정이 느껴지며 감정이 순환되어 오염되었던 감정의 찌꺼기들이 씻긴다. 그러면 참 자기로서 참 감정을 느끼며 현재의 생활에 임할 수 있게 되는 것이다. 이렇게 자신의 내적 상처의 치유로 건강한 에너지를 얻게 되면 건강해진 참 자기로서 가해자였던 아버지를 용서 할 준비가 된다.

처음에 '내 잘못이 아니야'로 자신을 용서하게 되면서 이제는 가해자였던 아버지도 어린 시절 할아버지에게 당한 피해자였음을 알게 되고 자신의 상처와 동일한 고통을 먼저 겪은 아버지를 용서함으로써 자신을 온전히 용서하게 된다. 그 용서의 의미는 내면의 부정적인 수치심이 치유되었다는 뜻이다.

만일 가해자인 아버지가 먼저 자신의 상처에 대한 직면과 치유의 과정을 겪게 된다면 스스로 자녀에게 자신이 가해자였다는 것을 인정할 준비가 된 것이다. 당연히 피해자인 자녀에게 미안한 마음이 들고 정직하게 자녀에게 사과를 하게 된다. 그렇게 되면 자녀의 치유는 보다 수월해진다. 자녀는 가해자였던 아버지의 사과와 이미 받았어야 할 사랑의 고백을 직접 듣게 되므로 내면의 뿌리에 박혔던 역기능의 상처가 치유되어 자신과 가족의 내면에서 순기능의 영양분이 자라게 된다. 사랑은 둘을 한 몸으로 묶는다. 그 관계는 밀착이나 강압, 굴복이나 지배의 역기능적인 구조가 아니라 자기 자아경계선이 분명한 건강한 인격으로 내가 나를 사랑하고 상대방을 사랑하므로 서로 행복해지는 관계다. 그러므로 아버지와 아들은 하나다. 부부도 하나고 결국 가족이 하나다.

이로써 우리의 감정은 연해져 서로에 대한 교감을 나눌 수 있는 감수성을 갖추게 된다. 드디어 상대방의 내면이 여과 없이 나의 내면의 첫 관문인 감정의 문을 열고 나에게 들어오고, 나의 내면의 실제가 상대방의 내면으로 그대로 전해져 사랑이라는 이름으로 서로가 한 생명 덩어리임을 경험하게 된다. 내면의 수치심의 치유는 부부관계의 치료로, 부모와 자녀의 가족치료로, 결국 사회공동체의 치료로 연결이 되어 건강하고 행복한 순기능을 다음 세대에 물려줄 수 있게 하는 중요한 단초(端初)가 된다.

굴종(屈從)과 굴복(屈伏)

해리 티바웃(Harry Tiebout)은 굴종(순응; compliance)과 굴복(순복; surrender)을 구분하여 중독된 자신이 중독을 부인하는 것을 어떻게 깨뜨릴 수 있는지에 대한 이해를 돕는다.

주로 어린 시절 가족의 역기능 체계에서 받은 상처로 죄책감을 갖게 된다. 이것은 정서중독이나 알코올중독, 또는 약물중독으로도 이어진다. 사람과의 관계에서는 상호의존증(相互依存症)을 갖게 한다. 그러나 중독된 사람은 이러한 일상생활 속에서 자신이 대단하다는 망상에 빠져 자기가 자신을 계속해서 통제할 수 있다고 믿는다. 이것이 망가진 의지다.

역기능 체계 속에서는 주체로서의 자기를 잃고 자신보다 힘센 대상으로부터 받은 상처에 의하여 갖게 된 죄책감과 수치심이 중독으로 나타난다. 그러나 자신은 중독을 부인하고 모든 것을 이겨나갈 수 있다고 믿는다. 그러나 자신은 중독을 통제할 수 없으며 중독이 자신을 통제한다. 이것이 중독의 특징이다.

중독을 탈피하기 위해서는 자신이 통제하려고 했던 삶의 여러 가지 상황에 있어서 통제하려는 시도를 멈추어야 한다. 자기 스스로 이것을 인지하기 어렵기 때문에 전문적인 상담가로부터 자신의 중독된 행동에 대하여 구체적이고 세부적인 상담을 받아야 한다. 자신의 행동들을 적어보고 인지적으로 깨닫고 인정하며 중독된 행동들을 스스로 관리할 수 없다는 생각을 갖는 것이 중요하다. 자신이 스스로 중독을 멈추고 헤어 나오지 못한다는 생각을 갖게 될 때 몹시 혼란스럽고 괴로운 고통을 느끼게 될 텐데, 이것은 과거 상처 입은 내면아이와의 만남이며 치유를 위한 직면이기에 두려워하지 말고 용기 있게 맞서길 바란다. 상담자는 상담에 앞서 이 부분을 미리 알려주는 것이 좋다.

어린 시절에 받은 상처는 참 자기를 잃고 거짓 자기로 살게 한다. 스스로 거짓 자기를 참 자기로 생각하고 있기에 자신이 생각하는 참 자기(실제로는 거짓 자기)는 중독되어 스스로 통제할 수 없는 것들을 스스로 통제할 수 있다고 믿는다. 거짓 자기는 중독된 자신을 부인하게 하며 역기능 가족 속에서 죄책감을 떠안게 되어 굴종(순응)이란 형태로 나타난다. 어린 시절 피해자로서의 굴종은 자신이 성인이 된 후에 자녀를 굴종시키는 가해자가 되게 한다. 어떤 경우에는 정신과적인 치료의 도움을 받아 증세가 호전되어도 다시 중독된 행동으로 나오고, 중독이 치료된 것 같아도 다른 형태의 중독으로 나타나기도 한다. 마치 풍선의 한 부문을 누르면 다른 부분이 부풀어 오르는 것과 같다. 중독의 뿌리는 죄책감과 수치심이다. 강박은 죄책감과 수치심이 내포하고 있기에 강박을 치료해야만 중독은 치유된다.

치유는 거짓 자기를 벗고 참 자기를 찾는 것이다. 그러므로 자신에게 있는 죄책감과 수치심을 스스로 느끼고 끌어안는 작업이 중요하다. 이것은 내가 스스로 중독되었다는 것을 인정하는 것이다. 또한 내가 스스로 중독을 통제할 수 없다는 것을 인정하는 것이다. 이것이 굴복(순복)이다. 치유를 위해 굴복이 있어야 한다. 죄책감이나 수치심을 인정하는 가운데 부인(否認)과 망상(妄想)이 지속될 수도 있다.

거짓 자기는 치유의 중요한 과정에서 직면하지 못하도록 자신의 주위를 분산시키는 힘이 있다. 다시 말해 거짓 자기는 역기능을 계속 유지시키려는 힘인 부정적인 항상성을 통해 거짓 자기가 참 자기로 믿게 하는 역할을 한다. 치유를 하려는 순간부터 내면의 치열한 싸움이 시작된다. 참 자기와 거짓 자기의 정체를 가려내려는 직면을 통하여 이제는 자신의 주도권을 거짓 자기가 아닌 참 자기에게 넘겨주어야 한다. 그러기 위하여 연습과 훈련이 필요하다. 그동안 자신이 느끼지 못했지만 죄책감이 만들어 낸 중독된 행동들과 자신의 신체적, 정신적 건강을 해치며 자신의 가족에게 상처를 주었던 부분을 객관적으로 살펴보고 인정해야 한다. 그리고 자신의 부정적인 행동이나 말들을 줄이거나 멈추도록 노력해야 한다.

많은 상담자들은 처음 상담을 배울 때 현재 중독자들의 행동이 굴종의 형태인지 굴복의 형태인지를 정확하게 인식하지 못한다. 다만 그들의 중독된 행동을 줄이는 것을 치료의 목표로 삼았다. 이것은 중독의 뿌리를 내면의 수치심과 죄책감이 아닌 단지 중독된 행동으로만 보기 때문이었다. 죄책감과 수치심의 치유가 없다면 중독된 행동들이 줄어들었더라도 시간이 지나고 나면 다시 재발하거나 다른 중독된 형태나 행동들로 나타나게 된다.

참 자기가 거짓 자기로 넘어갈 때의 굴종이 다시 거짓 자기의 굴복을 통하여 참 자기를 찾게 되는 것이 치유다. 이렇게 치유하는 유일한 방법이 수치심을 끌어안는 것이다.

수치심은 자기의 한계를 느끼게 해준다. 그 한계는 자신이 스스로 완벽한 통제를 할 수 없다는 것과 현재 중독된 행동들을 스스로 단념할 수 없다는 것을 스스로 받아들이는 것이다.

한 가지 주의해야 할 점이 있다. 우리의 최종 목적은 중독을 완전히 치유하는 것이다. 그 중독을 내가 인정하고 굴복한다고 해서 완전히 치유되었다고 믿어서는 안 된다. 자신을 사랑하며 치유의 과정을 함께 해 줄 전문적인 상담가가 필요하다. 그리고 매일매일 하루를 이길 수 있다는 믿음으로 이겨 나가야 한다. 어느 날은 패할지도 모른다. 패한 날은 패한 날로 인정하자. 그러나 다음 날은 다시 승리하기 위한 싸움을 치열하게 해야 한다. 이러한 하루하루의 싸움을 승리하며 그 승리가 지속될 때 어느 순간 역기능의 항상성이 순기능으로 바뀌게 되고, 자신의 중독이 치유되어 참 자기가 기능을 하는 건강한 사람이 되어 있다는 것을 느끼게 될 것이다.

느낄 수 있는 힘

내가 사는 집은 작은 골목에 있는 연립주택을 끼고 들어가 그 집 뒤쪽에 있는 4층 빌라 중에 2층이다. 창문이 지면에 닿은 지층까지 합하면 3층이 될 것이다. 그러므로 안방과 옆의 건넌방 모두 창을 열면 앞 집 벽만 보인다. 빛은 잘 안 들어오지만 다른 층 사람들의 목소리는 앞 집 벽에 반사되어 잘 들어온다. 요즘처럼 30도를 웃도는 정오의 더운 날씨가 조금 수그러져 저녁으로 향하는 오후에는 대부분의 집들이 창문을 열어 놓는다. 아랫집 창문도 열려 있었고 어린 딸에게 야단치는 엄마 목소리는 확성기를 입에 댄 것처럼 쩌렁쩌렁 울린다. 거의 1시간동안 들리는 높낮이 없는 일관성 있는 소프라노 소리에도 아이들 목소리는 들리지 아니하였다. 그러나 엄마의 말에 의하면 아이가 엄마에게 한 말이 무엇이었는가를 짐작하는 것은 어렵지 않았다.

"내가 뭐가 무서워, 학원 선생님이 무서워? 내가 더 무서워? … 누가 학원에 가지 말라 했어? … (사용 불가 언어) … 80점이 뭐야? 왜 이렇게 공부를 안 해?"

이 아이는 어제 앞집의 담과 우리 빌라 사이에 깔개를 펴고 그늘진 좁은 공간에서 친구 두 명과 함께 뒹굴며 책을 펴 놓고 놀고 있었다. 아마도 공부와 숙제에 대한 부담감 때문에 책을 펴 놓았을지도 모른다. 어쨌거나 깔깔대고 노래하며 즐겁게 놀고 있었다. 책이 펴진 이유야 어떠하든 시멘트로 만들어진 좁은 바닥과 둘러쳐진 담도 깔깔대며 웃고 떠드는 아이들의 행복한 소리를 막지 못했다. 퇴근 후 집에 돌아와 아이들에게 소리를 지르는 엄마는 자기 자신의 감정을 인식하지 못하고 있었다.

오늘의 사건을 유추하고 상상하여 심리여행을 떠나보도록 한다. 그녀는 자신의 자녀들처럼 어렸을 때 자신의 부모로부터 정서적으로 학대를 받았으며 그로인해 자신의 감정을 마비시키는 법을 배웠다. 그래서 실제의 감정이 숨고, 거짓 감정으로 대체되었다. 자신의 상처에 대한 분노를 자녀를 공부시키는 것으로 합리화시켜 쏟아내고 있었다. 아이들은 이러한 엄마의 분노 폭발에 대하여 부모이상화를 통해 자신들에 대한 잘못으로 받아들였고 엄마에 이어 자녀들도 내면에 수치심을 갖게 되는 악순환이 세대에 걸쳐 반복되었던 것이다. 가족관계에서 가장 해로운 것은 생각 없이 감정적으로 반응함으로써 생긴다. 그러나 그 감정이라는 것이 현재의 진정한 자신의 감정이 아닌 오염된 감정 즉, 거짓 감정이라는데 문제가 있다.

오염된 감정은 과거에 받은 상처로 인한 마비된 감정이요, 방어기제에 의하여 참 감정을 숨겨 놓고 대체된 역기능적인 감정이다. 오염된 감정은 교묘하게 수치심을 가리는 도구로써 부모의 권위가 사용될 때 자주 나타난다. 또한 불완전한 아이들을 교육이라는 미명하에 자신의 상처에 대한 고통을 아이들에게 투사할 때 아이는 상처를 받고 감정은 오염된다. 가족이 순기능적일수록 구성원들은 자신의 감정을 조절할 수 있고 이성의 통제 없이는 감정을 분출하지 않는다. 그러나 이것은 순기능적일 때이고 역기능적일 때는 감정을 억제할수록 생각이 오염되어 적절치 않은 상황에서 오염된 감정이 튀어 나온다.

역기능 체계에서 부모는 자신의 수치심을 가리기 위해 자녀를 과도하게 통제한다. 그러므로 이러한 역기능적인 통제는 유해한 교육으로 이어져 부모는 자녀의 감정을 억누르게 되고, 높은 감성지수를 발달시킬 수 있는 가능성에 손상을 입게 된다. 순기능적인 가족체계에서는 자녀의 감정을 통제하지 않는다. 오히려 서로의 자연스러운 감정을 통한 의사소통은 순기능적인 가족체계를 유지하는 방편이 된다. 하지만 역기능적인 가족체계에서는 좋은 감정마저 통제당하게 되고 이렇게 상처를 입은 아이는 성인이 되어서 자신의 참 감정을 느끼지 못하며 자신의 자녀에게 잘못된 부모의 권위를 사용하여 분노와 비판을 아이에게 쏟아 붓는다. 자신이 어린 시절 자신의 부모에게 당했던 것처럼 자신이 자녀에게 상처를 주는 일을 반복한다.

아랫집 아이의 '엄마가 무서워요'라는 말은 말하고 싶을 때 말 할 수 있는 인간의 기본적인 힘 중에 하나다. 엄마는 단지 아이의 현재 느끼는 참 감정에 엄마는 '내가 너를 어떻게 키웠는데 나를 무섭다고 해? 네가 나처럼 큰 고통을 당해 봤어? 너를 위해서 내가 얼마나 힘들게 살고 있는데 나에게 무섭다고 할 수 있어? 너마저도 나를 무시해?' 등의 왜곡된 사고(思考)로 자신의 수치심이 건드려지며 내재된 분노를 아이에게 터뜨리고 있었던 것이다. 이러한 상처가 아이들이 말하고 싶을 때 말할 수 있는 자유를 막으며, 아이들의 감정을 오염시킨다. 엄마가 어린 시절 자신의 부모에게서 받은 상처처럼 엄마 자신의 상처로 인한 분노가 자녀의 감정에 상해를 입힌다.

'두려움'이란 분별할 수 있는 에너지다. 두려움을 느낄 때 현 상황을 받아드릴지 아니면 피할지를 결정하게 된다. 이는 '느낄 수 있는 힘'과도 연결되어 있다. 느낄 수 있는 힘은 우리 각자에게 자신이 처한 현실을 알게 해 준다. '슬픔'은 작별을 고하고 상실을 슬퍼하는 에너지다. 사랑하는 가족이 생사를 달리 했을 때 슬퍼하므로 작별을 고하고 다시 살아갈 수 있는 에너지를 제공한다. 이러한 크고 작은 '슬픔'의 감정은 성장하고 성숙시키는 감정으로, 슬픔의 또 다른 이름은 '치유의 감정'이다. 그러나 자신이 감당할 수 없는 너무 큰 슬픔이 장시간 지속이 된다면 슬픔은 오히려 독이 된다. 슬픔도 순기능에서는 참 감정을 적절이 표현하는 도구가 되지만 역기능에서의 슬픔은 오염된 감정처럼 그 슬픔도 오염되어 자신에게 해가 된다.

기능적인 가족관계에서 분별력이 있는 '죄책감'은 우리의 양심을 형성하는 에너지가 된다. 자신이 수용할 수 있을 정도의 적절한 '수치심'은 우리가 유한하고 제한된 존재임을 알려 준다. 또한 우리가 완전하지 못하다는 것을 알게 해 주고, 그런 자신을 받아들이도록 허용해 준다. 이처럼 자신의 부족과 한계를 인정하고 타인과 소통할 수 있게 된다면 다른 사람들을 도와줄 수도 있고 기꺼이 다른 사람의 도움을 받아들일 수도 있다. 이것이 순기능적이며 건강한 관계다.

'느낄 수 있는 힘'은 선택하고 바라는 것을 이루도록 '결단할 수 있는 힘'을 갖게 한다. 또한 희망과 가능성이 실현될 수 있도록 '상상할 수 있는 힘'도 준다. 그리고 '알고자 하는 힘'을 통하여 상처를 직면하게 한다. 이러한 긍정적인 힘들이 가족체계를 순기능적으로 만들어 견고한 가족의 토대를 마련해 준다.

대부분 상처 입은 부모는 어떤 상황에서 갑자기 분노를 터뜨리는 경우가 많다. 이런 분노는 일관성이 없기에 아이들은 불안해한다. 또한 아이들은 자신의 동일한 행동에도 부모의 다른 반응으로 혼란스러워 하며 어찌 대처해야 할 바를 모르고 부모의 일관성이 없는 통제에 휘둘려 무감각해지고 감정은 상해를 입게 된다. 그러므로 자신이 성숙한 부모가 되기를 원하며 아이들이 치유되기를 바라는 부모라면 자신이 분노의 감정이 일어날 때 마음속으로 'STOP'을 외치자. 그리고 자녀를 대할 때 일관성이 있느냐를 스스로 물어보아야 한다. 현재 상황에서 자신의 수치심을 건드리는 오염된 감정인지 아니면 참 감정인지를 깨달아야 한다. 아이가 학원을 가지 않았다면 먼저 그 이유를 물어봐야 할 것이다. 그것이 잘못된 행동이었다면 처음에는 야단을 치는 것보다 주의를 주고 앞으로 이런 일이 반복되었을 때 엄마와 아이가 동의할 수 있는 적당한 페널티(Penalty)를 부과하는 것이 좋을 것이다. 그리고 이러한 규칙은 일관성 있게 지켜져야 한다. 그렇다면 엄마는 아이에게 분노할 필요가 없고 아이는 엄마에게 불안에 떨고 감정에 상해를 입을 필요도 없다.

역기능적인 가족체계에서의 죄책감과 수치심은 자신의 정체성에 가면을 씌운다. 그러면 상대방과의 동등한 인격으로서 균형 잡힌 자아경계선을 인식하지 못하며 자신보다 약한 상대방의 자아경계선을 죄책감 없이 침범할 수도 있고, 자신보다 힘이 있는 사람에 의하여 자신의 자아경계선이 침범당할 수도 있다. 이런 경우 적절히 항의도 못하고 현재 느껴지는 참 감정을 느끼지도 못한다. 그러므로 '죄책감'이나 '수치심'은 그 단어를 적용하는 대상이 순기능적인 체계 속에서 건강하게 자란 사람이냐 아니면 역기능적인 체계 속에서 상처 입고 자란 사람이냐에 따라 해석에 차이가 있다.

기능적인 가족관계에서 '죄책감'은 우리의 양심을 형성하는 에너지로 서로의 자아경계선의 침범여부를 확인하는 데 도움이 된다. 만일 자신이 타인의 자아경계선을 침범했을 때 죄책감의 감정을 느끼게 되면 이는 건강한 양심을 가지고 있다는 증거다. 이러한 감정은 양심이 작동하여 자신의 과도한 행동을 멈추게 하거나 자신의 내면을 살펴보게 하여 서로에게 도움이 되도록 바로잡는 기능을 수행하게 한다. 서로를 배려할 수 있고, 다 함께 행복하게 살 수 있도록 하는 건강한 '죄책감'과 건강한 '수치심'은 우리가 유한하고 제한된 존재임을 알게 한다. 그러므로 자신이 부족하다는 것을 받아들이도록 허용해 주며, 자신이 다른 사람의 도움이 필요하다는 것과 자신이 필요시 자발적으로 타인의 도움을 요청할 수도 있게 한다. 자신의 부족함을 숨길 이유도 없고 다른 사람의 도움을 받는 일에 수치심을 느낄 필요도 없다. 내가 부족하면 자연스럽게 도움을 받고 다른 사람이 내 도움이 필요하면 기꺼이 도움을 주며 서로의 필요를 채우면서 건강한 관계를 유지시켜 나간다.

나와 아내는 결혼 초창기에 많은 분노를 서로에게 터뜨렸고 아이들에게도 표출했었다. 어느 날 아들이 자신이 어렸을 때의 두려움을 이야기했고, 싸우는 엄마, 아빠 사이에서 무엇을 해야 할지 몰랐으며 누구의 편을 들 수도 없었다고 자신의 고통을 이야기했다. 당시 부부싸움 후에 아들을 데리고 친정으로 가려는 아내 앞에서 나는 아들의 고통을 짐작하고 걱정하지 말고 엄마 말씀 잘 듣고 잘 다녀오라고 이야기했었다. 이는 내 기억이 아니라 아들의 입에서 나온 기억이었다. 그동안 나는 틈틈이 자녀에게 너희 잘못이 아니라 내 잘못이었고 미안하다고 사과하며 용서를 구했다. 그리고 날마다 사랑한다는 표현과 함께 포옹을 해 주었다. 아이들의 표정은 점점 밝아졌고 이제는 과거의 고통에 직면하여 스스럼없이 부모에게 자신의 감정을 내보이게 된 것이다. 이렇게 자신의 감정과 상처를 이야기할 수 있다는 것은 상처가 치유되었다는 긍정적인 신호다.

성(性) 학대

신체적인 성 학대는 성적인 느낌을 가지고 대상과 신체를 접촉하는 것으로 성적인 포옹 또는 키스 등이 포함되며 가해자가 피해자의 자아경계선을 침범하는 모든 종류의 성적인 접촉을 말한다. 공공연한 성학대로는 노출증과 관음증이다. 부모는 노출증과 관음증을 통해 자녀를 학대한다. 그 기준은 부모가 자녀에게 성적으로 자극을 받고 있는지 아닌지에 달려 있다. 부모는 더운 여름에도 집에서 적절하게 옷을 입고 있어야 한다. 포옹과 뽀뽀도 부모 자신이 성적인 자극을 느낀다면 삼가야 하고 자녀가 부담을 느끼면 피해야 한다. 역기능 가정에서는 자녀가 부모에게 부담을 느끼는 것 자체가 금지되었고 마비되었다. 왜냐하면 자녀는 부모에게 억압을 받아 감정을 느끼는 것 자체를 금지당하여 자아경계선은 무너지고 '좋다, 싫다'를 표현할 수 있는 자기 의사는 박탈당했기 때문이다.

역기능 가정에서는 자녀가 사춘기로 접어들 즈음에 부모와 자녀의 신체적인 접촉에 주의가 필요하다. 아버지의 신체적, 정서적인 모든 종류의 성 학대로 말미암아 딸이 아버지로부터 탈출하려는 목적으로 결혼을 선택한 경우를 보았다. 아버지는 여름에 팬티만 입고 신체적 노출은 중요부위를 가렸기에 괜찮다고 하면서 딸을 안고 뽀뽀를 하였다. 아버지는 딸을 사랑하기 때문이라며 대수롭게 생각하지 않았다. 그러나 딸은 성적으로 불쾌감을 느끼고 있었고 역기능의 상처 때문에 스스로의 감정을 말하지 못하였다. 아버지의 생각이 아니라 딸이 스스로 느끼는 느낌이 더 중요하다. 딸은 아버지로부터의 탈출이 목적이 되어 남학생이 많은 학과를 선택하였고 그곳에서 남자를 만나 일찍 결혼하였다. 아마도 딸은 자신의 의도대로 일찍 아버지로부터 도망을 치고 결혼을 했어도 남편과의 관계가 원만하지 못할 가능성이 많고 성적인 왜곡을 일으킬 가능성도 많으며 역기능이 계속 이어질 가능성이 높다.

부모와 자녀의 관계에서 부모는 위력을 이용하여 부모의 생각대로 자녀를 판단하고, 자녀의 생각과 느낌, 행동까지도 결정해 버리는 오류를 범할 수 있다. 그러기에 항상 서로의 생각과 느낌을 소통을 통하여 파악해야 하고 서로 존중하고 배려하여 참 자기가 기능하는 건강하고 행복한 가족이 되도록 노력해야 한다.

성 학대는 부모에게 달려있다. 부모가 자녀를 보고 성적인 생각이나 느낌을 잠시 갖는 것을 성 학대라고 할 수는 없다. 부모가 의식적이건 무의식적이건 자신의 성적 자극을 위해 자녀를 이용하는 것이 성 학대. 역기능의 가족체계에서는 부모 자체가 자녀에게 성 학대를 하는 것이 학대인지 모를 가능성이 높다. 오히려 자녀를 사랑하는 애정의 표현이라고 생각할 수 있다. 그리고 자녀는 자신의 느낌과 의사표현이 금지당했기 때문에 그들의 어린 시절은 그야말로 부모에 의하여 철저하게 자아경계선이 무너져 부모의 성 학대도 자신을 사랑하기 때문이라고 부모를 이상화할 수 있다.

아빠가 딸의 몸을 곁눈질 했다고 딸이 느끼는 것이나 아들이 8세가 넘었는데 엄마가 목욕을 시켜 준다는 이유로 성기를 씻겨 성적 수치심을 느끼게 하는 것도 성 학대에 속한다. 은밀한 성학대로는 남성이나 여성을 '수컷, 암컷' 등으로 부른다거나 일반적인 욕설도 성 학대에 포함된다. 부모가 자녀에게 성적인 생리현상이나 이성 친구와의 교제를 세세히 알리고 하는 것이나, 반대로 성에 대하여 적절한 정보를 주지 않아 처음 생리하는 몸의 변화도 이해하지 못하는 경우도 성 학대. 부모가 자녀 앞에서 성적인 이야기를 하거나 아이의 몸에 대한 부분을 성적으로 언급하는 것도 마찬가지다.

부모와 자녀 사이에도 인격을 서로 존중하며, 교류할 수 있는 경계선이 필요하다. 경계선에는 집에서 자녀 자신만의 독립된 공간인 방을 갖게 하는 것이 좋다. '노크'를 할 수 있는 문을 통하여 부모와 자녀 간에도 서로의 독립된 공간을 존중해야 하고, 부모는 자녀가 자신만의 공간을 자신의 의지와 권리로 여닫을 수 있도록 해야 한다. 부모라고 자녀가 화장실이나 자신의 방에 있을 때 함부로 들어가서는 안 된다. 자녀는 자신이 방문을 잠글 수 있는 권리를 보장받아야 한다. 상처가 많은 부모는 화가 났을 때 잠긴 자녀의 방을 어떻게든 열려고 할 것이다. 왜냐하면 자녀가 문을 잠그는 것은 부모 자신의 부정적인 수치심을 자극하는 행동이기에 부모는 자신의 상처를 건드린 자녀를 용서할 수가 없게 되는 것이다. 그래서 자녀에 대한 분노 폭발로 이어지고 강압적으로라도 자녀가 잠근 문을 따거나 부수고라도 들어가게 만든다. 이렇게 부모로부터 상처를 많이 받게 되면 자녀는 무의식적인 생존전략으로 부모에 굴복당하여 무기력해지거나 아니면 반대로 난폭해져 나쁜 행동을 하거나 가출을 할 수도 있다. 그러기에 어떤 부모라도 자녀가 자신의 방문을 잠갔을 때 인정할 줄 아는 규칙을 배우기 바란다. 그리고 이성적으로 그 이유를 먼저 듣고 자녀의 감정을 이해하며 부모의 생각과 느낌을 나누어 합리적이고 긍정적인 소통을 해야 한다.

부모가 생각하는 자녀의 '나쁜 행동'이 오히려 자녀가 자신의 자유의지를 사용하고 분명한 자아경계선을 갖고 있다는 증거가 된다면 오히려 기뻐해야 될 일이다. 그리고 차근차근 자녀의 행동의 원인과 부모의 내재된 수치심과의 관계를 정리하여 함께 치유하며 행복할 수 있도록 서로 '좋은 행동'으로 바꾸어 가야 할 것이다. 사실 건강한 부모라면 자녀는 문을 잠그지 않을 것이고 부모는 자녀가 문을 잠그는 행동을 하도록 원인을 제공하지 않을 것이다. 자녀가 문을 잠그는 이유와 원인이 부모에게 있음을 아는 것이 지혜다.

군에서 제대한 후 복학한 대학생이 성 강박증 때문에 상담을 요청한 적이 있다. 짧은 상담회기밖에 허락되지 않은 상태이기에 직면을 일찍 하게 되었다. "너의 성 강박은 부모 때문이다."라고 말하자 "왜 훌륭하신 부모님 때문이라고 하느냐?"며 화를 낸다. 다음 회기에서 자신의 어린 시절부터 지금까지 부모와 자신과의 관계, 아버지, 어머니와의 관계를 알아오라는 숙제를 냈다. 총명한 청년은 자세하고 정확하게 숙제를 해 왔다. 내담자는 아버지의 잠버릇 때문이라고 알았던 부모의 각방 쓰기 비밀을 알게 됐다. 오래전 아빠가 출장갔을 때 한 번 외도를 하게 된 것을 엄마에게 고백한 후 용서를 못한 엄마는 10년이 넘도록 각방을 쓰게 되었다. 그 뒤 아들은 엄마와 밀착이 되었고 아들은 엄마의 심리적인 대리 남편의 역할을 하게 되었다. 당연히 엄마는 아들의 심리적인 대리 아내의 역할을 하게 된 것이다. 이런 이유로 아들은 아버지의 자리를 자신이 차지하고 있다고 느껴 아버지에 대한 죄책감을 갖게 했다. 이러한 사실을 서로가 의식적으로 알기는 어렵다. 비록 엄마는 아들과의 관계에서 눈에 보이는 신체적인 성 학대는 없었다고 할지라도 부모가 갈등하는 가족의 역기능적인 관계 속에서 아들은 자신의 경계선이 무너진 성 학대의 경험을 하게 되었던 것이다. 이러한 역기능이 부모의 정상적인 성적 욕구를 막게 됐고 아들 또한 성의 왜곡을 일으켜서 성적 충동으로 다른 사람을 해칠 것 같은 성 강박증에 시달리게 되었다. 아버지와 한 번의 상담이 있었고 어머니는 상담을 거부하여 아들을 통해 어머니가 아버지를 용서하고 받아들이는 것이 아들의 성 강박을 치유하는 핵심이 된다고 알렸다. 아들을 사랑하는 엄마는 아빠를 용서하고 받아들였다. 드디어 부부가 합방을 하였다. 두 달이 지난 어느 날 내담자는 자신의 성 강박증이 치료가 되었다는 말로 상담을 종료했다.

　가족체계에서 역기능의 삼각체계가 있다. 부부관계가 갈등관계면 엄마는 아들과 밀착된다. 둘 사이는 너무 좋지만 심리적으로 밀착되어 엄마는 아들의 심리적인 아내가 되고 아들은 엄마의 심리적인 남편이 되기에 아들이 장성하여 결혼을 하게 되면 아들을 중심에 놓고 엄마와 아내가 경쟁을 벌이게 된다. 이것이 고부 간의 갈등이고 역기능이 대물림되는 구조가 된다. 그러므로 밀착된 모자관계라 할지라도 아들이 결혼을 하면 엄마는 아들을 며느리에게 양보해야 한다. 아들은 엄마를 버린다는 죄책감을 버리고 아내를 1순위로 생각해야 한다. 아내는 이런 관계를 이해하고 천천히 시어머니에게서 남편을 찾아 와야 한다. 남편이 이러한 이치를 먼저 알게 된다면 아내를 1순위로 생각하고 자신의 어머니와의 밀착을 끊어야 한다. 어머니가 먼저 이러한 삼각체계를 알게 된다면 스스로 분가하거나 아들 내외를 간섭하는 것으로부터 멀어져야 한다. 이렇게 삼자 간에 서로의 자아경계선과 부모체계와 부부체계의 경계선을 지키려는 노력이 필요하다. 이러한 체계의 이해 없이 갈등이 증폭되면 부부가 서로 미워하고 상처 받아 결국에는 이혼을 하게 되고 자신들의 자녀에게 상처를 준다. 부부는 자신과 배우자의 원가족을 함께 이해하고 그 속에서 상처받은 자신과 배우자를 서로 인정하면서 부부치료에 적극 참여해야 한다. 그래서 원래 부부가 목표했던 행복한 가정을 꾸리고 사랑하는 자녀에게도 행복한 삶을 물려주어야 한다.

 TV프로그램에서 고부 간의 갈등은 단골 주제다. 나이 드신 분들은 시어머니 입장이고, 젊은 여성들은 며느리 입장이다. 그 사이에서 엄마의 아들이요, 아내의 남편은 중간에 끼어 있는 모양새다. 가족의 삼각체계에서 자아경계선의 균형이 잡히도록 노력해야 한다. 순기능의 체계로 서로 배려하며 인격이 존중된다면 시어머니와 함께 살아도 좋고 떨어져 살아도 좋다. 시어머니가 아들과 밀착된 경우 분가하여 자아경계선을 지켜주는 것이 좋다. 역기능이 삼각체계로 분가가 필요한 경우는 남편과 시어머니가 밀착된 원인으로 고부 간의 갈등과 부부가 갈등을 하는 경우다. 남편은 아내에게 가풍과 윤리, 그리고 신앙을 강조하며 아내를 비난 할 수 있지만 사실 내면에는 엄마(시어머니)와 아들(남편)이 밀착된 역기능이 있음을 인지하지 못한다. 어쨌거나 삼자의 갈등을 해소하기 위해 상담자는 현재의 관계에 있어서 누가 순기능적인 에너지가 많은가를 알아보는 것이 중요하다. 건강한 사람이 좀 더 양보하면서 서로의 자아경계선을 확보하며 어떻게 균형을 잡아가느냐가 관건이다. 이를 위해 어떤 경우에는 시어머니 입장이 중요할 수도 있고, 다른 경우에는 며느리나 아들의 입장이 먼저 고려될 수도 있다. 그러기 위해서는 각자가 서로의 상처를 직면하고 상대방의 상처까지 보며 객관적으로 누가 순기능적인 에너지가 많은가를 이해해야 되는데, 사실 이것을 이해하기란 어렵다. 또한 어느 정도 이해한다고 하여도 삼자가 모두 동시에 각자의 건강한 에너지의 양을 이해한다는 것은 더더욱 어렵다. 부부상담을 하다보면 객관적으로 내가 더 손해를 본다는 사람이 많다. 그러나 자신의 건강한 에너지가 배우자보다 많다면 건강한 에너지를 덜 가진 배우자가 오히려 더 큰 스트레스를 받을 수 있음을 알아야 한다. 그러면 그 이해의 폭만큼 자신보다 더 상처 입은 배우자에게 잘할 수 있다. 반대로 상처가 많은 배우자는 상처가 덜한 배우자가 자신에게 많은 양보를 하고 있음을 알게 되어 자신의 주장을 멈추고 감사한 마음과 상대방에게 더 잘하려는 행동으로 부부관계 회복에 도움을 줄 수 있다. 그러기에 최우선적으로 이 일을 균형 있게 도와줄 상담자를 찾아야 한다. 그리고 부부치료를 통하여 먼저 개인의 내면의 상처를 들여다보고 치유하며 동시에 배우자의 치료를 함께 경험하며 공감하는 부부치료가 필요하다.

부부치료는 자신의 원가족만이 아닌 상대방 원가족의 상처를 이해하도록 하는 것이며, 이는 부부가 하나가 되는 데 큰 역할을 한다. 부부치료가 되면 이제는 아들(남편)의 어머니요, 며느리의 시어머니를 치유할 수 있는 에너지가 이들 부부에게 생긴다. 부부가 치유되는 것만큼 고부 간의 상처는 치유된다. 상담자는 이처럼 부부관계를 먼저 맺어주는 것을 1순위로 상담을 해야 한다. 그러므로 가족치료의 핵심은 부부치료다. 부부치료에는 개인 각자의 내면 치료뿐만이 아니라 관계 치료가 되기에 이것이 부모와 자녀에게도 적용이 되어 가족치료로 확장된다.

성(性) 피해자

한때 장애아동을 교직원과 학교선생님이 성폭행한 실제사건을 영화로 만든 '도가니'가 사회의 이슈가 되었다. 실제로 성적 가해자의 대부분은 아이를 희생시켜서 자신의 성적 만족을 얻는 것에 대하여 아무런 잘못이 없다고 생각해 많은 사람들의 공분을 샀다. 가해자들은 장애가 있는 어린 아이에게는 아무런 권리가 없다고 생각한다. 많은 사람이 여기에 분노를 느낀다. 그러나 그 분노를 다시 생각해 보면 가해자들의 대부분은 성학대를 당하거나 다른 방식으로 학대를 당한 피해자였다.

피해자가 다시 가해자가 된다는 말이다. 피해자는 정서적으로 상처를 받아 자신의 나이에 맞는 정상적인 생활을 못하고 항상 불안하고 부적절한 느낌을 갖는다. 이미 피해자는 시간이 지나면서 감정에 상해를 입어 제대로 자신의 감정을 느끼거나 타인과의 관계에 있어서 타인의 감정을 공감하지 못한다. 자신이 느끼는 감정은 무감각해지고 죄책감은 마비가 된다. 이들 중 많은 사람들이 알코올중독자이거나 약물중독자다. 어떤 경우에는 종교인의 역할을 한다.

'도가니'란 영화는 사회의 반향(反響)을 일으켜 과거 묻혀 있었던 사건을 다시 수사를 하게 하였다. 사회의 정의적인 측면과 피해자의 아픔에 대한 응당한 보상처럼 가해자를 벌하는 것도 중요하지만 여기에 멈추어서는 안 된다. 피해자의 고통에 공감을 한 것으로 끝나지 말고 그 피해자가 속한 가족의 역기능, 특히 피해자가 부모가 되어 그들의 자녀들과의 관계가 어떠한지 장기간 살펴보고 적절한 도움을 줄 필요가 있다. 피해자(어느 사이에 가해자가 되어 있을지도 모를)의 치료는 피해자만이 아니라 피해자의 가족과도 맞물려 있다. 지금까지 개인의 내적 치료는 가족의 치료와 함께 이루어져야 한다는 것과 동일한 이치다.

다른 종류의 상처보다 성폭력 피해의 상처는 더 크다. 특히 성폭력 피해자의 대부분이 가족, 친척, 이웃 등 잘 아는 사람들이기에 믿었던 사람에 대한 배신감이 더해져 상처가 더욱 가중되는 것이다. 그러기에 성폭력 피해에 대한 치료는 다른 치료에 비하여 장기간의 치료가 필요하다. 성폭력 피해자를 그대로 방치할 경우 이들이 부모가 되거나 성인이 되면 중독과 강박 성향을 가지고 다시 여러 가지 형태의 가해자가 된다.

외동딸을 둔 한 엄마가 상담을 요청했다. 부모는 맞벌이를 하였고, 딸은 7세까지 친 할머니가 키웠다. 엄마는 딸이 학교에 갈 나이가 되어 집으로 데리고 오려는데 아이가 안 간다고 버텨 엄마는 심하게 매질을 해서 데려왔다. 여전히 부모는 맞벌이를 하였고 딸은 방임으로 인하여 정서적인 유기를 경험하였다. 더욱이 부모의 사이가 안 좋아 딸이 15세 때 이혼을 했다. 초등학교 저학년이 된 아이는 어느 날 학원 원장이 성폭행을 하였고 교회에서는 집사가 성추행을 하였다. 이것은 그 아이가 19세가 되었을 무렵 딸이 쓴 일기를 엄마가 보면서 알게 된 내용이다. 아이는 위축되고 교회를 다니지 못하게 되었고, 아버지는 엄마와 자신을 버렸으며, 사람을 만나기를 두려워하여 고등학교를 중퇴하였다. 또한 감정에 상해를 입고 정신적으로도 몹시 고통을 받고 있었다. 엄마는 아이와 대화를 통해 아이의 입에서 복수를 하고 싶고, 용서할 수 없다는 말을 들었다. 엄마는 사회와 교회에서 모범적이고 착한 일을 많이 하는 사람이지만 회유형으로 주위 사람들의 시선에 민감하여 아무 말도 못하였기에 정작 자신의 딸에 대해서는 무관심한 모습을 보였다. 같은 교회 내의 가해자인 집사에게도, 담임목사에게도 말을 하지 못했다. 그렇다면 성 피해를 당한 자녀의 부모는 어떻게 해야 할까?

성 피해를 입은 자녀의 부모가 해야 할 일들을 몇 가지 알아보자.

첫째, '네 잘못이 아니야'라고 말해 준다. 우리나라는 성 피해에 대하여 인식이 부족하고 부모들은 외부로 이 사실이 알려 질까 봐 두려워한다. 이런 경우 아이는 자신에게 잘못이 있다고 죄책감을 느끼게 되며 정신적으로도 큰 타격을 입게 된다. 사실 우리나라의 경우 사회적으로 성 피해에 대한 전반적인 대책이 부족하고 법적이나 제도적으로도 미흡하다. 그러므로 법적으로 싸워도 오히려 상처를 입기 십상이다. 그럼에도 불구하고 부모는 직접 말로 '네 잘못이 아니야'라는 인식을 시켜 주어야 한다. 자녀가 어느 정도 인지기능이 있다면 증거를 확보하고 법적인 싸움을 하여 자녀 자신의 잘못이 아니라는 사실을 알게 하는 것도 중요하다. 그리고 부모는 항상 자신의 편이라는 사실을 알게 하여 심리적인 안정을 취하도록 도와줘야 한다. 실제로 성폭행 피해자의 인지치료에서 중요한 것은 '네 잘못이 아니다'라는 것을 가르쳐 주는 것이다. 성폭행의 '폭행'은 힘이 있는 사람이 힘이 없는 사람을 때리면 어쩔 수 없이 맞을 수밖에 없는 '폭행'에 불과하다는 것이다. 일회성이든, 지속적이었든, 여러 사람이 가해자였든, 자신도 성관계 시에 신체적인 쾌감을 느꼈든, 성 피해자가 성이나 그 밖의 형태로 가해자가 되었든, 이 모든 것은 성 피해를 입은 증상이며, 전적인 책임은 가해자에게 있다는 것을 알려 줘야 한다.

둘째, 관계기관을 통해 법적인 도움을 받는다. 피해자는 분명 직면의 고통을 피하려고 상담받기를 몹시 꺼리겠지만 가급적 빨리 상담을 통한 치료를 받아야 하며, 법적인 도움도 받아야 한다. '한국 여성의 전화'나 '여성 긴급전화'(1366)를 이용하면 일괄적으로 도움을 받을 수 있는 장소를 안내해 줄 것이다.

셋째, 가족의 사랑과 지지가 필요하다. 피해자의 부모와 가족은 항상 피해자의 정서적인 지지와 사랑을 주는 일에 적극적이어야 한다. 심리적으로 큰 상처를 경험함으로 불안과 두려움, 분노에 대한 감정이 복잡하게 피해자를 괴롭힐 것이기 때문이다.

넷째, 전문가의 도움을 받아 치료를 받아야 한다. 사실 피해자인 자녀만이 아니라 부모나 가족 전체가 이 일에 대하여 상처를 입게 되므로 피해자를 중심으로 가족 전체가 치료를 받아야 한다. 상담을 통하여 치료를 받게 되면서 그 과정 중에 성폭행을 당한 경험을 직면하게 될 텐데, 이 직면은 특히 주의해야 한다. 어설픈 직면은 상처를 더 악화시킬 수 있기 때문이다. 그러므로 유능한 상담자를 잘 선택하여 치료에 임하여야 한다.

순기능 가족체계 안에 있는 건강한 아이는 큰 상처를 받아도 빠르게 극복한다. 반면 역기능 가족체계에 안에 있는 연약한 아이는 작은 상처도 극복하기 어렵다. 상처 입은 아이들은 가족이 짊어진 상처들을 내면화하고 어떠한 방식으로든 표출하게 된다. 그러므로 성폭행을 당하는 아이는 역기능 가정인 경우가 많다. 왜냐하면 가족에서부터 분명한 자기의 경계선을 배우거나 지키는 법을 배우지 못했기 때문이다. 다시 말하면 부모로부터 성 학대, 방임, 유기, 신체적 폭력, 언어나 정서적 폭력 등에 노출되어 자기의 자아경계를 침범당하는 일을 이미 가족으로부터 배웠기 때문이다. 그러므로 한 아이의 문제가 아니라 가족이 문제요, 가족이 환자다.

성폭력 피해자 치료

성폭력 피해자의 치료는 다른 치료보다도 많은 시간을 필요로 한다. 조금씩 나아지다가 악화되기도 하지만 장기적으로 보면 정상적인 생활에 도달할 수 있다. 그러므로 치료에 임함에 있어서 상담자나 내담자 모두 인내심을 가지고 치료에 임해야 한다. 치료 도중에 악화될 수 있는 부분이 있으나 이것은 치료의 한 과정이기에 상담자는 내담자에게 이러한 상황 자체가 치료의 과정임을 미리 말해 주어서 내담자로 하여금 안정감을 줘야 한다. 피해자는 원가족에서 대상과의 관계가 건강했느냐, 그렇지 못했느냐에 따라 치료의 속도가 많이 좌우될 수 있다. 일반적으로 건강한 자아경계선을 가진 사람이 아닌 자신의 원가족 내에서 상처받아 허물어진 자아경계선을 가진 피해자가 치료 속도가 더 늦다.

성폭행의 치료의 단계를 알아본다.

첫째, 피해자가 치료에 대하여 결심하는 단계다. 모든 심리치료에서 가장 첫 번째는 피해자 자신이 치료의 필요성을 인정하고 적극적으로 치료에 임하는 것이다. 이러한 내담자의 의지가 있다면 이미 치료의 반 이상이 해결되었다고 보아도 된다.

우리나라 문화는 성폭행 당한 피해자가 자녀인 경우에 그 부모들이 남에게 알려 질까 봐 숨기는 경향이 있다. 또한 피해 여성들도 외부에 알려지면 그 고통이 더 커진다고 생각하기에 그 두려움으로 치료를 받겠다는 결정을 내리지 못하는 경우가 많다. 상담을 받으러 왔다가도 심리적 불안과 두려움이 크게 작용하여 피해 사실이 상담자에게 알려진 것조차 견디지 못하고 중단하는 경우가 많다. 이런 경우 상담을 지속하기 어렵다. 그러므로 상담자는 피해자 가족의 도움을 받을 필요가 있다. 더불어 피해자가 상담자를 신뢰하고 안정감을 찾도록 노력해야 한다.

초기 면접은 치료에 대한 피해자의 결심이 있었다 하여도 상담자는 피해자 가족과 먼저 상담을 하여 그 피해와 피해자의 심리적인 상태(상담자가 판단해야 함)를 알아보고 성폭행 피해에 대한 직접적인 내용을 말하지 않는 것이 좋다. 심리적인 상태에 따라 초기 상담에 적극적으로 경청은 하지만 성폭행의 깊은 내용을 피해자가 말하려 할 때 다른 주제로 전환할 필요가 있다. 이미 내담자는 치료를 받겠다는 생각에 모든 말을 쏟아내려 하지만 그 이후 상담자가 나의 모든 것을 알아버린 것에 대한 두려움과 수치심으로 더 이상 상담을 포기하는 경향이 많다. 그러므로 성폭력 피해자의 가족을 통하여 전반적인 상황을 인지하고 지지와 지탱, 반영 등을 사용하여 신뢰를 쌓으며 조금씩 접근 하여 천천히 직면할 수 있도록 해야 한다.

초기 면접 이후에도 성폭행을 직접 이야기하지 않고 현재 피해자의 심리적인 특징에 국한하여 상담을 하며 계속적으로 신뢰를 쌓는 것이 좋다. 그 이후 성폭행의 피해가 상담자에게 알려지고 노출이 되면 치료의 과정 중에 직면이 필요하게 되는데 이것 역시 서둘러서는 안 된다. 그러므로 상처에 연관된 일들이 기억날 때 그 고통이 방어기제에 의해 방어막을 친다고 하여도 그것을 건드리지 말고 일상생활이나 내담자와 공감할 수 있는 내용, 또는 내담자의 관심사나 좋아하는 일들을 공유하며 친밀감을 쌓아 나가야 한다. 본격적인 상담에 들어가서도 내담자가 가정에서의 행동이나 반응, 그리고 내담자가 직접 상담하기 어려운 내용 등이 생기면 내담자에게 정보를 제공하거나 상담을 도와줄 조력자를 가족으로부터 찾아 주는 것이 좋다. 초기 면접 이후 내담자의 상태가 몹시 불안하다면 불안감이 완화되기까지 가족 가운데 조력자와 함께 상담을 하는 것이 좋다. 물론 초기 면접에서 서류상으로 비밀보장에 대한 계약을 해야 하며 이것은 내담자로 하여금 안정을 찾게 하는 데 도움을 준다.

둘째, 성폭행에 대한 피해로 인한 고통으로 심리적인 불안을 일으키는 위기의 단계다. 피해자는 성폭행의 상처로 인하여 불안하고 두려운 감정을 갖게 된다. 일상생활에서 가해자가 남자였다는 이유로 실생활에서 남자를 만날 때마다 가해자가 생각나는 고통을 경험할 수도 있다. 그래서 사람을 피하여 자폐아처럼 무감각하게 홀로 지낼 수도 있다. 혹은 피해를 당한 장소를 본다거나 피해를 기억나게 하는 물건, 그리고 TV나 여러 매체들에 의해서도 피해에 대한 고통이 떠오를 수 있다. 이러한 경우에 상담자는 치료 과정에서 거쳐야 하는 정상적인 반응이라고 미리 말해 주는 것이 좋다. 그러면 치료 과정 중에 위에서 언급한 불안과 두려움이 찾아올 때 상담자는 자연스러운 치료 과정임을 다시 일깨워 준다. 그러면 내담자는 비교적 편안하게 그 고통과 두려운 감정을 받아들일 수 있게 된다. 이를 정상화(Normalization)라 한다.

셋째, 직면을 위하여 성폭행을 당한 기억을 정확히 재생하는 단계다. 성폭행의 피해로 인한 과도한 심리적, 신체적 고통은 방어기제에 의하여 기억이 온전하지 않을 수 있다. 그 기억이 지워질 수도 있고 일부분만 기억할 수도 있으며, 그 기억 자체가 왜곡되었을 수도 있다. 방어기제에 의하여 그 고통을 피해왔지만 그 고통에서 자유로울 수는 없다. 직면이 계속 미루어진다면 신체적, 심리적, 그리고 영적인 부분까지도 파멸로 이끌수 있는 위험이 있다. 그러므로 직면을 통하여 그 고통과 맞서야 한다. 이런 직면은 어린 시절 상처 입은 내면아이의 치유에서 필요로 했던 직면과도 같은 것이다. 우리는 어린 시절의 상처로 인하여 참 자기가 숨고 거짓자기가 기능을 하게 되는 원인에 대하여 알아보았었다.

어린 시절의 고통을 만나지 않으려 무의식적으로 방어기제에 의하여그 고통은 숨었고 이 일들은 불명확한 자아경계선을 만들어 냈었다. 불명확한 자아경계선이란 이미 대상과의 관계 가운데 고통을 받았기에 아예다른 사람과 관계를 하지 않으려는 폐쇄적인 자아경계선일 수 있고, 또는다른 사람에 의해 피동적으로 움직여지는 산만한 자아경계선일 수도 있다. 특히 가해자가 아버지였을 경우 부모를 이상화하므로 연결환상에 빠져 피해자인 자녀의 내면 깊숙이 수치심이 자리 잡았었다. 성폭행 가해자가 나를 사랑했다고 오히려 피해자가 합리화하거나 자신의 잘못으로 여겨 책임이 자신에게 있다고 가해자를 이상화하고 연결환상에 빠질 수도있다. 그러므로 상처의 치유에 있어서 그 고통을 받았던 장면을 기억해

내고 직면하는 것이 중요하다. 피해 상황에 정면으로 맞닥뜨려 과거에 움츠려 들었고 내 자신이 살고자 부모이상화를 한 것처럼 가해자를 이상화하는 것을 멈추어야 한다. 내 잘못과 내 죄 때문이 아니라 전적으로 가해자 잘못이고 가해자에게 책임이 있다고 말을 하여야 한다. 동시에 억눌려왔던 불안과 두려움, 분노에 대한 감정을 상담의 여러 기법들을 동원하여 가해자에게 표출해야 한다. 이러한 작업이 기회가 있을 때마다 진행된다면 그 고통이 점차로 줄어들게 되고 억눌리고 오염되었던 감정이 씻어지고 순환되어 이제는 더 이상 과거의 고통에 고착되거나 그 고통이 피해자의 삶을 지배하지 못하게 된다. 기억해야 할 점은 성폭행 피해자에 대한 치료는 다른 피해자들보다 좀 더 힘들고 긴 시간을 필요로 한다는 것이다.

직면 없이는 치료가 불가능하다. 그러므로 내담자가 성폭행 피해에 대한 기억이 확실하지 않을 수 있기에 조심스럽게 추행당한 장면을 정확하게 기억해 내도록 연상시킨다. 상담자는 그 기억들이 이어질 수 있도록 장면을 정리해 주거나 행동을 유추해 낼 수 있도록 상황을 설명해 줄 수 있다. 직면은 상처의 기억이 정확하게 인지하도록 계속하게 되면서 감정이 순환되고 점차 안정을 찾게 된다면 내담자는 상담자를 더욱 신뢰하게 된다. 점차적으로 그 고통을 재기억하고, 얼어붙었던 감정이 녹으면서 실제의 감정을 느낄 수 있게 되고 차츰 상처에서 벗어나게 된다. 그 방법으로는 당시의 사건에 대한 기억들을 종이에 생각나는 대로 적어보게 한다든지 그림을 그려 보도록 하는 방법이 있다.

넷째, 성폭행이 자신에게 일어났다는 사실을 믿고 인정하는 단계다. 전 단계에서 불완전한 자신에 대한 기억들이 재구성되어 원래의 온전한 기억들로 정리가 되었다면, 자신이 실제로 성폭력 피해자란 사실을 인정해야 정확한 직면이 된다. 그동안에 피해자는 자신의 기억을 억누르거나 해리(Dissociation; 다중인격)로 대응했지만 더 이상 기억을 왜곡하거나 다중인격으로 피하지 말고 적극적으로 자신이 성폭행 피해자였음을 인정하는 것이 중요하다.

다섯째, 자신의 감정을 표현하는 단계다. 자신의 감정을 소극적으로 느끼는 것만으로는 안 된다. 성폭행의 피해에 대한 감정을 표현해야 한다. 예를 들어 분노가 치밀어 오르는데 '아! 이렇게 화가 나는 것이 분노구나'라고 생각만 한다면 이것은 감정을 충분히 느끼는 것이 아니라 생각하는 것이기에 감정이 순환될 수 없다. 감정은 느껴지는 것이고 표현되는 것이다. 치료자는 이렇게 눌려있는 감정을 표현할 수 있도록 도와주어야 한다. 자신의 감정을 잘 느끼지 못할 때 기억나는 피해 상황을 적어보게 한다거나 그 상황들에 대하여 느껴지는 현재의 느낌을 말이나 글로 표현하게 도와주는 것도 좋은 방법이다. 상담자가 그 감정을 실어 말로 표현하고 내담자에게 따라하게 할 수도 있다. 자신이 분노와 슬픔이 느껴진다면 그 느낌을 어떤 형태로든지 그림으로 그려보게 하는 것도 좋다. 울거나 분노하는 자신의 모습을 그려 볼 수도 있고 어느 건물에 불이 난 상황을 그려 낼 수도 있다. 어떤 사람은 가구를 부수는 자신의 모습을 그리기도 하였다. 자신이 가해자에 대한 미움과 분노를 표출하기 위하여 고무풍선으로 만들어진 사람모양의 오뚝이를 손이나 주먹으로 때리거나 적당한 막대기로 두들기도록 할 수도 있다. 주로 상담소가 협소하기에 분노를 표출할 수 있는 방법으로 다듬잇돌과 천을 준비하여 방망이로 두드리도록 할 수도 있다. 아직 가해자와의 직접적인 직면이 쉽지 않기 때문에 빈 의자기법 등을 동원해도 좋다. 빈 의자에 가해자가 있다고 생각하고 말해 보라고 하거나 가해자 입장에서 빈 의자에 자신이 앉아 있다고 생각하고 말하게 할 수도 있다. 상담자가 가해자 역할을 하여 피해자에게 사과를 할 수도 있고 감정을 제대로 느끼지 못하거나 표현을 못할 때, 피해자 입장에서 대신 감정을 표출할 수도 있다. 피해자가 자신의 감정을 잘 이해하지 못하고 표현하지 못할 때 도전할 수도 있고, 당시의 상황을 설명함으로써 당시 느꼈던 감정을 일으킬 수도 있다.

여섯째, 내 잘못이 아니라는 사실을 인정하는 단계다. 이는 피해자가 갖게 되는 수치심이나 죄책감 등을 해소시키는 단계다. 생명의 위협을 당하는 상황에서 어쩔 수 없이 힘센 가해자가 때리면 힘없는 나는 맞을 수밖에 없었다는 사실을 인정해야 한다. 그러므로 중요한 것은 모든 책임은 전적으로 가해자에게 있고 자신에게 있는 것이 아니라는 사실을 확신시켜 주고 불안과 두려운 감정을 해소할 수 있도록 계속 지지하고, 지탱해 주어야 한다. 치료자로서의 상담자는 성폭행 피해 당시에 신체적·심리적으로 어떤 느낌이었는지 자세히 물어봐야 한다. 대부분 그 느낌을 말로 표현하지 못하는데, 신체적으로 느꼈던 느낌과 감정을 무엇이라고 잘 표현하지 못하면 적절한 말로 표현할 수 있도록 도와주어야 한다. 우울, 슬픔, 두려움, 불안, 분노, 쾌감 등을 말할 수 있다. 성폭행이 오랜 기간에 걸쳐서 반복되었거나 가해자가 한 사람이 아니라 여러 사람일 수도 있다. 이런 경우 양가감정처럼 두려움과 함께 일부분 신체적인 쾌감을 느꼈다고 할 수도 있다. 그러나 이 모든 것은 피해의 증상이요, 피해의 결과라는 사실을 인지시켜 주어야 하며 자신의 잘못이 아니라 전적으로 가해자 잘못이라는 사실을 가르쳐 주어야 한다.

일곱째, 많은 시간을 고통 가운데 있었던 자신에 대한 슬픔을 표현하는 단계다. 성폭력 때문에 그동안 자신의 삶이 상실당했다는 데서 오는 슬픔과 우울한 마음, 그리고 분노의 감정이 교차되면서 찾아온다. 슬픔은 작별을 고하고, 애도는 상실을 슬퍼하는 에너지다. 사랑하는 사람과 사별했을 때 슬퍼함으로써 그 당시 느꼈던 고통과 작별할 수 있도록 도와주어 다시 살아갈 수 있는 힘을 제공해 주는 감정이 슬픔이다. 이러한 작업도 일회성에 그치지 않는다. 치유의 여러 단계에서 필요할 때마다 계속적으로 이루어지며 점차 치유가 된다. 상담자는 피해자의 마음을 이해하고 피해자의 말을 경청하며, 지지해 주고 피해자의 감정을 말로 표현하도록 도와주어야 한다. 내담자가 치료자 앞에서 슬픔과 애도의 표현으로 울음을 터뜨릴 경우 포용해 주고 울음을 제지해서는 안 되고 슬픔에 대한 표현을 잘할 수 있도록 허용하는 분위기를 만들어 주어야 한다.

여덟째, 왜곡된 사고(思考)나 왜곡된 신념을 인지시키는 단계다. 성폭행의 피해로 인한 심리적인 충격은 감정을 오염시키는 것뿐만이 아니라 인간관계에 있어서도 인지 왜곡을 일으키는 원인이 된다. 그러므로 이 단계에서는 자신의 왜곡된 사고나 생각을 확인하게 하고 그러한 왜곡된 사고를 계속 유지할 경우 자신의 삶에 얼마나 부정적인 영향을 끼치게 될 것인가를 가르쳐 주면서 왜곡된 생각에 도전하도록 한다. 긍정적인 생각이 무엇이며, 고통이 수반되겠지만 직면을 통하여 자신의 삶에 도움이 되는 행동들을 가질 수 있도록 도와주어야 한다.

'내가 당한 일은 회복될 수 없다', '나의 죄 때문이다', '세상에 알려져 창피하다', '남자는 모두 도둑 놈' 등의 왜곡된 신념이 있을 수 있다. 왜곡된 신념의 결과로 아마도 수치심과 죄책감을 가지고 자포자기를 하는 심정으로 약물이나 알코올중독, 또는 성중독 등의 중독된 행동이 나타날 수 있다. 어느 경우에는 사람들 특히 남자에게 폐쇄적인 사람이 될 수도 있다. 이러한 사고와 행동들로 가정이나 사회에서 적응을 잘 못하고 많은 시간을 고통 가운데 살면서 역기능이 더 강화될 수 있다. 이러한 부정적인 신념들은 자신의 인생을 파멸시킬 수 있다는 것을 알도록 도와야 한다. 왜곡된 신념이 역기능적인 삶을 유지하게 만드는 원인이 된다는 것과 스스로 마음만 먹으면 충분히 상처를 헤쳐 나올 수 있다고 격려하며 긍정적 사고를 가질 수 있도록 도와주어야 한다. 과거 어린 시절에 성폭행을 당했지만 그 피해의 고통을 이겨내고 현재는 상담자가 되어 전국으로 성(性)에 대한 강연을 나가고 상담을 하며 당당하게 살고 있는 분의 예를 들어도 좋을 것이다.

아홉째, 성폭행 피해에 대하여 다른 사람에게 공개하는 단계다. 치료에 도움이 된다면 가해자와 대면을 할 수도 있다. 사실 가장 좋은 직면은 가해자가 참여하는 직면이다. 어린 시절 나에게 상처를 준 아버지가 가족치료를 목적으로 함께 동참하여 직면할 때 효과가 더 좋은 것처럼 말이다. 물론 상담자의 도움을 받아 아버지와 자녀의 개별 상담과 적절할 때 함께하는 상담을 통하여 안정된 분위기 가운데 직면을 유도하는 것이 좋다. 성폭행 피해자의 치료에 있어서도 법적으로 구속된 가해자와의 직면이 필요하다면 피해자 치료를 위한 가해자의 교육이 있어야 한다. 그리고 피해자의 부모나 성직자, 심리상담사, 심리적으로 안정감을 느낄 수 있는 분위기를 고려한 장소와 기관에 관계된 사람 등이 배치 될 수도 있다. 처음에는 이면경(裏面鏡; 방안의 가해자는 거울 뒤 공간의 피해자를 보지 못하지만 피해자는 가해자를 볼 수 있게 만들어 놓은 거울) 뒤에서 상담자와 가해자와의 상담을 지켜보게 할 수도 있다. 이때 가해자는 자신의 잘못에 대하여 후회하며 뉘우치고 있는 내용이나, 피해자에게 사과하는 내용들이 있을 수 있다. 만일 내담자가 안심을 하고 용기를 갖게 된다면 이면경 뒤에서 전화 등으로 가해자와 이야기를 나누게 할 수도 있고 직접 직면할 용기가 생기면 피해자가 스스로 문을 열고 나와 가해자와 대면하게 할 수도 있다. 이때 피해자의 감정을 표출할 수 있는 기회를 주는 것이 좋다. 더 이상 가해자가 준 고통이 나를 지배하지 못하도록 가해자에게 분노를 표출할 수도 있고, 피해자 자신이 언제든지 가해자와 맞설 수 있으며, 원한다면 가해자를 법적인 심판에 처하도록 할 수 있는 권리가 피해자 자신에게 있다는 사실도 느끼게 할 수 있다. 아울러 가해자로부터 사과를 받는 것이 좋다. 그리고 가해자도 원래 과거 누군가에 의해 상처를 입은 피해자였던 것과 그 결과로 가해자가 되었다는 것을 이해할 수도 있을 것이다. 치료의 한 과정으로 가해자를 대면하는 것이 직면에 효과적이지만 피해자의 피해를 느끼는 정도가 심한 경우 직접적인 대면을 피하는 것이 좋다. 상담자는 항상 피해자를 중심으로 모든 치료계획을 세우고 상담을 진행해야 한다. 피해자들은 치유의 정도가 다른 엔카운터그룹(Encounter group) 속에서 개개인의 치료 경험을 서로 나눌 수도 있을 것이다. 우리나라에서는 실제적으로 가해자를 대면하는 상담이 어렵기 때문에 가해자에게 편지를 써보라고 할 수도 있고, 그 고통스런 사건이 담겨있는 편지를 피해자 자신의 삶에서 끝낸다는 의미로 불에 태워버릴 수도 있다.

열 번째, 과거의 고통이 현재를 지배하던 부정적인 삶을 청산하고 자신의 인생을 새롭게 설계하여 행복한 삶을 향한 결심과 변화된 행동을 실행하는 단계다. 성폭력 피해자는 피해의 충격으로 왜곡된 신념과 수치심과 죄책감 등을 떠안으며 받게 된 스트레스와 부정적인 행동으로부터 벗어나야 한다. 수치심과 죄책감을 씻고 건강한 이미지로 자신을 받아들이며 무너진 자아경계선을 바로세워 스스로 선택하고 결정하는 참 자기를 찾도록 노력해야 한다. 주위 사람들과 가족은 끊임없는 사랑과 격려로 피해자가 자존감을 높이고 긍정적인 인간관계를 하도록 도와주어야 한다.

이상의 치료 방법은 일회성에 그치지 않는다. 그러기에 직선형의 치료가 아니고 나선형의 치료다. 다시 전단계로 돌아가 치료가 반복되기도 한다. 상담자와 내담자는 이러한 특성을 알고 서로에 대한 깊은 신뢰감을 통하여 반복되는 치료 과정을 두려워하지 말고 함께 진행해 나가야 한다. 상담의 종결은 상담자가 결정하는 것이 아니다. 내담자 스스로가 치료되었다고 믿고 종결을 선언하게 될 때 상담은 종결된다. 상담자는 내담자보다 앞서려는 의욕을 자제해야 한다. 항상 내담자의 현 상황을 살펴봐야 하며 성급하게 추측을 해서는 안 된다. 해석은 내담자의 입에서 나온 말들을 가지고 해석을 해야 한다. 내담자가 자신의 상황이나 느낌을 말로 정확히 표현하지 못할 때나 과거의 일련의 사건들을 모순되게 기억하고 있다면 전·후 상황을 잘 설명하여 바른 인지를 할 수 있도록 돕는 것이 중요하다. 또한 내담자의 말과 행동, 그리고 감정들을 반영해 주는 것이 중요하다. 항상 상담의 중심은 내담자임을 잊지 말아야 한다.

마지막으로 내담자는 가족과 사회에의 적응이 필요하다. 그러므로 가족치료를 통하여 내담자의 폭넓은 치료와 순기능으로의 가족체계를 정비해야 한다. 장기간 치료에 임하여 어느 정도 치료가 되었다면 관계기관을 통하여 경제적으로 자립할 수 있도록 기술을 배우고 취업을 통해 생계를 이어갈 수 있도록 도와주는 것도 중요할 것이다.

인간의 기본적인 힘

인천은 구 시가지에 오거리가 많고, 길이 구부러진 곳이 많다. 나의 집도 구 시가지에 있어 집에서 나오거나 들어갈 때 구부러진 길로 다닌다. 내가 구부러진 길을 가고 싶어서가 아니라 길이 구부러져 있기 때문이다. 이 구부러진 길이란 것이 불편할 수도 있지만 구부러진 산길의 정취는 기쁨이고, 회색도시의 반듯한 길은 지루하다. 나는 내가 구부러진 길이 싫으면 반듯한 길로 가면 되고, 반듯한 길이 지루하면 구부러진 길을 선택하면 될 일이다. 그것이 인간이 가져야만 할 선택의 자유다. 이제는 반듯한 길과 구부러진 길이 조화를 이룬 곳으로 이사를 해야겠다.

가족치료사인 버지니아 새티어(Virginia Satir)는 기능적인 가족 안에서 개인은 다섯 가지 자유를 자질로 갖게 된다고 하였다.

1. 과거에 있었으며 앞으로 있거나 있어야만 하는 것보다 지금 여기에 있는 것을 보고 들을(지각할) 수 있는 자유
2. 생각해야만 하는 것보다 생각나는 것을 생각할 수 있는 자유
3. 느껴야만 하는 것보다 느껴지는 것을 느낄 수 있는 자유
4. 허락을 받으려고 기다리지 않고 알고 싶은 것을 물어볼 수 있는 자유
5. 안전을 선택하여 항상 조심하는 것보다 자신을 위하여 위험을 무릅쓸 수 있는 자유

어느 책의 제목이기도 한 '목적이 이끄는 삶'이란 문구는 느낌 상 그다지 유쾌한 문장이 되지 못하였다. 그 목적이 무엇인지, 또 그 목적을 위해 어떻게 해야 할 것인지 생각을 하고 시간을 아껴 목적을 이루어 나가는 긍정적인 면도 있겠지만 목적이 나의 자유를 통제하게 되면 그 목적은 현재의 자기 느낌과 감정을 잃은 채로 수치심을 가리는 도구가 될 수 있다. 또한 목적을 위해 강박적인 열심과 완벽한 성취를 위해 자기가 자신을 엄격하게 대하고, 스스로 통제당할 수 있으며, 주위의 다른 사람(특히 자신보다 힘이 약한)과는 옳은 일로 관계하지만 경계선이 불분명한 밀착, 융합, 갈등의 관계로 역기능이 유지되거나 서로에게 의존하는 상호의존중독이 될 수도 있다. 주로 역기능적으로 완벽과 옳은 일을 추구하는 내담자에게 "당신은 자신이나 다른 사람들을 대함에 있어서 사람보다 일을 더 중요하게 여기는 일중심의 사람입니다."라고 말하면 화를 내며 "아니요, 나는 일보다는 사람을 중히 여기는 사람입니다. 내가 이 일을 하는 것은 다른 사람을 위해서 하는 일이랍니다."라고 항변한다.

상담자의 입장에서 보면 상처 입은 일중심의 내담자는 위의 다섯 가지 자유가 부족하다. 또한 현재 자신이 상대방과 참 감정으로 느낌을 나누거나 자아경계선이 분명한 의사소통을 하는 일에 극히 서투르다. 당사자는 단지 자신의 일이 사람을 위한 일이기에 자신은 일중심의 사람이 아니라고 생각한다. 그러나 개인의 내적 자유를 잃어버렸다면 거짓 자기가 기능을 하게 되는 것이고, 열심히 일하는 것은 자신의 수치심을 가리기 위한 하나의 그림자에 불과할 뿐이다. 나는 이러한 역기능에서의 열심을 강박적 열심이라 부른다.

가끔 부모가 아이들에게 묻는 말이 있다. "아빠가 더 좋아, 엄마가 더 좋아?", 아이의 반응은 여러 가지다. "아빠가 좋아요.", 또는 "엄마가 좋아요.", 아니면 "둘 다 좋아요." 그러면 다시 물어본다. "둘 다 좋아도 그 중에서 누가 조금이라도 더 좋아?" 아이는 어느새 눈치를 본다. 부모 중에 어느 한 쪽이 더 좋다는 것은 건강한 아이로서 자신의 비교와 판단을 통한 선택일 수 있다. 아빠가 주로 일을 나가면 엄마와 같이 있는 시간이 많기에 엄마의 사랑을 더 받게 되고 엄마가 더 좋다고 느껴지면 아빠 앞에서도 엄마가 더 좋다고 말할 수 있어야 한다. 그렇게 말해도 아이는 아빠의 눈치를 보지 않는다. 그 부모는 서로 사랑하기 때문이다.

사랑하는 부모는 자녀의 생각이나 느낌을 통제하지 않는다. 자녀 스스로 생각하고 느끼고, 판단하며 결정할 수 있는 자유를 누리도록 부모가 돕는다. 그래서 아이는 아버지의 눈치를 보지 않고 "엄마가 더 좋아요"라고 말할 수 있다. 반면에 역기능적인 체계에서는 부모의 관계가 사랑의 건강한 관계가 되지 못하기에 자녀는 부모의 눈치를 보게 된다. 부모와 자녀 사이는 역기능의 삼각체계가 형성되어 부모 중에 어느 한 쪽이 배우자에게서 받을 사랑을 자녀를 통해 받으려 한다. 그렇게 자녀와 부모 중 한 쪽이 밀착된다. 이런 경우 아이는 부모의 관계로부터 '이중메시지'를 경험하게 되기에 부모의 눈치를 보게 된다. 눈치를 본다는 의미는 이미 부모의 역기능적인 통제를 받는다는 말이다.

상처가 해결이 안 된 남편이요, 아이들의 아빠가 아내에게 순종을 요구하고 자녀에게 효도를 원하는 것처럼 역기능적인 것은 없다. 남편의 사랑, 아빠의 사랑을 받지 못한 가운데서의 순종과 효도에 대한 강요는 역기능적인 통제다. 서로에게서 인격이 존중되고 배려하며 이해하는 소통이 금지되었기에 일방적인 강요는 폭력과도 같다. 효도라는 아빠의 말은 맞는 말이지만 자녀가 아빠의 사랑을 받지도 못했는데 사랑을 하라는 말은 할 수 없는 것을 하라는 말과도 같으며 이러한 정신적인 상처는 자녀의 정신세계를 혼동시키며 자신의 감정을 느끼지 못하도록 마비시키는 역할을 한다. 그러므로 자녀보다는 부모의 개별적이고도 관계적인 치료를 먼저 하는 것이 효과적이다. 부모가 치유되면 자녀는 저절로 치유된다.

사실 부모 중에 누가 더 좋은지 모르는 아이가 행복한 아이다. 부모가 서로 사랑하여 한 몸 됨의 관계를 이루고 있으며 동시에 자녀의 필요를 채우고 사랑하기에 누가 더 좋은 것이 아니라 부모를 나누어 생각할 수 없고, 부모가 동시에 좋고, 다 좋기 때문이다. 그래서 행복한 가족은 한 생명 덩어리가 된다. 부모가 한 몸이고 부모와 자녀도 사랑이라는 이름으로 한 몸이다. 남자와 여자, 남편과 아내를 위 아래로 구분하지 않고, 먼저와 나중으로 보지도 않는다. 그 한 몸의 원형은 사랑이요, 사랑은 한 생명 덩어리를 말한다. 순기능의 사랑 속에서 남편이 아내를 사랑하니 아내가 자발적이고도 기쁘게 순종하고, 아버지가 무조건적으로 아들을 사랑하니 온전한 인격이 되고 효자가 된다. 그 효자의 의미는 서로 사랑하는 부모의 사랑을 많이 받아 참 자기가 기능하는 온전한 인격을 갖추게 된 아들이 부모에게 받은바 된 사랑을 부모에게 다시 표현하는 것이다. 아버지의 마음과 사랑이 아들 안에 충만하게 채워진 그 상태를 아들 안에 아버지가 있다는 말로 표현된다. 이것은 아버지와 아들의 관계가 밀착이나 흡수, 굴종의 관계가 아닌 사랑의 관계라는 것을 말해 준다.

아들이 온전한 인격으로 잘 자라면 건강한 아버지가 되어 자신의 자녀를 동일하게 사랑하고 건강한 인격을 물려줄 수 있게 된다. 그렇게 대(代)를 이어 순기능이 전달되면서 그 구성원들은 모두 부모로부터 사랑받고, 자신의 자녀를 사랑할 수 있는 행복한 삶을 영위하게 된다.

나는 현재의 나를 느낄 수 있는 감성을 회복하는 것이 과거의 상처를 치유하는 중요한 요소라고 누차 말했다. 상처의 치유 과정의 한 방법으로 놀이치료를 추천한다.

어린 시절에 해가 지는 것도 모르게 뛰어노는 아이는 자신을 자신으로 느낄 줄 아는 중요한 일을 하고 있다. 그 놀이에서는 자신을 찾는 일 뿐만 아니라 친구 사이에서의 관계를 배운다. 그러나 우리나라에서 아이들은 핸드폰과 게임으로 관계가 고립되고 사람과의 인격적인 관계보다는 좋은 대학진학과 출세를 위한 입시경쟁에 매달리고 있다.

나는 아들이 청소년의 소중한 시기를 입시에 매달리게 하고 싶지 않았다. 그런 이유로 초등학교를 졸업하고 충청북도 어느 시골의 대안학교에 보냈다. 학업이 끝난 뒤에는 숲과 산을 놀이터로 뛰어다녔다. 1년 후 학교 사정으로 문을 닫게 되어 필리핀으로 유학을 보내게 되었다. 1년은 그 지역 학교에서 타문화와 다른 민족에 대한 관계를 경험할 수 있었다. 한국인 선교사와 한국인이 운영하고 대부분 필리핀 아이들과 한국 아이들이 조금 섞여 있던 학교에서 신앙과 영어를 배웠다. 또 다른 이유가 있었는데 그것은 아내와의 성격차이에서 오는 갈등에 노출된 아들이 상처받는 것을 줄여주고 싶은 이유였다. 사실 이러한 이유가 더 컸다. 2년을 잘 지내던 아들이 불의의 사고로 팔목을 크게 다쳐 유학을 접고 집으로 왔다. 그리고 1년의 세월을 집에 있었다. 필리핀으로 다시 가는 것도 그렇고 그렇다고 학교에 다시 들어가는 것도 아들은 원치 않아 그냥 집에 있게 했다. 그냥 집에 있는 것은 나는 물론 아들에게도 여간 고역이 아니다. 대신 잘 놀아주려 노력하였다.

그러던 어느 날 아들과 대학로에서 함께 본 연극이 '양덕원 이야기'다. 곧 돌아가실 것 같던 아버지가 3개월을 버티며 이야기는 진행된다. 어머니와 2남 1녀의 가족이 임종을 앞두고 과거의 회상, 현재의 상속문제, 기쁨과 슬픔, 각박한 현실에서의 복잡한 가족관계를 표현하였다. 나는 아들과 가끔 연극이나 영화를 본 경우 각자의 느낌과 생각을 나누곤 하였다. 당시 별다른 소감이 없었던 아들이 며칠 뒤 나에게 뛰어온다. 아들의 손에는 윌리엄 폴 영(William Paul Young)의 『오두막』(THE SHACK)이 들려 있었다.

"아빠, 저는 이 문장이 맘에 들어요. 관계 속의 하나님이란 어떤 것일까? 사발의 내용물이 바닥에 쏟아져도 누구의 실수인가가 중요한 것이 아니라 서로에 대해 사랑을 품고 그로 인해 완전함을 얻는다는 사실이 중요한 것 같아요. '양덕원 이야기'에서는 다른 그 무엇보다 가족이 소중하다는 것을 느꼈어요."

아들은 스스로 생각하고 선택하고 느낄 수 있는 자유를 사용하여 자신의 감정과 생각을 내게 보여주고 있었다. 내가 아들의 나이 때에 가지고 싶었던 참 자기를 아들에게서 보는 기쁨이 있었다.

하워드 클라인벨(Howard Clinebell)은 전인성장(全人成長)에 대하여 말한다. 전인성장에 있어서 중요한 의미는 '웰빙(Wellbeing)'으로 흔히 말하는 잘 먹고 잘 사는 것이 아닌 영적, 정신적, 육체적 그리고 대인 관계에서 있어서의 성숙과 균형 잡힌 고른 성장이란 의미다. 정도의 차이는 있지만 모든 사람들은 자기의 나름의 위치에서 계속 성장해 나가고 있고, 또 그러해야 된다는 말이다. 이것은 모든 사람은 다 치유의 과정을 거쳐 사랑을 통해 서로서로 한 몸 되어 행복한 가정과 사회, 나아가 국가와 인류로 참 자기가 확장되는 순기능의 과정으로 이해된다.

자아경계선(自我境界線)

한 사형수가 자살을 했다. 그는 많은 사람들을 이유 없이 살해하고 복역하던 중이었다. 자신에게는 어린 시절 폭행당한 자신의 방어수단이 왜곡되어 표현된 것이 상대방을 공격했던 이유였을 것이다. 그는 수감생활 1년 6개월 후 자신을 상담했던 목사로부터 복음을 듣고 그리스도인이 되었다. 그러나 그는 자신이 감당할 수 없었던 큰 상처의 고통을 이기지 못한 채 자살을 하였다. 그의 유서에는 어린 시절에 자신이 아버지로부터 폭행을 당하지 않았다면 33명의 희생자는 없었을 것이라고 고백하였다.

피해자가 다시 가해자가 되었던 것이다. 상처 입은 사람들의 공통적인 특징은 감정에 상해를 입는다는 것이다. 이미 어린 시절에 폭력적인 부모(특히 아버지)로부터 자신이 스스로 느끼고 생각하고, 말할 기회를 박탈당하므로 폭력을 행사하는 부모에 의해 자신의 감정이 지배를 받게 되는 것이다. 그러므로 역기능의 가족체계에서는 이러한 상처의 수치심을 가리고자 외부에 대하여 역기능이 드러나지 않도록 폐쇄성을 띤다.

예를 들어 폭력적인 아버지에 의해 형은 과도한 폭력의 희생양이 되어 집을 뛰쳐나가 반사회성을 가질 수 있고 동생은 아버지의 폭력에 형을 방패막이 삼아 겉으로 드러난 모범생이 될 수도 있다.

그들의 가면인 반항아 역할과 모범생 역할은 모두 상처 입은 피해자로서 다시 다음 세대에도 가족의 역기능을 초래한다. 그러므로 우리는 내면아이(성인아이)의 내적인 치료를 필요로 한다. 폭행당한 피해자가 성인이 되어 가해자의 위치에 서게 되면 눈으로 드러나는 폭력을 통해 상대방의 자아경계선을 무너뜨릴 수도 있으며, 부정적인 수치심을 가리기 위한 도구로 복음을 가지고 상대방의 인격을 무너뜨릴 수도 있다. 또한 항상 자신보다 약한 사람을 선택한다. 왜냐하면 힘으로든 지식으로든 양심적인 것으로든 자신보다 위에 있는 사람을 용납하는 것이 두렵고 자신의 수치심을 가리기 위해서는 두려움에 떠는 피해자의 위치보다 가해자의 위치에 서야 통제하기 편하고 안심이 되기 때문이다. 그래서 권력이나 명예, 부(富)나 학식, 그리고 도덕적이거나 종교적으로 높은 위치를 차지하려 애쓴다. 그러나 자신은 왜 높은 위치를 차지하려고 하는지 의식하지 못한다. 그 이유는 수치심을 가리려는 무의식적인 생존전략이기 때문이다. 그러므로 상처의 치유는 직면을 필요로 한다.

자아경계선의 유형에 대하여 알아보자.

첫째 유형으로 폐쇄형의 자아다. 우리는 어떤 경우에도 자신이 스스로 '예'와 '아니요'를 말할 수 있어야 한다. 실제적으로 상처가 많은 아이들 중에 폐쇄적인 자아 형태를 띠는 아이가 있는데 이는 자신이 좋아하는 사람도, 싫어하는 사람도 만나기를 피하며, 심지어 자기가 자기의 생각이나 감정을 느끼기를 거부한다. 이것은 자신이 과거에 받았던 상처와 맞물려 있던 감정이 현재 느끼는 감정과 연결되어 과거 자신의 상처를 건드리는 결과를 낳게 되기 때문에 방어기제와 방어기제에 의해 자신이 감정을 느끼지 못하도록 차단하는 것이다. 물론 이것은 무의식적이기에 자신은 의식적으로 느끼거나 알아채지 못한다. 이것을 폐쇄형의 자아라고 부른다.

둘째 유형으로는 산만형의 자아다. 이는 자신이 받은 또 다른 상처의 표현으로 자신이 좋아하는 사람이든 싫어하는 사람이든 자신이 아닌 타인에 의해 자신이 움직여지는 형태다. 타인이 마음대로 나에게 접근하고 타인 마음대로 나에게서 멀어져도 자신은 '좋다'와 '싫다'를 말하지 못한다. 주체적인 내가 되지 못하고 상대방에 의하여 끌려가는 형태다.

셋째 유형으로는 일치형의 자아이다. 자기가 좋아하는 사람을 '좋다'고 말할 수 있고, 싫어하는 사람을 '싫다'고 말할 수 있다. 상대방과의 교류에서 자신에 대한 주도권을 자신이 갖고 있다. 그렇다고 상대방의 인격을 무시하거나 자신을 우월하다고 생각하지 않는다. 평등한 관계를 유지하며 자신과 상대방이 긍정적인 소통을 할 수 있으므로 함께 즐거워하며 행복을 나눌 수 있는 관계가 된다.

성경의 누가복음 15장에는 탕자에 대하여 나온다. 탕자의 불합리한 상속권 요구에도 아버지는 수용하고 허용한다. 탕자가 재물을 탕진하고 돌아왔을 때 변함없이 자신을 사랑하는 아버지의 진실한 사랑을 만난다. 아버지는 탕자의 행위의 옳고 그름이 아니라 아버지의 무조건적인 사랑을 경험하면서 탕자는 참 자기를 찾는다. '아버지에게 있어서는 그 무엇보다도 내가 소중한 존재야'라는 사랑의 관계 경험을 통하여 높은 자존감을 갖게 되고 아버지처럼 사랑할 줄 아는 인격으로 성장하게 될 것이다.

우리는 고집불통인 아이, 나쁜 아이라고 생각하는 그 아이가 사실은 역기능 가정에서 건강한 아이일 수 있다. 아직까지 자기 자신의 의지와 감정을 표현할 수 있다는 의미에서 건강한 아이다. 그러나 역기능의 체계 속에서 아버지로부터의 강압적인 힘이 계속 아이를 자극하면 아이는 그 힘에 의해 굴복당하고 역기능으로 인하여 참 자기가 숨어버릴 수 있다.

혹 자녀가 부모가 원하지 않는 행동을 하게 된다면 부모가 자녀의 인격적인 자유를 침범하는지를 잘 살펴보고 자녀를 양육해야 한다. 자녀와 밀착되어 무조건적으로 자녀의 편을 들어서도 안 된다. 그러므로 자녀의 분명한 자아경계선과 아울러 가족의 순기능의 체계 등이 함께 요구된다. 순기능의 체계는 부모가 서로 사랑하는 관계로 자녀를 함께 동일하게 사랑하는가와 부모체계, 부부체계, 자녀체계의 3세대 체계에 경계선이 잘 지켜지고 있는가에 대한 것이다. 가족은 부부가 서로 사랑하고 부모가 자녀를 사랑하는 것을 필요로 한다. 사랑을 베푸는 아버지를 만나지 못하고 아들이 아버지가 되는 것이 역기능이다.

개인 기록경기가 아닌 팀이 있는 운동경기는 개개인의 능력도 중요하지만 팀 전체의 능력을 극대화시키는 것으로 좋은 결과를 얻는다. 가족도 마찬가지다. 부모체계, 부부체계, 자녀체계에 있어서 각 체계에 맞는 특성과 요구되는 역할들이 있다. 부부는 자녀를 양육할 때 발달단계에 따른 필요를 채워주어 건강한 인격을 갖게 해야 한다. 그 모든 역할을 잘할 수 있게 하는 필수조건은 부부가 서로 사랑하며 한 몸의 관계를 이루는 것이다. 이러한 순기능의 가족은 구성원 개개인이 자존감이 높고 타인을 사랑하며 유기적인 관계를 맺는다. 이렇게 건강한 가족은 개개인이 행복하며 사랑하는 가족으로 모여 더욱 행복하다. 사실 이와 같은 건강한 부부의 양가 부모들은 동일하게 건강한 자아상을 가졌다. 반면에 역기능 가족은 부부가 서로 상처를 주는 관계다.

우리는 누구나 관계를 통하여 소통한다. 가족은 그 소통을 배우는 첫번째 장소다. 건강한 가족은 나도 좋고 너도 좋은 관계로 소통을 하지만 상처 입은 가족은 서로의 관계에서 힘의 불균형과 불평등의 관계를 갖는다. 누군가는 상처를 주고 다른 누군가는 상처를 받는다. 대부분 부모가 자녀에게 상처를 주게 된다.

지난주에 이사를 했다. 이삿짐을 싸는 과정에서 나무로 된 기다란 마포자루가 나왔다. 이것을 이삿짐센터 사장이 내게 양해를 구하고 자신이 가져가겠단다. 그러라고 했다. 그런데 그 이유는 자식이 말을 잘 안 들어 때려서 교육을 시키는 체벌 도구로 사용하겠다는 것이다. 때리지 말고 말로 타이르라고 하니 말로 해서 안 들으니 때려서라도 말을 듣게 하겠단다. 그래도 참고 말로 타이르는 편이 좋겠다고 이야기했다.

역기능이 대물림이 되듯이 매를 드는 것도 전수가 된다. 심리적인 패턴을 보면 아버지 역시 어린 시절 역기능의 상처를 입은 피해자였지만 자신이 아버지가 되었을 때 가해자가 되어 자신의 아들(과거 자신이 아들이었을 때 자신의 모습)에게 다시 상처를 주는 일들이 반복된다. 물론 명목은 공부해라, 부지런해라, 훌륭한 사람이 되라는 등 좋은 목적이 있을 수 있겠지만 그 훈육에 사용되는 매는 훈육의 이름으로 포장되어 자신의 상처를 투사하는 이중메시지일 가능성이 높다. 부모가 자신의 상처에 대한 감정과 무관하게 자녀의 교육만을 위하여 매를 댄다는 것은 정말 잘못된 일이다. 부모 자신이 성숙되어 사랑이 충만한 사람이라면 얼마든지 말로 자녀의 자아 경계선을 침범하지 않고 좋은 행동을 이끌어 낼 수 있기 때문이다. 그러므로 자녀에게 매를 댄다는 것은 어느 부분 불완전한 부모의 상태를 반영하는 것이기에 매를 대거나 폭력을 행사하는 부모는 자신이 치유되지 못한 부문이 있다는 것을 알고 자신의 상처가 어디인가를 먼저 살펴보아야 한다. 우리는 자녀를 꽃으로도 때려서는 안 된다.

부모들은 매를 들어 단 시간에 자녀의 성격이나 행동을 고치려 해서는 안 된다. 충분히 기다려야 된다. 자녀의 행동이 옳다 그르다 판단하는 것이 아니라 부모 자신이 먼저 자신의 미해결된 상처를 볼 수 있는 시각을 가져야 하고, 자녀의 발달단계에 맞는 필요를 충분히 채워주고 있는가를 우선 확인하는 것이 중요하다. 무엇보다도 먼저 사랑을 공급하므로 자녀의 자아경계선을 침범하지 않고 자녀 스스로 건강한 자존감을 형성하여 자기의 자아경계선을 지켜낼 수 있는 힘을 길러 주어야 한다.

부모는 자신의 대(代)에서 역기능의 고리를 끊어야 한다. 역기능의 고리를 끊는 방법 중의 하나가 자신들은 어린 시절 자신들의 부모로부터 매를 맞았지만 부모가 되어 이제 자신의 자녀 앞에서 매를 내려놓는 것이다. 부모가 매를 내려놓는 다는 것은 어린 시절 자신의 상처를 보게 되었다는 의미이며, 동시에 어린 시절 자신을 때리던 부모의 손에 들려 있었던 매를 자신이 내려놓게 하는 의미도 포함된다. 부모와 자녀가 한 몸이기에 그렇고 아버지와 아들도 하나이기 때문이다. 부모가 매를 내려놓으며 자신을 직면하고 치유가 시작된다. 그만큼 자녀도 치유된다. 직면은 자신이 가해자인 부모로부터 피해자였다는 것과 자신이 부모가 된 지금 자녀에게 상처를 주는 가해자였음을 알게 한다. 자신의 상처에 대한 직면에서 피해 갈 수 없는 부모와의 '맞장뜨기'를 통하여 자신의 낮은 자존감은 자신의 탓이 아니라는 것을 알게 되고 동시에 자신의 자녀에게는 자신 스스로가 가해자였음을 인정하고 용서를 구할 수 있는 용기가 생긴다. 용서를 구하는 부모를 둔 자녀는 치유받고 앞으로 건강한 부모가 될 수 있다.

이삿짐센터 사장은 매로 사용하려던 마포자루를 두고 갔다. 나는 이 마포자루를 어깨에 걸고 좌우로 스트레칭을 하는 용도로 사용하고 있다.

점성적 발달(漸成的發達)

인간 스스로가 갖고 있는 육체적, 정서적, 그리고 영적인 면을 이해함에 있어서 단지 개인 내면의 그 무엇은 자신의 밖에 있는 대상과의 관계 속에서 형성되어진다. 아기가 대상, 특히 엄마에 의한 돌봄을 겪는 것은 그 아이의 신체적, 정서적, 그리고 영적 성숙에 큰 영향을 미치게 된다. 에릭 에릭슨(Erik Ericson)의 인생의 심리사회성 8단계[7]에서 어렸을 때 아이의 필요를 발달단계에 맞게 잘 채워줌으로써 건강하고 자존감이 높으며, 긍정적인 에너지가 많은 사람으로 자아가 확장된다고 보았다. 그러나 발달단계에서의 필요를 일정한 기간 동안 제대로 받지 못하게 된다면 다음 단계로 자연스럽게 넘어가기가 힘들고 여전히 채워졌어야 될 심리적인 공간이 채워지지 않은 채로 비어 있게 되며 상처를 입은 채로 신체만 성인이 된다. 어린 시절 채워졌어야 할 부분이 채워지지 않은 상태에서 고착되어 성인이 되었지만 여전히 심리적인 부분은 어린 아이로서의 채움을 기다리게 되는데, 이를 성인아이라 부른다. 다른 말로 표현하면 상처 입은 성인아이, 상처 입은 내면아이가 다 같은 표현이다. 많은 사람들은 성인이 되었지만 여전히 과거의 발달단계마다 받았어야 될 사랑과 돌봄을 받지 못하여 비어 있는 그 자리를 품고 성인이 된다.

성인아이는 어린 시절 상처 입은 아이로서 어른이 된 상태이며, 부모가 되어서 다시 자녀에게 그 상처를 대물림을 하게 된다. 아이였을 때 받았어야 될 필요에 대한 채움을 성인이 된 후라도 어린 시절로 돌아가서 그 필요를 채울 때에 치유가 된다. 치유는 과거에 받았어야 될 사랑의 경험을 다시 받게 하는 것이다. 즉, 그 빈 공간을 다시 채우는 것이다. 그러기 위해 여러 가지 치료기법을 동원하여 어린 시절로 돌아가 자신의 상처와 맞닥뜨려야 한다. 그것이 직면이다. 이미 세월이 흘러 성인이 되었지만 어린 아이였을 당시 가해자에게 눌렸던 감정을 표현한다든지, 자신이 받은 고통은 내 책임이 아니라 가해자 책임이라고 말을 할 수도 있다. 역할극처럼 자신이 피해자가 아닌 가해자로 역할을 바꾸어 피해자인 자신에게 말을 하게 함으로써 가해자에 대한 이해의 폭을 넓힐 수도 있고 제3자의 시각으로 자신을 볼 수 있게도 할 수 있다. 그 방법으로 상담자와 역할을 바꾸어 말할 수도 있고, 빈 의자에 가해자 앉아 있다고 생각하고 말할 수 있다. 또는 자신이 가해자 역할을 하여 피해자가 의자에 앉아 있다고 생각하고 말할 수 있다. 이러한 작업은 피해자인 자신과 가해자를 이해하는 시각을 갖게 해 준다.

상처에 대한 직면을 통해 그 상처를 이길 수 있는 자신감을 갖게 되는 것, 그리고 어린 시절로 돌아가 실제의 부모나 부모역할을 하는 대상, 혹은 상담자로부터 직면을 통하여 감정을 재경험하고 숨어 있던 참 자기를 현재로 불러내는 작업이 치유다.

상처 입은 성인아이로서의 부모는 현재의 감정이 오염되어 있다. 이것은 자신의 부모와 자신과의 건강한 소통이 막혀있다는 것이며, 부모가 된 자신에게서 따뜻한 사랑이 차단되어 자기 자녀의 필요를 채워주지 못하게 되기에 자신처럼 자녀도 필요한 사랑의 언어적, 신체적 접촉을 할 수 없게 된다.

아이에게는 따뜻한 말과 사랑의 신체적 접촉을 통하여 정서적 필요와 사랑을 공급받는다. 이러한 신체적인 접촉, 특히 사랑의 신체적인 접촉을 'Good stroke'라고 하고, 적절치 않는 신체적인 접촉을 'Bad stroke'라고 한다. 'Bad stroke'는 다른 말로 '학대'다. 우리는 따뜻한 신체 접촉을 통하여 신뢰할 수 있고 의지할 수 있는 누군가가 바깥 세상에 있다는 것을 알 수 있다. 그 신뢰할 수 있는 대상의 경험은 곧 자신이 자신을 신뢰할 수 있는 기틀이 된다.

나는 한국전쟁에서 아버지를 잃은 유자녀들을 대상으로 2년에 걸쳐 강의를 하며 그룹 상담을 통한 치료를 시도했었다. 많은 사람들이 아픈 상처로 인해 부부관계가 어렵고 자신들과 자녀와의 관계에서도 상처가 되는 일들이 많았음을 알게 되었다. 이젠 그분들의 나이가 대부분 칠순을 바라보고 있다. 나는 자신들의 삶에 대한 발표가 이 분들에게 치료가 될 수 있기에 이러한 기회를 자주 가졌다. 한 분이 발표시간에 자신의 일생과 가족에 대한 이야기, 그리고 상처에 대한 경험을 현장감 있게 말씀하셨다. 그분은 어린 시절 자신의 집은 잘 살았다고 했다. 몇 년 동안 가끔 일하러 오는 아주머니가 자신이 초등학교 저학년이던 어느 날 '내가 너의 엄마'라고 말을 하였고 자신의 손을 끌고 자신의 부모라고 생각했던 분들과 정든 집을 두고 떠나게 되었다. 엄마라고 알았던 분과의 이별과 새로 시작된 친엄마와의 만남, 그리고 부유했던 집에서 갑자기 가난한 집으로의 변화는 큰 충격이었다. 간 곳은 영등포역사와 담을 사이에 두고 붙어 있었던 허름한 집이었다. 아이는 중학생이 되면서 철도 옆 창고에 몰래 들어가 버려진 열차 승차권 중 재생 가능한 것을 모아다가 판매를 했다. 돈의 일부는 엄마에게 드렸고 일부는 그가 원하던 스케이트를 사기 위해 모으고 있었다.

그러나 하루하루 먹고 살기가 힘들었던 엄마는 어느 날 아들이 스케이트를 사기 위해 모아 놓은 돈으로 쌀을 사 오셨다. 아들은 내재되었던 분노가 폭발했다. 많은 시간을 엄마를 원망하고 분노를 터뜨렸다. 그 분노는 겉으로는 자신이 그렇게 갖고 싶었던 스케이트를 쌀로 바꾼 엄마를 향한 분노였지만 사실은 자신의 어린 시절 자신의 부모라고 생각했던 분들과 부유한 집을 빼앗은 엄마에 대한 상처와 분노를 합리적으로 투사하는 방법이었고, 엄마에 대한 복수이기도 했다. 엄마는 그로부터 몇 년 후 세상을 등졌고, 아들은 죄책감으로 더 큰 고통을 갖게 되었다. 창문너머로 그 분의 시야가 옮겨지고 눈가에는 눈물이 맺혔다. 발표가 끝난 그 분에게 걸어가서 따뜻하게 안아주었다. 나는 잠시 그 분이 아버지에 대한 기억은 없지만 아버지에게서 사랑을 받았어야만 되었던 마음의 빈자리를 채워주고자 아버지가 되어 꼭 안아주었다. 그리고 어머니로서의 사랑하는 마음을 말로 표현해 주었다.

"사랑한다. 아들아! 네게 충분한 사랑을 주지 못해서 미안해. 어려서 너를 다른 집에 맡겨서 미안해. 너를 버린 게 아니야. 그 당시 난 너무 힘들었어. 네 아버지가 전쟁 통에 돌아가시고 나 혼자 어렵게 살며 너를 키우기가 너무 힘들었어. 그래서 부모님이 있고 부유한 가정에서 사랑을 받고 자라게 하고 싶었어. 그래서 내렸던 결정이니 나를 용서해줘. 미안하다 아들아. 부족하지만 사랑해. 내가 너를 영원히 사랑해."

부잣집에서 자라는 아들에게 아무 말도 못하고 단지 일하러 온 아주머니가 되어 멀리서 자신의 친 자식을 사랑하는 눈으로 애절하게 보았을 엄마가 되어 사랑한다며 다시 꼭 안아주었다. 이상하게도 그 분에 대한 느낌은 텅 빈 공간 속에서 가볍고 차가운 깃털을 만지는 느낌이었다. 순간 안타까운 마음이 전해져 왔다. 울면서 당황하여 어찌할 줄 모르는 아이의 모습이 보였다. 한 번도 경험하지 못한 사랑의 표현에 당황하고 두려워하는 모습도 보였다. 눈물을 흘리고 있는 어린 아들에게 아버지로서 꼭 끌어안고 이야기했다.

"아들아 내가 너를 사랑한다. 아버지가 너를 힘들게 하여 미안하다. 너를 사랑한다는 말도 못해서 무척 미안하다. 아빠가 너를 일찍 떠나 미안해, 부족한 애비를 용서해다오. 그러고 너를 정말로 사랑한단다. 네가 행복한 것이 나의 소원이야. 이제는 네 자녀와 손자들에게도 사랑을 듬뿍 주고 행복한 가정이 되기를 바란다."

늦었지만 어린 시절 그가 꼭 들었어야 할 말과 따뜻한 포옹을 해 주었다. 발표할 당시 "나는 원래 눈물이 없는 사람이에요"라고 말했던 그 분의 눈에서 주체할 수 없이 쏟아지는 눈물이 손수건을 적신다. 숙제를 내 주었다. 마음에 공감이 부족하고 사랑에 대한 표현이 힘들겠지만 자신의 상처 입은 자녀들에게도 위에서 말한 내용처럼 몇 차례라도 그대로 고백하고 안아주라고 하였다. 그 자녀들은 살아있는 아버지에게서 직접 마음의 치료를 받게 될 것이다. 숙제를 하면서 그 분도 일정부분 치료되는 경험을 하게 될 것이다. 그 분의 가족이 서로 사랑하며 행복하게 사는 날이 하루 빨리 오기를 고대한다. 행복해진 자녀를 보고 그 분도 더욱 행복하게 될 것이다. 그 분의 손자와 앞으로 태어날 자손도 해맑게 웃는 모습이 내 마음에 그려지며 가슴이 뜨거워졌다.

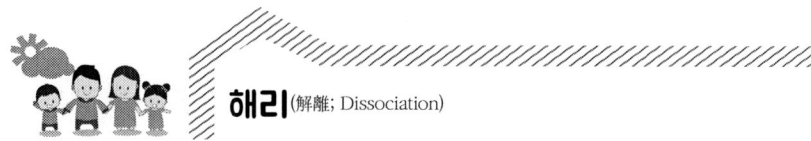

해리(解離; Dissociation)

해리는 어감 자체가 영어 같지만 글자를 풀어보면 '풀 해(解), 떠날 리(離)' 다. 고통을 받았을 때 자기와 동떨어진 다른 인격으로 피하므로 고통의 문제를 해결한다는 말이다. 이것은 성폭행, 근친상간, 여러 가지 형태의 폭력에 노출된 외상의 사건과 자신의 감정을 분리시키는 방법이다. 폭력이 너무 견디기 힘들기 때문에 무의식적으로 자신의 몸을 떠나 고통을 피하는 것이다. 이것을 다중인격장애[8]라고도 한다.

상황이 어려울수록 해리의 필요성이 더 커진다. 이런 외상의 강도가 점점 더 커지게 되면 인격이 분열되어 이중 또는 다중인격이 되기도 한다. 피해자는 실제로 자기가 당한 일에 대한 기억과 단절이 되었기 때문에 이러한 증상도 자기 때문이라고 느낀다. 사실 이러한 방어기제는 폭력에 대한 자연스러운 반응이다.

자신이 받은 고통에 대한 일들을 그대로 기억하고 그 감정 또한 그대로 받아들이는 데 두려워하지 말고 직면을 해야 한다. 그럴 때 해리에 대한 치료도 일어난다. 직면은 다시 원래대로 자기의 인격으로 원상복귀하도록 돕는다.

해리를 통해 인격이 분열되고 자기가 자신의 몸을 떠나 다른 인격으로 변하는 것도 잘 이해가 안 되는 데 해리로부터 어떻게 자기 자신으로의 직면을 이끌어 낼 수 있을까 하는 의문이 들 수도 있다. 그러나 다행히 희생자의 몸은 과거에 무슨 일이 일어났는지 그 느낌을 가지고 있다. 이러한

'몸의 기억'이 치료 작업을 도와준다.

느낌과 감정은 과거의 상처와 연결되어 있기에 해리로 인한 오염된 감정을 회복하기 위하여 과거의 피해상황을 재연해야 한다. 이때 두려워 말고 분해되고 차단된 감정과 상황을 나란 존재를 중심으로 다시 통합해야 한다. 이것이 직면이다. 이러한 일들이 필요할 때마다 여러 번에 걸쳐 이루어지게 된다면 점차 정확한 직면을 할 수 있으며, 이어서 여러 치유의 과정을 거치면 피해자는 굳이 해리로 피할 필요가 없이 고통을 극복할 수 있게 된다.

직면은 자신의 해체된 감정과 사고를 다시 하나로 묶는 과정이다. 피해의 극심한 고통을 피하고자 무의식적으로 도입했던 해리를 다시 원상태로 돌려 그 고통을 당한 사건의 주인공은 바로 자신이며 그때의 느낌과 감정을 다시 느끼고 감정을 순환시키므로 자신을 다시 참 자기로 받아들이게 된다.

과거의 상처와 고통의 특징 중 하나가 감정의 오염이다. 감정 자체를 놓고 본다면 감정의 치유는 상처와 고통의 치유를 위한 직면이다. 무의식으로 가는 첫 관문인 감정의 문을 열고 상처와 고통을 기억하는 몸의 기억 안으로 들어가는 것이 직면이다. 피해자는 직면을 위해 상처 받을 당시의 오감(五感)의 경험과 가급적 많이 접촉 하도록 해야 하며, 학대를 당했을 때의 상황을 구체적이고 상세하게 되살려야 한다. 이렇게 하여 피해자는 실제로 자신에게 일어났던 일이 자신의 기억으로 다시 연결될 수 있다.

그 다음의 과정으로 피해자는 자신이 당한 고통을 지금까지는 자기 자신 때문으로 여겼지만 이제는 자기 때문이 아니라 자기에게 일어난 일 때문이고 피해자인 내가 아닌 가해자 때문이라는 것을 인식하게 되면서 상처의 고통은 점차 감소하게 되어 점차 해리로 대응하지 않고 자신이 직접 그 고통을 이겨나갈 수 있는 힘을 갖게 된다.

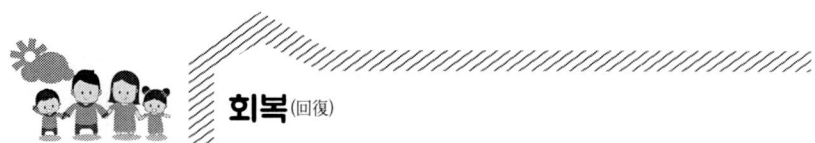

회복(回復)

외과적 수술 환자들은 수술 후 회복실이란 곳으로 옮겨진다. 회복실은 수술 후 위급한 일이 발생했을 때 바로 조치를 취할 수 있는 곳이다. 회복실에서는 마취가 풀리면서 찾아오는 손님이 있는데 바로 통증이다. 통증이 두려워 부분 마취하면 좋을 것을 과도하게 전신마취를 한다면 회복하는 데 오랜 시간이 걸릴 수 있고 몸에도 이상이 생길 수 있다. 그래서 빠르고 건강한 회복을 위하여 환자는 통증을 직면하여 이기려는 자세가 필요하다. 수술 후의 통증은 회복을 염두에 둔 긍정적인 통증이다. 그 통증의 고통은 피하고 싶지만 피할 수 없고, 또 수술을 선택했기에 꼭 만나야만 하는 회복의 과정이다. 그러므로 전체적인 건강한 회복을 위해서는 얼마간의 통증은 내 스스로 선택하여 감내하고 받아들여야만 한다.

암의 특징은 자각증상이 없다는 것이다. 그러기에 더욱 위험하다. 만약 암이 발생하자마자 초기에 통증이 있다면 암을 발견하기도 쉽고 치료하기도 쉬울 것이다. 그러나 암이 발병하고 진행되는 가운데 자각증상이 없기에 암은 무서운 병이다. 찾아내기 어려운 암처럼 부정적인 수치심의 특징도 자신과 타인에게 건강하게 보이는 행동으로 위장되어 있기 때문에 찾아내기가 어렵고 내 스스로 인정한다는 것은 더더욱 힘들다. 나는 이것을 직면하기까지 많은 시간이 걸렸고 거의 치유되었으나 완벽하다거나 완전한 치유를 기대하지 않는다.

스스로 완벽하다고 생각하거나 완전한 치유를 목적으로 하는 것 자체가 강박적 중독이기 때문이다. 강박적 행동의 구체적인 표현은 중독으로 나타난다. 중독의 종류에는 일, 음식, 약물, 알코올, 도박, 종교, 성(性) 등 여러 가지다. 이 중에서 종교중독은 보다 더 완벽한 사람이 되기 위한 중독 형태로 자신을 신앙적인 완벽한 사람으로 만들기 위해 강박적으로 자신을 통제하기 시작한다. 주로 부모에게 받은 상처는 하나님의 이미지를 오염시켜 내면에 부정적 수치심이 심겨지는 원인이 된다.

수치심을 교류분석의 관점으로 보면 부모가 가진 자아 형태 중에서 비판적인 부모자아가 강화된 형태로 자리 잡아 자녀의 아이자아에게 비판하고 나무라거나 지시하며 통제하는 부정적인 교류를 하게 될 때 상처를 입어 수치심이 심겨질 수 있다. 그러면 자녀는 반항적으로 적응하든 순응적으로 적응하든 대상에 의하여 적응적인 아이자아 형태를 띤다. 이 아이가 자라면 자신의 부모처럼 비판적인 부모자아가 발달한 형태를 갖고 다시 자신의 자녀에게 비판과 비난을 하게 될 가능성이 많아진다. 적응적인 아이자아에는 순응적으로 적응한 모범생의 가면을 쓸 수 있고 반항적으로 적응한 반항아의 가면을 쓸 수도 있다. 그것처럼 폭군인 아버지 밑에 성직자인 아들이 있을 수 있는데 성직자가 되었다고 아들이 심리적이고 영적인 상처가 해결되었다고 볼 수 없다. 아버지는 폭군이란 가면, 아들은 성직자라는 가면을 통해 수치심이 가려져 있을 뿐이다. 그러므로 어느 경우든 치유를 위한 직면이 필요할 것인데 특히 성직자가 수치심을 직면한다는 것은 엄청난 아픔과 고통이 수반된다.

성직자에게서 설교와 예배, 그리고 기도 등 순기능적으로 행하여야 할 일들이 오히려 종교중독에 대한 강박적인 행위로 표현되었다면 그것을 직면하고 받아들이기란 여간 어려운 일이 아니다. 또 그것을 받아들이고 인정한다고 하여도 그 행위는 하루라도 멈추기 어렵다. 그러므로 치유의 과정 가운데도 성직자의 공적인 일들을 멈출 수가 없기에 성직을 수행하면서 내재된 수치심을 치유한다는 것은 많은 어려움과 긴 시간을 필요로 한다.

공적인 설교와 예배에 있어서 관계된 사람들은 성직자가 중독된 표현인지 정상적인 표현인지를 구분해 내는 것도 어렵다. 그렇지만 성직자 본인과 그와 관계하는 가족, 혹은 사람들에게 문득문득 억눌렸던 상처로 인한 중독적인 표현은 표출될 수밖에 없다.

자신의 상처가 해결이 안 된 성직자가 자신의 자녀나 성도의 자아경계를 무너뜨리는 도구로 종교를 이용하게 되었다는 것을 이해하지 못하고 역기능적 강박이 증폭되면 서로 간에 상호의존중독이 될 가능성이 있다. 이러한 역기능이 강화되면 성직자 자신을 신격화하도록 이르는 단계까지 발전할 수 있다. 그러면 성직자 자신의 행동은 자신과 타인을 위해서 꼭 필요한 일이라고 생각하고 성도들은 맹목적으로 따라가는 일들로 화답한다. 이러한 역기능적인 체계의 연합을 깨려는 어떤 시도가 있을 때 오히려 이들의 관계는 더욱 밀착되고 강화되는 특징이 있다. 이것이 상호의존중독의 현상이며 역기능을 유지하고자 하는 부정적인 항상성이다.

나는 이런 강박을 하루아침에 멈출 수 있다고 생각하지 않는다. 또 그럴 수도 없다. 나에게 자리 잡은 수치심이 하루아침에 이루어진 일이 아니기 때문이다. 그렇게 치유는 상처가 진행되었던 긴 시간만큼 오랜 시간이 필요하다. 피해자가 대상과의 관계 가운데서 얻게 된 긍정적 에너지의 분량에 따라 치유의 과정이 좀 더 늦거나 빠를 수도 있다. 누구나 수치심을 자각하면 고통을 느낀다. 그 고통을 두려워 말자. 암 덩어리도 자각증상이 없지만 조기 진단과 치료로 생존율을 높일 수 있는 것처럼 일말의 역기능적인 수치심을 자각하였다면 그 자체를 감사하게 여기고 받아들여야 한다.

수치심을 단번에 그리고 영원히 끊을 수 있다는 생각을 버리는 일은 내가 나의 한계를 기꺼이 받아들이는 일이다. 그리고 시작되는 심리적, 영적 통증은 회복의 첫 단계가 된다. 이것은 내가 스스로 나의 수치심을 인정하는 일이요, 강박의 속도를 줄이는 유일한 방법이다. 이제 하루의 싸움이 시작된 것이다. 이 싸움은 긍정적으로 보이지만 사실은 부정적인 나의 행동이나 강박적인 심리상태, 그리고 나와 남을 종교의 힘으로 통제하려던 것을 멈추게 하는 모든 영적 싸움이다. 그렇게 하루하루의 싸움은 매일 시작되고 매일 끝난다. 어느 날은 실패할 수도 있다. 그날은 그대로 받아들여야 한다. 그리고 다음 날 아침을 맞으면 어제는 잊고 오늘을 이겨야만 한다. 이 과정을 먼저 거쳐 가고 있는 자를 멘토(Mentor)로 받아들인다면 많은 도움이 된다. 그러므로 혼자 이기려 들지 말고 자신을 이해하고 함께 해 주는 상담자를 찾기 바란다.

성직자는 자신의 가족치료가 가족뿐만이 아니라 성도들의 치료에도 꼭 필요한 일이라는 사실을 잊어서는 안 된다. 성직자는 하나님과의 절대적인 관계에서의 영적 능력을 가진 자라고 사람들이 알고 있는데 성직에 대한 역할도 심리적인 상처로 인해 나타나는 부정적인 현상이고, 또 그것이 외부에 알려지기라도 한다면 그 고통과 두려움은 너무 클 것이다. 그러므로 성직자는 자신에게 심리적인 문제가 있어도 혼자 해결하려는 경향이 많다. 혼자 그 수치심을 해결하려면 할수록 더 깊은 수렁에 빠지게 된다. 부끄러운 통증은 치유를 향한 첫 과정이다. 두려워 말고 그 거울을 들여다보고 스스로 손을 내밀어 나보다 먼저 치유를 경험한 그 누군가를 찾아보자. 그분은 유능한 상담자나 친구, 또는 배우자나 주님일 수 있다.

어느 목회자가 내게 말했다.

"말씀과 기도로, 그리고 믿음과 신앙으로 치료가 되지 상담으로 영적인 치료가 됩니까?"

이 말은 다분히 영적인 것과 심리적인 것을 나누어서 심리적인 것은 영적인 것 아래라는 관점이 포함되어 있는 말이다. 한 생명이 이 세상에 태어나 대상과의 관계에서 갖게 되는 심리적, 신체적 영향은 독립된 인격으로서의 참 자기를 갖추는 데 큰 영향을 미치며 자신과 가족, 그리고 타인과의 사이에서 사랑의 하나님을 경험하는 요소로 작용한다. 부모의 사랑을 받으며 하나님의 사랑을 경험하는 자녀들처럼 대상과의 관계는 분명 심리적인 것이지만 또한 영적인 것이다. 그러므로 영적인 것과 심리적인 것을 통합적으로 이해할 때 더 영적인 것이 되며 이것이 참 자기가 기능하는 것이 된다.

주관적으로 자신의 내면의 상처와 현재에 느껴지는 감정, 가족이나 타인과의 관계 등을 면밀히 살펴보아 자신의 내면아이 치유와 부부치료, 그리고 타인과의 관계 치유를 경험해보기를 바란다. 그리하여 거짓 자기를 벗고 치유된 참 자기로써 신앙생활을 하게 된다면 영과 육과 혼의 균형 있는 건강과 성장을 이룰 수 있을 것이다.

만일 성직자가 순기능 체계의 건강한 가정에서 사랑을 많이 받고 상처가 없이 참 자기가 기능을 하는 사람이라면 이러한 성직자는 참 자기가 기능을 하고 있기 때문에 성직의 역할이 모두 참이 된다. 내가 치유의 대상으로 보는 사람은 역기능 가정에서 상처를 받은 사람들이고 그 가운데 많은 성직자가 치유받지 못한 상태에 있다. 일단 상처를 직면하고 치유하는 일에 집중했으면 좋겠다.

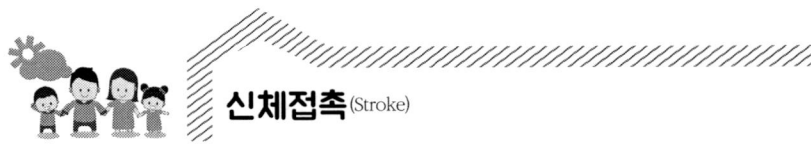

신체접촉(Stroke)

엄마는 아기에게 항상 함께하는 존재다. 아기가 옹알이를 할 때 아기의 소리를 흉내 내며 '도리도리 잼 잼'을 하면서 아기에게 자극을 주기도 한다. 이처럼 아기는 생후 15개월 동안 공생애 단계라고 불리는 기간을 자신을 반영해 주고 자신을 받아들여 주는 눈을 필요로 한다. 주로 그 눈은 자기를 돌보아 주는 엄마의 눈이다. 이 눈 속에 들어있는 것이 무엇이든지 이것은 아이의 정체성을 이루는 핵심이 된다.

공생애 단계는 구강기를 포함하는 시기로 모유를 먹으며 자연스럽게 엄마와 신체접촉을 이루는 시기이다. 신체적, 정서적으로 건강한 엄마라면 아기가 필요로 하는 사랑을 충분히 주게 될 것이다. 그 방법으로 가장 적절한 시간에 수유를 한다든가 배변을 적절하게 도와줄 수 있다. 또한 아기가 필요로 하는 좋은 신체접촉을 통하여 충분히 사랑을 준다. 반면 엄마 자신이 어린 시절 역기능적인 상처가 많고 현재 부부 사이가 갈등의 관계에 놓여 있을 때 아이가 원하는 것이 아닌 엄마 자신의 불쾌한 감정이 부정적인 말이나 나쁜 신체적인 접촉을 통하여 아기에게 전달돼 악영향을 미칠 가능성이 높다. 이럴 경우 아기에게는 모유 수유를 잘 못한다든가 일관성 없는 돌봄, 방치와 유기, 그리고 신체적 학대 등이 따를 수 있다.

부모로부터 아기의 초기 욕구들을 건강한 자기애적(自己愛的)인 욕구로 채움을 받은 아기는 그들의 부모처럼 건강한 부모가 될 가능성이 높다. 반면 부모로부터 적절한 사랑과 건강한 신체적 접촉을 받지 못한 아이들은 자라서 그들의 상처 입은 부모처럼 자기애적인 욕구를 채움 받기 위해 건강하지 못한 방법으로 중독에 빠지기 쉽다. 상처 입은 부모들은 자녀들을 자기애적인 만족을 채우기 위한 대상으로 이용하기 쉽다. 그렇게 되면 이 아이는 자신의 건강한 자기애적인 욕구를 박탈당한 채 자신이 생존하기 위해 부모의 정서적 필요를 돌보는 아이가 된다. 즉, 자기 자신의 건강한 자아경계선이 허물어지고 부모에 의해 조종당하는 상처 입은 성인아이로 자라게 된다.

사람은 누구나 성장함에 따라 신체적 접촉과 함께 정서적 접촉을 필요로 한다. 부모는 건강한 신체접촉을 통해 아이에게 사랑의 느낌을 전해야 한다. 정서적 접촉은 부모가 자녀에게 칭찬해 주고 성원해 주는 것을 말한다. 이러한 건강한 접촉을 받지 못하면 그것을 얻기 위해 부적절한 행동을 하게 될 것이다. 그러나 그 행동이라는 것이 어른들이 보기에 바르지 못한 행동으로 표현될 수 있기 때문에 '나쁜 아이'라는 꼬리표를 달아주기 쉽다. 그러므로 어른들은 아이들의 행동을 보고 나쁜 아이라고 단정짓기 전에 당연히 사랑을 받았어야 하지만 받지 못한 아이라고 이해해야 할 필요가 있다.

아이들은 부모와의 따뜻한 접촉을 통하여 신뢰와 사랑을 채우며 의지할 수 있는 대상이 세상에 있다는 것을 알게 된다. 이처럼 자신에게 좋은 이미지들이 채워지면 분명한 자아경계선을 갖게 된다. 이러한 대상과의 좋은 신체접촉은 건강한 아이가 되게 하며 자존감을 높이고 신뢰감을 형성하며 자율적인 사람이 되게 한다.

주로 엄마의 눈은 아이에게는 거울과 같아서 자신을 사랑하는 엄마의 눈으로 자신을 보게 되어 자기 자신이 세상에서 제일 가치 있는 사랑덩어리라는 사실을 보게 된다. 이렇게 자기 자신에 대한 신뢰감은 타인에 대한 신뢰로 이어진다. 즉, 교류분석의 인생패턴에서 일치형의 사람이 갖는 '나도 좋고, 너도 좋다'(I'm OK, You are OK)는 패턴을 갖게 된다. 일치형의 에너지는 자신을 사랑하고 타인을 사랑하여 모두가 행복할 수 있는 에너지이다. 이러한 에너지를 한 단어로 요약하면 사랑이다. 그러므로 인생의 발달단계에 있어서 사랑을 많이 받고 자라난 사람은 성장하며 자아를 실현하게 되는데 그 자아는 인류와 우주까지도 확장이 된다. 이러한 사랑의 힘은 연약한 누군가를 치유하고 신뢰할 수 있는 사람이 되게 하며, 인간의 이기(利己)로 황폐해진 자연환경을 복구하는 일에도 쓰인다.

이렇게 사랑을 받고 사랑을 할 줄 아는 건강한 사람이 많으면 좋으련만 세상은 그렇지 못하다. 대다수의 많은 사람이 가족이나 사회의 역기능의 체계 속에서 자라기 때문에 누군가에게 상처를 입고 또 누군가에게 상처를 주면서 관계를 한다. 역기능의 사람들은 이기적이 되어 다른 사람의 소유를 빼앗기도 하고 필요 이상으로 욕심을 내어 돈을 모으기도 한다. 어떤 사람들은 육체적인 소욕을 위해서 성폭력으로 타인의 신체적인 경계선을 넘기도 한다. 여러 가지 폭력과 학대, 불륜이나 이혼, 동성결혼, 여러 가지 중독, 이념이나 지역갈등, 전쟁 등 실로 역기능의 체계가 불러오는 폐해는 막대하다. 성경에서는 이런 것들을 죄라고 지적한다. 이러한 형태의 모든 행동은 하나님을 믿지 않는 결과라고 말하는데 실제로 나도 그렇게 믿는다.

　성경은 부모와 결혼한 자녀와의 관계에서 명확한 자아경계선을 보여준다. "이러므로 남자가 부모를 떠나 그의 아내와 합하여 둘이 한 몸을 이룰지로다."(창 2:24) 이렇게 순기능적인 가족체계에서 사랑을 많이 받고 자란 사람은 참 자기로서 부모에게 효도하고 하나님을 경외하고 자녀와 이웃을 사랑하게 된다. 사랑은 사람의 일생에서 자신만이 아니라 자기와 관계하는 모든 사람들과 참 자기로서 좋은 역할을 하게하고 행복감을 준다. 부모 곁을 떠나 한 몸이 되었다는 것은 부부가 되어 서로 사랑한다는 말이다. 그러므로 그들 부부의 부모 또한 서로 사랑하는 사람이었다는 말이기도 하다. 그리고 부모가 자녀에게 사랑을 주어 성숙한 인격이 되어 자녀를 결혼시키면 부모체계와 부부체계의 건강한 경계선이 이루어진다. 결국 이 모든 것은 사랑하는 관계 속에서 개인의 명확한 자아경계선을 바탕으로 한다. 그리고 자녀였을 때나 결혼하고 자녀를 낳을 때나, 조부모가 되었을 때나 상관없이 참 자기로 기능하며 순기능의 가족체계를 잇게 하는 순기능의 항상성이 작동을 한다.

　사람들이 이 세상에 태어나는 곳, 그리고 그 생명의 씨가 자라 열매를 맺을 수 있게 하는 모판이 가족이다. 가족은 인간이 최초로 태어나면서 만나는 공동체요, 하나의 생명덩어리다. 그러므로 가족은 사람사이의 관계를 배우고 한 인격으로서 대접받고 사랑을 받으며 자라야 하는 곳이다. 또한 가족은 사랑을 경험하며 온전하고 건강한 사람으로 성장하여 고통받는 사람들을 사랑으로 품어 모든 사람들이 하나라는 사실을 알게 하는 놀라운 장소다. 물론 역기능의 가족체계는 이와 반대가 된다. 그러므로 이 거대한 순기능과 역기능의 싸움은 가족체계에서부터의 싸움이고 나아가 교회와 세상의 싸움이 된다. 종교적인 문제를 차치하더라도 가족의 역기능의 체계 속에서 받게 되는 개인과 가족의 고통을 치유하여 건강하고 행복한 가족과 좋은 환경을 후손에게 물려주는 일은 중요하다.

역기능 가정의 부모라 할지라도 기회가 있는 대로 아이를 포옹해 주고 사랑한다는 말을 고백하는 연습을 해야 한다. 비록 부모가 아이를 위해 진실된 감정을 느끼지 못한다 할지라도 연습으로라도 포옹하고 사랑한다는 말을 하면 아이는 치유되는 경험을 하게 된다. 치유받는 아이의 변화에 부모 자신도 상한 감정의 치유가 일어나기도 한다. 어떠한 이유에서건 부모와 자녀는 연결되어 있기에 부모 자신들의 치유가 아이를 치유하게 되고 아이에 대한 치유는 부모 자신들을 치유하는 속성이 있다.

이제는 나보다 덩치가 커진 아들이 누워 있는 침대 옆으로 살며시 누워 보았다. 이런 경우 한동안 나를 밀어내던 아들이 요즘은 못 이기는 체 나에게 자리를 내어 준다. 조금씩 안아주고 뽀뽀도 해주며 사랑한다는 고백을 하였다. 쑥스러워하던 아들이 이제는 자기가 먼저 나를 붙잡고 안아준다. 그리고 내 팔을 자기 목에 감고 잠을 청한다.

"아들아 사랑한다."

"네, 저도 아빠를 사랑해요."

이러한 대화가 오고 가기까지 많은 시간이 걸렸다. 나는 아버지로부터 좋은 신체접촉을 경험하지 못했다. 그러나 지금은 어느 정도 내면의 치유 과정을 거치면서 아들과 따뜻한 포옹을 하게 되었다. 요즈음 나는 참 행복한 아빠라는 느낌을 갖곤 한다. 그러나 마음 한편으로는 아들인 나에게 사랑을 표현하지 못한 선친(先親)의 아픔이 느껴진다. 그러나 이내 당신의 아들이 아빠가 되어 당신의 손자를 사랑하는 이 순간을 보신다면 분명 기뻐하시리라 생각한다. 왜냐하면 그 분 자신이 더 행복한 나로 표현되고 앞으로 그보다 더 행복한 손자로 표현될 것이기 때문이다.

아버지와 아들은 하나다.

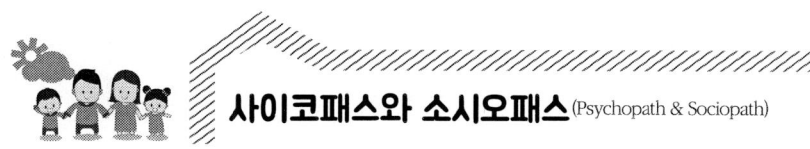

사이코패스와 소시오패스(Psychopath & Sociopath)

마틴 셀리그만(Martin Seligman)의 개에 대한 실험을 보면 도망가지 못하게 우리에 가두어 전기충격을 주면 도망치려고 시도하지만 시간이 지나면서 자신이 도망칠 수 없다고 느끼게 되면 그대로 무기력하게 적응을 하게 된다. 그 후 우리를 열어 놓고 전기 충격을 줘도 우리를 떠나려고도 안 하고 전기충격을 피하려고도 하지 않았다. 이러한 과정과 결과는 여러 동물이나 사람을 대상으로 하는 실험에서도 비슷하게 나타난다.

신체폭력을 경험하는 아이들은 스스로 학습된 무력감에 빠진다. 매 맞는 사람이 스스로를 무기력하다고 믿게 되면 더 이상 그 폭력으로부터 벗어나려는 의지를 잃게 되고 부정적인 신념과 왜곡된 사고를 갖게 된다. 그 중 많은 사람이 성인이 되어 자신이 받은 것처럼 아내나 자녀에게 폭력을 행사하게 되고 그 중의 하나인 성폭력으로도 이어진다. 어느 경우는 친 부모에 의한 성폭력도 일어난다. 많은 사람이 인간의 탈을 쓰고 어떻게 그럴 수 있냐고 분노하며 형량을 높여야 된다고 목소리를 높이기도 한다. 실제로 우리나라의 형법은 외국에 비하면 성폭력의 형량이 낮은 것도 사실이다. 이처럼 형벌을 높여 범죄율을 줄이려는 움직임이 있다. 종종 뉴

스에서 극악한 죄를 저지르고 법의 심판대 앞에선 피의자가 후회하거나 반성하는 것을 찾기 힘들 때가 많다. 이러한 사람의 유형 중에 사이코패스(Psychopath)와 소시오패스(Sociopath)가 있다.

사이코패스는 반사회적일 정도로 자기중심적인 사고 형태를 가진 사람이나 현상을 말한다. 즉, 다른 사람은 생각하지 않고 자기만을 생각하므로 다른 사람에게 해를 입히는 것을 전혀 주저하지 않는다. 반사회적인 경향이나 폭력성을 가지면 연쇄살인범 등으로 발전하는 경우도 있으나, 반대로 일에 대한 추진력이 높고 성공적인 사람이 될 수도 있다. 그렇다고 정신적으로 건강하다고 볼 수 없다. 지나친 자기중심적 사고로 자기만을 생각하고 성공만을 위해 달려온 결과로서의 성공이기 때문이다. 이들 중에 특히 어릴 때 학대받거나 폭력에 노출된 경험이 있으면 다른 사람을 학대하거나 폭력을 행사하는 일을 서슴없이 저지를 수도 있다.

연쇄적으로 성폭행과 살인을 저지르는 사람들 가운데 대다수가 사이코패스와 소시오패스다. 평소에는 정신병질이 내부에 잠재되어 있어서 착한 사람처럼 보이다가 자신이 이미 경험 했던 상처와 그 상처로 인하여 잔인하게 외부로 표현되었던 행동들을 기반으로 나타나는 범행을 통해서만 밖으로 드러나기 때문에 주변사람들이 알아차리지 못할 때가 많다.

• **사이코패스의 특징**

1. 사회규범이나 법을 따르지 않고 자기중심적인 생각으로 범법행위를 반복적으로 한다.
2. 자신의 이익이나 쾌락을 위해 가명을 사용하거나 거짓말을 하며 다른 사람을 속인다.

3. 미리 계획을 세우지 않고 충동적으로 행동한다.

4. 분노조절을 못하고 잘 흥분하여 공격적이어서 싸움이나 타인을 공격하는 일이 반복된다.

5. 자신이나 타인의 안전에 대한 생각을 못한다.

● 소시오패스의 특징

1. 상대방을 무시하고 자기의 편의를 위해 약속을 깨는 일이 빈번하다

2. 수치심을 카리스마와 리더십으로 가리고 이것을 유지하려 거짓말을 잘한다.

3. 거짓말이 탄로 나면 자기중심적으로 감정을 조절하듯이 상대방의 동정심에 호소한다(현재 자신이 느껴지는 감정은 축소하거나 확대하거나 감출 수 없는 것이다. 그럼에도 이러한 감정을 왜곡하여 자기 마음대로 편집하고 타인의 감정도 조절하려 하므로 진정한 의미에서 감정을 느낀다고 볼 수 없다. 그러므로 잘못된 행동에도 양심의 가책을 받지 않는다).

4. 어린 시절 상처를 받은 가운데 잔인한 취미를 갖게 되거나 범죄적인 소질이 있다.

5. 자신의 감정을 자신의 왜곡된 신념으로 조절하고 타인의 감정도 통제하려 한다(그러기에 공감을 못하고 냉정하다).

사이코패스는 소시오패스와는 구별이 된다. 사이코패스는 감정을 느끼거나 공감을 못하고 나쁜 짓을 구별할 줄 몰라 잘못을 저질러도 양심의 가책을 느끼지 못하는 반면에 소시오패스는 감정을 느끼지만 그 감정을 자기중심적으로 조절하고 나쁜 짓을 구별할 줄 알지만 자기 자신을 위

해 어떤 나쁜 짓을 저질러도 전혀 양심의 가책을 느끼지 않는 사람이다. 나아가 다른 사람의 감정까지 조절하려 든다. 자기중심적인 사고와 쾌락을 위해서 성폭력이나 폭행, 살인까지 일으킬 수도 있다. 그러나 이 모든 것은 자기의 목적을 위한 수단으로 여겨 전혀 양심의 가책을 받지 않는다. 히틀러나 스탈린 같은 독재자들이 대표적인 소시오패스로 여겨진다. 자기중심적인 사고를 가지고 다른 사람들을 해칠 수 있는 관점으로 보면 사이코패스나 소시오패스 모두 반사회적 인격 장애(Antisocial personality disorder)를 가진다.

신경학적으로 중독은 뇌에 영향을 미치고 뇌의 변성을 일으킨다. 그 결과로 인지적이고 심리적인 문제가 나타나게 되며 감정까지도 상해를 입게 된다. 뇌의 이상과 그로 인한 이상행동은 유전적인 요소에도 기인한다. 그 한 유형으로 반사회적 인격 장애가 있다. 그 원인이 선천적인 뇌 기능의 장애나 유전적인 요소가 원인이 되어서 일어날 수도 있고 후천적으로 역기능 가정에서 상처를 많이 받은 것이 원인이 될 수도 있다. 그러나 그 원인을 구분하는 것은 전문가도 쉽게 하기 어렵다. 우리는 가족치료를 통하여 가족 그 구성원 모두의 치유를 목적으로 하고 있기 때문에 후천적 관점에서의 반사회적 인격 장애를 이해할 필요가 있다. 역기능 가족에서 어린 시절 상처를 경험한 아이는 아동기에 행동장애를 보인다. 특히 10대 이전에 복합적인 비행(非行)을 보이기 시작하면 반사회적 인격 장애로 이어질 가능성이 크다. 나이가 들면서 파괴적인 행동이 줄어들기도 하고 건강 염려증이나 우울증을 호소하는 경우도 있다. 많은 이들이 치료시설이 아닌 범법(犯法)으로 교도소 등의 시설에 수감되어 있다. 이곳에서는 상처 입은 사람들 간의 갈등과 범죄에 대한 교육 등만 이루어져 출소 후에도 재범률이 높다. 간혹 특유의 공격성과 냉혹함으로 도덕적, 윤리적인 부분을 무시하고 법망을 피하여 사회적인 성공을 이루는 경우도 있으나 이는 소수이고 대부분이 충동성과 무모함, 그리고 정상적으로 타인과의 교류가 어렵기 때문에 사회적으로 성공하기 어렵다. 오히려 알코올, 마약과 같은 물질 관련 장애, 충동조절장애가 합쳐져 중독 형태로 나타나기 쉽다.

연령이 증가함에 따라 상당수가 반사회적인 인격 장애는 감소하는 것으로 알려졌다. 아마도 자신의 반사회적 행동이 타인과의 관계에서 악영향을 미친다는 것을 깨닫고 행동을 고친다거나 아니면 어느 정도 성숙해지면서 관계를 개선했을 수도 있다. 대부분 어린 시절의 자기중심적인 관점이 성장하고 결혼하고 자녀를 낳는 등 여러 관점들을 경험하면서 성숙하게 된다. 상처가 많고 분화가 잘 이루어지지 않은 사람일지라도 일정부분의 관계경험이나 여러 가지 관점을 가질 수 있는 능력을 통하여 부적응적인 행동이 개선될 여지가 많다. 그러므로 우리가 할 수 있는 것은 후천적으로 가정환경에 의하여 갖게 되는 반사회적 인격 장애를 치유하거나 극복하는 일일 것이다.

신체적이거나 심리적인 질환에 있어서 좋은 대책은 초기에 대응하는 것이고 아예 질환이 발병하지 못하도록 예방하는 것이 최선일 것이다. 그 예방은 양육 과정에서 부모로부터 폭력이나 착취, 방임이나 유기, 그리고 정서적이거나 신체적인 모든 학대를 당하지 않도록 하는 것이다. 역기능 가정이라면 그 부모들이 빨리 깨닫도록 주위에서 도움을 주어야 한다. 만일 부모가 자녀를 학대하는 것을 그 가족과 잘 아는 이웃이 보게 된다면 친척에게 알리는 것도 하나의 방법이다. 또는 그 가족과 잘 모르는 사이라면 관계기관에 신고하여 아동을 보호하여야 한다. 아동이 학대를 당하는 정도가 심하다면 아동을 잘 양육시킬 수 있는 친척이나 기관에 위탁하여 정서적, 신체적 안정을 취할 수 있도록 도와주어야 할 것이다.

그러나 심한 학대를 받고 이미 강도 높은 폭력의 희생자로 자라 성인이 되었다면 부정적 사고를 하기 쉽다. 외부적으로 나타나는 중독 형태로는 알코올, 약물, 그리고 성(性)중독 등이 있으며 이들은 정상적인 사고를 하지 못한다. 가해자인 그들이 어렸을 적 외부로 드러나지 않은 피해자였던 때를 생각해 보라. 피해자였을 때 적절한 치료를 받지 못하고 상처가 깊어져 가해자란 이름으로 바뀌었던 것이다. 그러므로 가해자도 치료의 대상이란 사실을 잊어서는 안 된다. 성폭력 피해자처럼 가해자 치료는 장기간에 걸친 어려운 치료 과정을 필요로 한다. 그 치료 가운데 그들이 평생에 받지 못했던 사랑을 누군가가 공급하며 빈 마음을 채워주어야 할 과정이 있는 것이다. 어려서는 부모에게 버림받고 크면서 주위의 사람들에게 사랑을 받지 못한 채 상처 입은 성인아이가 되어 가해자라는 이름으로 법의 심판대 앞에 선 가해자는 사실 너무나도 큰 상처를 받은 피해자인 것이다.

모든 것이 그렇듯이 안 좋은 결과가 나오기 전에 미리 예방하는 것이 효과적이다. 이러한 이유로 가족은 역기능을 인지하게 되면 빠른 시간 안에 치료를 결심하고 상담을 받는 것이 효과적이다. 국가는 사회적으로 미리미리 소외된 이웃과 고통 받는 가족을 찾아 치료를 경험할 수 있도록 사회복지에 관심을 기울여야 할 것이다. 그러나 현실적으로 피해자에 대한 보호와 치료는 턱없이 부족한 실정이다. 여기에 가해자에 대한 치료를 이야기하면 수용할 수 있는 여지가 그리 많지 않다. 피해자를 생각하면 가해자에 대한 분노도 있고 가해자가 어린 시절부터 받은 고통을 생각하면 그 또한 불쌍하게 여겨지는 양가감정(兩價感情)이 마음을 무겁게 한다. 이러한 여러 가지 힘든 이유들이 있지만 상담자는 자신이 할 수 있는 역할과 역량을 다해 상처 입은 사람들을 돕는 것이 사명이다. 내담자가 피해자든 많은 상처를 입은 가해자든 말이다.

사이코테라피(Psychotherapy)

자신에게 상처를 주는 아버지이지만 도저히 이길 수 없는 아버지의 강압에 의해서 참 자기가 숨어 버리면 동시에 참 감정도 숨는다. 시간이 흘러 이제는 아버지가 늙고, 자녀가 성장하여 어른이 되었지만 다시 어린 시절로 돌아가 그 당시의 아버지를 만나는 작업이 직면이며, 직면을 하게 되면 그 당시의 참 감정을 다시 만나게 된다. 당연히 어린 시절 발달단계에서 참 자기와 참 자신의 감정을 방어하는 에너지가 자신에게 있어야 했고 그 에너지를 사용함으로써 참 자기와 참 감정을 지키며 건강하게 성숙했어야 했다. 상처를 입은 성인아이로서 치유를 위한 직면은 참 감정을 만나고 긍정적인 에너지를 재경험하는 것이다. 그러므로 직면은 어린 시절 상처 입었을 당시 상황을 그대로 재연하며, 참 감정을 찾아가는 작업이다. 자녀는 아무것도 할 수 없었고, 가해자인 아버지가 폭언과 폭력을 행사하면 수동적으로 받아들여야만 했었다. 그러나 이번에는 아버지와 동등한 힘을 가진 참 자기로서 따질 것은 따지고 거부할 것은 거부하는 재경험을 해야 한다. 이러한 방법으로 숨어 있었던 참 자기를 불러내는 것이 직면이다.

과거의 상처를 재경험을 하는 방법을 알아보자.

벽에 시침과 분침을 달아 놓은 커다란 종이시계를 붙여 놓는다. 그 아래에 내담자와 상담자가 있고 시계와 자신들이 있는 곳에서 바깥쪽으로 자신들의 발아래에 금을 그려 놓는다. 상담자는 내담자에게 무슨 상처를 몇 살 때 입었으며 어떤 상황이었고 누구를 만나고 싶은가를 물어 본다. 그리고 금 밖으로 필요한 인원과 도구 등을 준비시킨다. 상담자는 내담자의 손을 잡고 내담자가 보는 가운데 시침과 분침을 시계의 역방향으로 돌리고 내담자의 눈을 감게 한 후 내담자가 과거로 돌아가고 싶었던 나이와 장소를 이야기한다. "당신은 몇 살, 누구(이름)로, 어디(장소)로 돌아갑니다." 그리고 내담자의 손을 잡고 크게 걸음을 떼어 바닥에 그려 놓은 금을 넘어간다. 그리고 내담자의 눈을 뜨게 하여 상처받았던 어린 시절로 돌아가 가해자였던 아버지와 대면하여 하고 싶었던 이야기를 하게 한다. 상담자는 필요에 따라 여러 인물이 있다면 필요할 때마다 어깨를 터치하며 '엄마입니다', '동생입니다', '아빠입니다' 등으로 역할을 바꿀 수 있다. 가해자인 아버지와 피해자 자신의 역할을 바꿀 수도 있다. 그러면 묘하게 자신이 아버지 입장이 되어 아버지로서 자기 자신에게 왜 그럴 수밖에 없었는지에 대하여 말을 하게 된다. 그리고 아버지로서 자신에게 사과의 말을 하면서 아버지의 마음을 이해하게 된다. 이러한 시각의 변화는 아버지를 용서하게 하는 계기가 된다. 재경험을 할 때에 부당한 아버지의 강압에 맞서 분노를 폭발할 수도 있어야 한다. 그리고 아버지에게 부당함을 따질 수도 있어야 한다. 그러한 감정을 표현하지 못하면 상담자는 지금의 느낌을 물어볼 수도 있고 떠오르는 감정을 말로 표현해 보라고 할 수도 있다. 그리고 어린 시절부터 지금까지의 상처로 인해 고통 받았던 것에 대한 억울함을 토해 낼 수도 있다. 그래도 내담자가 표현을 못하면 상담자가 대신 내담자가 되어 분노, 슬픔, 두려움 등을 표출하여 내담자로 하여금 자신의 진짜 감정을 보고 느끼게 할 수도 있다. 이런 여러 가지 역할을 통하여 감정을 표출하고 분명한 자아경계선을 경험하게 한 후에 상담자는 다시 내담자의 눈을 감게 하고 내담자의 손을 잡고 크게 걸어 다시 금을 건너 원래의 자리로 돌아오게 하며 몇 년 몇 월 며칠 현재로 다시 왔음을 알리며 눈을 뜨게 하여 종료를 알린다.

이렇게 어린 시절 경험했어야만 할 분명한 자아경계선과 참 감정을 경험할 때 상처로 인해 수치스럽게 느껴졌던 오염된 감정을 치유하게 된다. 이 과정은 가해자였던 아버지와 피해자였던 자신과의 사이에서 상처 입은 성인아이를 치유하여 앞으로의 삶을 참 자기로 살게 하는 토대를 만들어 준다.

아버지가 아들로서 표현되고 아들은 아버지 안에 있는 관계가 사랑의 절대적인 관계가 된다. 이미 돌아가신 아버지의 아버지들이 지금을 살아가는 자녀를 통하여 대를 잇고 있다. 그 자녀에게는 조상의 가족체계의 내용들이 함께 포함되어 있다. 가족체계 역기능의 원인이 되는 부모이상화가 대를 이어 계속되면 현재 자신의 삶을 참 자기로서 살지 못하게 된다. 자녀였던 내가 자라서 조상처럼 자녀에게 상처를 주고 억압한다면 그 또한 역기능이 대물림되는 것이다. 그러면 상처 입은 아버지는 아들에게 권위를 세우며 아들의 의무만을 강조하여 아들을 통제하고 상처를 준다.

가족체계에 있어서 개개인의 치유와 사랑의 정도가 가족 구성원들마다 서로 다를 수 있기에 가족치료를 기계적인 순서나 이론적인 잣대를 가지고 진행하면 안 된다. 특히 윤리와 도덕, 또는 종교를 가지고 순종과 효도만을 강조하다보면 그 자체가 자녀의 참 자기를 억압하는 수단이 될 수도 있다. 자녀들이 스스로 선택할 수 있는 자유와 자아경계선을 아버지가 무너뜨려서는 안 된다. 우리가 서로 사랑하면 사랑의 하나님을 알 수 있지만 그 이전에 하나님이 우리를 사랑하셨기 때문에 우리가 서로 사랑할 수 있다는 사실을 잊지 말자. 사랑이 없는 윤리와 도덕, 그리고 종교는 그림자다. 실제의 사랑이 가족 구성원들 간에 넘쳐 무조건적인 사랑을 주는 부모로 인하여 자녀의 자율적인 순종이 있고 참 자기로서의 사랑을 전하는 종교가 참 종교다.

중간대상(中間對象)

아기는 엄마가 없을 때 엄마를 대신 할 중간대상을 찾는다. 같은 중간대상에 대하여 아기들마다 반응이 어느 정도의 차이가 있을 수도 있고, 개인의 성향의 차이가 존재할 수도 있으며, 대상과 관계의 차이도 있을 수 있을 것이다. 그러나 여기서는 대부분의 공통된 심리적 영역에서 중간대상의 의미를 알아본다.

아기가 매일 엄마에게서 인생의 발달단계마다 필요한 심리적, 신체적 욕구를 잘 채움받게 된다면 이 아이는 분화(分化)가 잘 일어난다. 태어난 지 24개월 전후로 아기는 엄마와 자신이 신체적으로 분리가 되었다고 인식하는 것이 신체적인 분화다. 그 전에는 엄마와 자신이 한 몸으로 융합되어 있다고 느낀다.

에릭 에리슨(Erik Erikson)의 심리사회성 8단계를 놓고 보면 태어난 지 1세까지가 1단계로 대상인 어머니로부터 좋은 이미지를 받았기에 자기 자신을 신뢰하는 신뢰감을 형성하게 된다. 반대로 제 때 먹을 것을 못 먹거나 자신의 필요를 채움받지 못하게 된다면 자신의 이미지는 불신감을 갖게 될 것이다. 이렇듯 아이는 대상과의 관계 가운데서 좋은 이미지를 받게 되느냐 그렇지 못하느냐에 따라 자신의 이미지가 결정된다고 본다. 프로이드의 항문기에 해당하는 2-3세 때는 자율적이 되거나 수치심을 갖게 된다. 그러나 이러한 것들이 인격을 완전히 결정하게 하지는 않는다. 치유의 과정을 거쳐 과거에 고착된 것으로 여겨졌던 부정적인 자신의 이미지를 바꿀 수 있기 때문이다. 그러나 간과하지 말아야 할 것은 어린 시절 대상과의 관계는 자신의 인생 패턴을 크게 형성하며 긍정적인 이미지를 형성하든 부정적인 이미지를 형성하든 자신의 인생을 대부분 지탱하게 될 큰 에너지를 형성하게 된다. 전 인생의 시간을 균등하게 나누어 그 시간의 분량만큼 영향을 주는 것이 아니라 어린 시절은 다른 시기보다 10배 이상의 비중이 있다고 보면 좋을 듯하다. 그러므로 어리면 어릴수록 중요하며 이 시기를 부모들은 놓치지 말고 아이의 필요를 잘 채워주어야 한다.

어린 시절은 중요하다. 아이가 자라며 대상은 어머니에게서 부모나 가족으로, 학교에 다니기 시작하며 친구와 선생님으로 대상들은 바뀌게 마련이다. 대부분의 사람들은 태어나면서 대상은 가족이 되기에 가족은 인생에서 가장 중요한 장소가 된다. 이러한 이유로 나는 젊은 부부가 맞벌이를 하는 것을 반대한다. 적어도 아이가 초등학교에 들어갈 때까지 엄마가 전적으로 아이를 사랑하며 양육해야 한다. 부부가 서로 사랑하고 아빠도 아이를 사랑하여 부모 모두가 아이의 발달단계에 필요한 좋은 이미지를 주어야 한다. 그러면 이 아이는 신체적, 심리적으로 건강한 독립된 인격을 형성하여 참 자기로서 인생의 목적지를 스스로 정하고 인생을 항해하며 자신이 사랑받은 것처럼 타인들을 사랑하며 자아실현을 이루어 가게 될 것이다.

아기가 엄마가 없을 때 엄마를 대체할 중간대상을 찾고 그 중간대상을 엄마로 여기고 싶어 하는 것처럼 중간대상의 이미지를 하나님의 이미지와 연결할 수도 있다. 개개인이 자기가 대상과의 관계에서 갖게 되는 이미지의 차이처럼 하나님의 이미지 또한 차이가 있을 것이다. 그 차이로 사랑의 하나님, 율법의 하나님, 심판의 하나님 등 여러 가지 중에서 중점을 두게 되는 이미지가 다를 것이다. 자신의 필요가 대상에 의하여 잘 채워지고 사랑을 많이 받아 신뢰감을 형성한 아이는 중간대상으로서의 하나님의 이미지가 사랑의 하나님으로 각인이 되기 쉽다. 반대로 대상과의 관계에서 어떤 어려움을 겪게 되는 경우 중간대상의 이미지는 율법이나 심판의 하나님으로 인식이 되기 쉽다. 그렇게 되면 실제의 참 자기로서 사랑의 하나님의 이미지를 갖게 되는 기회를 잃게 된다. 그러므로 각 사람은 자신의 인생 발달단계에서 부모로부터 사랑을 많이 받고 필요를 잘 채움받아 건강한 인격이 되도록 돌봄을 받아야 한다. 분화와 성숙이 부모를 통하여 실제 하나님의 사랑을 공급받을 때 중간대상의 이미지가 참 사랑의 하나님으로 마음에 착상된다. 그리고 사랑의 하나님 이미지가 가감 없이 자신의 영적, 심적, 나아가 건강한 육체에 이르도록 채워지게 된다. 그러면 자기 자신에 대한 실제 자기로서의 순기능과 높은 자존감을 통해 대상 특히, 부모로부터 받은바 된 사랑을 또 다른 사람에게 거짓 없이 증거할 수 있는 능력을 갖추게 된다.

반대로 부모로부터 받은 상처가 많은 사람이라면 상처 입었던 부모로부터 대물림된 상처로 인해 사랑의 부모를 경험하지 못하고 사랑이 많은 부모를 대신할 중간대상을 찾게 되는데, 그러한 중간 대상은 왜곡된 이미지로서의 중간대상이라고 볼 수 있다. 만일 왜곡된 하나님의 이미지를 가진 사람이 복음을 전하게 된다면 그 복음은 자신의 상처를 다른 사람에게 투사하는 도구가 될 수 있다. 여러 목회자들에게 이것을 직면시키면 분노하는 분이 많았다. 분노를 하였다면 자신의 상처에 대한 방어기제가 작동하였다고 볼 수 있고 이것은 바로 자신의 상처가 신앙과 결합하여 왜곡된 부분이 있다는 반증이기도 하다. 또한 그 분노를 자신에게 투사할 수도 있으며 다른 사람이 보면 착한 사람, 성스러운 사람으로 보여질 수도 있다. 그러나 이것은 그림자로서의 삶이기에 자신의 내면 깊은 곳에는 고통이 있고 타인과도 진실되게 소통하기가 어렵다. 이러한 부분을 이해했다고 하여도 치유된 것이 아니다. 그 이해가 직면을 합리화하든가 회피하도록 작용하기도 한다. 그러므로 직면을 통하여 자신의 내면을 치유하는 일은 중요하다. 내면의 치유는 중간대상으로서의 하나님의 부정적인 이미지를 긍정적인 이미지로 바꾸는 작업이다. 이러한 작업은 자기 자신의 내면에 대한 치유와 대상과의 관계치료를 통하여 가족치료로 이어지며 궁극적으로 사랑의 하나님을 경험하게 된다. 왜냐하면 사람의 인격과 관계의 회복은 동시에 하나님의 사랑에 대한 경험과 그 분의 간섭 속에서 이루어지기 때문이다.

상처 입은 부모로부터 어쩔 수 없이 상처받은 내가 나도 모르는 사이에 벌써 부모가 되었다. 이제 우리에게 필요한 것은 내 자신의 상처와 부부의 상처를 씻는 일이 우선 되어야 한다. 이는 결국 자녀의 치유를 돕게 되어 가족구성원 모두가 건강한 인격이 되고 사랑의 하나님을 경험하여 진실로 타인을 사랑할 수 있게 되기 때문이다.

상처에 대하여 함께 맞서서 싸울 사람이 있으면 더욱 좋을 것이다. 함께 싸우는 사람이 내가 어릴 땐 부모요, 청년일 때는 친구요, 부모가 되어서는 자녀를 위해 싸워야 할 것이다. 이러한 싸움은 육체와 육체의 관계 속에서 참 하나님을 경험하는 일이다. 또한 가족 가운데 상처를 극복하고 사랑을 경험하도록 하는 거룩한 싸움이다.

사랑과 집착

한 상담소에서 출장상담을 부탁해 왔다. 여러 가지 힘든 조건 때문에 거절을 했지만 재차 요청이 왔다. 아이가 집에서 수년이 넘도록 나오지 않는다고 하여 허락을 했다. 초기 면접상담에 아이의 부모가 왔다. 정신과 의사와 여러 상담자들을 거치고 온 부모이기에 큰 기대를 하지는 않는 것 같다. 이야기인 즉 아들의 나이가 20세이며 3년 전 고등학교를 자퇴했단다. 몇 개월 후면 군대를 가기 위해 신체검사를 받으러 가야 되는데 걱정이란다. 오랫동안 자신의 방에서 나오지 않아 욕창이 생길 정도란다. 그래도 요즘은 거실까지는 나온다고 하였다. 아빠의 말에 의하면 부모가 자식에 대한 기대치가 높았으며 아들도 공부를 꽤 잘했다고 한다. 지금도 부모는 아들이 머리가 좋다고 말한다. 아버지가 특히 아들을 위해 발 벗고 나서는 입장이고 엄마는 아빠의 요청으로 따라왔다. 아빠의 원가족은 사랑이 넘치는 것 같으나 자녀가 성장함에도 응석받이처럼 대하는 분위기였고 엄마의 원가족은 경상도 특유의 가부장적이면서 엄격한 분위기가 묻어난다. 아들에게 정신적 상처가 있었다면 가족문제가 가장 클 것이고 그 다음은 학교문제일 것이다. 그러나 부모는 가족문제도 학교문제도 아니라고 한다. 그동안 거쳐 왔던 대부분의 상담자들은 가족문제가 아니니 학교문제라고 여기고 접근했으나 실패하였다고 하였다. 자녀문제를 들고 온 부모의 대부분은 자신들의 문제가 자녀에게로 확대되었음을 인정하려 하지 않는다. 또 그렇게 인지하지도 못한다. 만약에 그것을 알았다면 올바른 치유가 시작되었을 것이다.

아빠는 아들이 청소년이 되었음에도 응석받이 대하듯 한다. 그럼에도 부모는 아들에 대한 기대감이 커서 경제력도 넉넉하지 않은데 여러 학원을 다니게 하고 아들의 일거수일투족을 관찰하고 참견하였다. 당장 아들의 성적은 좋을 수 있었을지는 몰라도 아빠에게서 왕자대접을 받으면서 엄마에게서는 고압적이고 권위적인 모습을 겪었으며, 부부 사이도 갈등구조로 엄마가 더 강한 편이었다. 아들은 이런 부모에게서 이중메시지를 받았을 것이다. 부부갈등으로 아빠는 더욱 아들에게 집착하는 모습을 보였을 것이다.

부모 사이에서 아들은 심리적인 고통을 많이 받았을 것이다. 아들은 중학생 때에 기저귀를 차게 해달라는 등 퇴행하는 모습을 보였단다. 부모가 사이가 안 좋거나 싸울 때마다 아들은 몸이 아팠고 집에서 나가지 않았으며, 자폐아가 되어 부모의 싸움을 말리는 중재자의 역할을 했을 것이다. 아빠는 엄마와 문제가 커지면 커질수록 아들에게 과도하게 사랑이라는 표현으로 집착하는 모습을 보였을 것이다. 나아가 아들은 아빠의 심리적인 대리 아내의 역할을 했을 수도 있다. 엄마의 입장에서 아들은 사랑해야 할 대상이면서도 아빠와 밀착되었기에 아빠와 동일시하여 아들에게 부정적인 표현을 했을 수도 있고 자신의 원가족으로부터 상처를 받았던 것처럼 아들을 방임을 하거나 무관심으로 유기했었을 것이다. 아들은 갈등 있는 부모 사이에서 상처를 받았다. 그리고 엄마의 자리를 자신이 차지하고 있다는 사실에 엄마에 대하여 죄책감을 가졌을 것이다.

이것이 역기능의 삼각관계다. 부모가 서로 관계가 안 좋으면서 그 중 한쪽이 아들에게 과도하게 밀착이 된다면 이것은 사랑이 아닌 집착이 된다. 그러기에 자녀와 밀착된 관계를 끊고 부부 사이를 돈독히 맺어주는 일이 중요하다. 이것은 아들의 문제이기에 앞서 부모의 문제가 되는 것이다. 고로 아들 문제를 해결하려면 부모의 문제가 먼저 해결이 되어야 한다. 물이 위에서 아래로 흐르듯 말이다. 그것을 부모는 모른다. 아들의 문제가 아니라 부모 자신들의 문제라는 것을 말이다. 대부분의 부모들은 자신의 문제를 보지 못하고 자녀 문제만을 해결하려는 잘못된 방법을 택하고 있다. 결국 진정한 문제를 보지 못하고 문제가 아닌 것을 문제라고 여기기에 상처는 계속되거나 악화될 수 있다. 실제로 이들의 아들은 외할머니가 "병원에서도 괜찮다는데 젊은 놈이 왜 그러냐?"며 꾸짖고 막 대하는 외갓집에서의 3개월 동안에 증세가 호전되었다고 한다.

부모와의 약속된 1시간의 초기 면담은 그 분들이 20분 늦게 와서 40분만 하게 되었다. 종료시간을 미리 알려서 당황하지 않도록 하였다. 그리고 그 분들에게 제안을 했다. 단지 아들의 행동에 변화를 줄 수도 있으나 근본적인 치료까지 고려한다면 부모의 관계나 원가족에 대한 내용들을 오픈(Open)해 주셔야 한다고 했다. 아들을 위해서 부부문제를 내놓아야 할 필요를 간단히 설명했다. 아내의 표정이 일그러진다. 부모는 각자 원가족 가운데 자신의 역할을 찾아내고 배우자의 원가족을 이해하며 현재 자신들의 원가족을 볼 때 모든 문제들이 보인다. 그 과정을 이겨 나가기 위한 결심과 노력이 필요하다. 이들 가족이 치유를 위한 올바른 선택과 역기능을 순기능으로 바꾸는 노력으로 아들만이 아닌 가족 모두 치유되는 모습을 보고 싶다. 아들만이 치유될 수는 없다. 부모가 사랑으로 회복되어야 아들도 치유되기 때문이다. 물론 아들에게서 개인적인 치유로 어느 정도의 긍정적인 행동의 변화를 이끌어 낼 수는 있다. 그러나 뿌리로부터의 근본적인 치유는 그 아이의 부모의 치유다. 상담실을 등지고 돌아서서 나가는 어두운 표정의 엄마 얼굴이 마음에 걸린다.

의미요법

평상시 자주 들리는 김밥집에 갔다. 김밥을 먹으려는데 지갑이 없다. 갑자기 머릿속은 여러 가지 생각과 걱정이 밀려왔다. 어디서 잃어버렸나? 카드 분실 신고를 해야 하나? 아니면 집에 두고 나왔나? 분명 지갑의 분실을 인식하기 이전에는 걱정이 없었다. 그러나 현실에서 지갑이 내 주머니에 없다는 자각으로 염려와 걱정이 생겼다. 그렇다면 현재의 인식으로 생긴 고통에 대하여 새로운 의미를 부여한다면 그 고통을 없앨 수도 있지 않을까?

빅터 에밀 프랭클(Viktor Emil Frankl)은 제2차 세계 대전 당시 독일의 유태인 차별 정책과 유태인 말살정책으로 모든 것을 빼앗겼다. 그는 유태인 의사로 가족과 함께 행복하게 살고 있었으나 나치가 독일의 정권을 잡으면서 직업과 재산을 빼앗기고 가족도 뿔뿔이 흩어졌다. 자신도 포로수용소에 수감되어 소유물을 다 빼앗겼다. 그러나 마지막으로 결혼반지가 그의 손에 남아 있었다. 반지는 오직 하나 남은 그의 희망이요, 꿈이 되었다. 이 죽음과도 같은 고통의 삶이 끝나면 이 반지로 사랑을 약속한 자기 아내와 재회할 수 있을 것이라는 소망이었다. 그러나 간수가 그 반지까지 빼앗아 갔다. 프랭클에게는 단순히 반지가 아닌 꿈과 희망을 빼앗겼던 것이다. 삶에 대한 의지가 완전히 좌절되고 간수에 대한 분노의 감정으로 고통을 받던 순간에 프랭클은 중대한 결단을 내리게 된다. "나의 모든 것을 빼앗아 가는 저 무지한 사람들과 포악한 독일제국을 용서할 것인가? 아니면 그들을 저주하며 미워하며 한 맺힌 가슴으로 살아갈 것인가? 아직도 나에게는 이것을 결단할 자유는 남아있다. 아직도 나에게는 나의 미래의 운명을 결정할 수 있는 능력이 남아 있다." 이것이 바로 빅터 프랭클이 모든 것을 빼앗긴 순간에 자신의 의지로 고통스런 삶의 의미를 긍정적인 삶의 의미로 전환할 수 있다고 생각하게 된 계기가 되었다. 저주와 미움과 한을 품는다면 자기 인생은 그 때문에 더욱 파괴되어 갈 것이라는 사실을 알았다. 그래서 그는 독일과 자기의 반지를 빼앗아 간 간수를 용서하기로 마음을 먹었다.

　프랭클은 "희생의 의의와 같은 어떤 의의가 발견될 때 고통은 더 이상 고통스러운 것이 되지 않는다."고 하였다. 부모가 자식을 위해 허리띠를 졸라매는 고통을 받아도 자식의 행복을 위한 일이라면 그와 같은 고통은 오히려 감사의 조건이 될 수 있을 것이다.

어촌에 사는 70대 노모(老母)가 도시에 사는 아들을 위해 추운 겨울 바닷가에서 힘들게 꼬막을 잡았다. 꼬막을 씻고 삶아 굽은 손과 깨진 손톱으로 까서 양념을 묻혔다. 잡아 온 고등어로는 조림을 하여 정성스레 아들에게 보낼 찬을 준비하였다. 노모는 이 맛난 음식은 하나도 입에 안 대고 물에 밥을 말아 김치하고만 저녁을 먹는다. 곁에서 지켜보던 사람이 "왜 이 좋은 음식을 하나도 안 드세요?"라고 묻자 아들이 먹을 음식이라며 김치가 왜 이리 맛있는지 모르겠다며 아들을 위해 힘들여 꼬막을 잡을 수 있는 것만이라도 감사하고 기쁜 일이라 말한다.

인간은 자기가 당하는 고통이 그 고통을 넘어서는 어떤 의미를 갖는다는 것을 확실히 알면 스스로 고통을 당할 준비까지 한다. 예수께서는 그 피할 수 없는 자신만이 져야할 고통을 아셨다. 마태복음 26장 39절 "내 아버지여 만일 할 만하시거든 이 잔을 내게서 지나가게 하옵소서. 그러나 나의 원대로 마옵시고 아버지의 원대로 하옵소서."라고 기도하시고 자신의 십자가를 지셨다. 어떠한 고통의 의미도 하나님의 사랑의 의(義)보다 더 큰 의미는 없다.

예수께서는 "의를 위하여 박해를 받는 사람들은 복이 있다."고 말씀하셨다. 사도들과 믿음의 선진들이 이러한 즐거움을 경험하였고 지금도 많은 사람들이 똑같은 경험을 하고 있다.

남을 위해 봉사하는 사람들의 대부분이 다른 사람을 도우며 오히려 이분들로 인하여 이러한 사랑을 배울 수 있어서 감사하고 기쁘다고 말한다. 그래서 사랑은 받는 것보다 주는 것이 더 행복하다.

사랑은 스스로 상대방의 필요를 채워주고 싶어 하고 스스로 상대방의 종이 되고자 한다. 그러면서도 행복에 겨워한다. 그렇게 상대방도 나를 사랑하여 서로 사랑하면 서로 하나가 되고 진실된 생명은 지켜진다. 부부가 서로 사랑하여 한 몸 됨의 관계가 되면 자녀는 부모로부터 하나님의 참된 사랑을 경험하게 되고 온전한 인격이 된다. 온전한 인격이란 사랑을 받고 사랑을 할 줄 아는 사람을 의미한다. 이러한 이유로 사랑을 받지 않고 사랑하려는 사람들은 가면을 쓰고 있다고 할 수 있다. 하나님을 사랑하고 이웃을 사랑하라는 예수님의 말씀은 실제적인 인간관계를 통하여 사랑의 나눔을 경험하는 것으로 체험할 수 있다. 그래서 서로 사랑하면 하나님의 사랑이 그 안에 거하시는 것을 알 수 있다. 이러한 사랑을 경험한 사람들은 진실된 복음을 전하는 자들이 된다. 이들은 원수도 사랑할 수 있는 능력을 얻는다.

3

나의 이야기

맹장수술

3일 전 나는 갑자기 오한이 나고 배가 아프며 숨쉬기가 거북하였다. 동네 병원을 찾았으나 병세가 오히려 심각해져서 난생 처음으로 119구급차를 탔다. 간 곳은 종합병원이었다. 응급실 병상은 대략 20병상 정도 되었는데 응급환자들로 자리가 비좁을 지경이었다. 간신히 구석에 자리를 잡고 누웠다. 간호사와 의사가 번갈아가며 증세를 묻기도 하고 피를 뽑아가기도 하였다. 고통스런 가운데도 내 옆에 누워 있는 40대 전후의 남자와 그 아내의 대화가 귀에 들려오는 것은 막을 수 없었다.

"솔직히 얘기해, 다른 여자가 있지?"

"아니…."

"지난 번 문자 온 사람 맞지? 그리고 그 날 집에 안 들어왔잖아."

"솔직하게 얘기해."

"그래, 있다. 미국에 있다. 이젠 됐냐?"

"당신 정체가 뭐야? 참 모습이 뭐냐고?"

그 남자는 입을 다물었다. 아니 할 말을 찾지 못했을 것이다. 그 이유는 자신도 자신의 참 모습이 무엇인지 모르기 때문이었을 것이다.

나는 순간 마음속으로 그 남자의 참 모습을 말하였다. '어린 시절 부모로부터 상처 받은 성인아이야, 내 몸은 어른이지만 여전히 상처 입은 어린 시절의 나로 살아가고 있는 성인아이라고!'

나는 해열 주사를 맞고도 열이 내리지 않아 포도당 수액과 함께 해열

제 수액을 더 꼽았다. 몸은 아프지만 마땅히 할 일도 없고, 내 마음대로 그 남자의 과거로의 여행을 시작했다. 물론 내 나름대로의 생각이기에 그 남자의 허락을 받을 필요도 없었고 그럴 상황도 아니었다.

그 남자의 부모는 갈등이 많았고 사이가 좋지 않았다. 아버지는 매우 엄격했거나 아니면 알코올중독에 폭력도 잦았다. 그 이유로 자신의 원가족이나 현재 자신의 가족체계는 역기능적이었다. 그 남자는 어린 시절 이러한 역기능의 가족체계에서 내면에 상처를 입게 되었다. 이것은 그 부모의 갈등과 역기능 가족체계가 자신이 결혼하여 새롭게 만들어진 가족체계에 고스란히 영향을 미쳐서 역기능이 재생산되고 있었던 것이다. 그래서 아내와 온전한 동일메시지로써의 사랑을 못 나누고 서로의 상처를 서로에게 투사하였다. 원래의 아내와 주고받아야 될 사랑을 다른 여자에게서 채우려는 이중성, 그것을 아내가 "당신의 참 모습이 뭐냐"고 물었을 때 그 남자는 자신을 뭐라고 설명할 수 없었을 것이다. 부모에게서 받은 이중메시지로 그저 자신에게 상처를 준 부모가 두려워서 떨고 있는 아이의 움츠러든 모습으로 자아가 분열되어서 그렇게 되었다면 아내는 이해하고 믿어줄 것인가? 만일 남편이 자신이 그럴 수밖에 없었던 상처 입은 성인아이라고 이해한다면 자신들의 문제를 해결할 수 있는 방안만이 아니라 현재 자신들의 자녀가 어떻게 상처를 입고 있는지도 알게 될 것이다. 그러나 이대로 역기능이 유지 된다면 부부간의 갈등은 더욱 심화되고 이혼까지도 이를 수 있으며, 자녀들은 상처를 많이 받게 될 것이고 후에 결혼을 하게 되면 자신들처럼 역기능적인 가정을 만들어 낼 것이란 것도 예측 할 수 있다. 그러므로 배우자와 자신의 상처에 대한 이해는 자신들의 치유는 물론 상처 입은 자녀들이 치유 받고 순기능의 에너지를 받게 하는 것에 대한 관심을 갖게 한다.

급성 맹장염이 터져 고통이 심했었고 진통제 주사를 3번 맞고도 고통은 가라앉지 않았다. 일어나 앉을 수도 누워 있을 수도 없었다. 전신마취 후 수술을 하고 정신이 좀 들어 여유를 가지며 외롭고 무료한 병실 생활을 탈출해 보고픈 가운데 내 나름대로의 심리여행을 하였던 것이다.

이틀이 지나 병실비용이 저렴한 다인실로 옮겼다. 옆 자리는 얼굴에 황달기가 심한 환자였다. 이분의 가족들이 복도에서 우는 모습을 보았다. 살 수 있는 날이 한 달을 넘기기 어렵다는 말이다. 당사자는 이 사실을 알지 못하였고 나와 같이 회복을 빨리하려는 일념으로 힘든 몸을 이끌고 복도를 걸었다. 위암이 있었고 이번에 재수술을 받았다고 한다. 부부간의 갈등이 있었고 경제적인 어려움으로 재수술을 차일피일 미루다 이번에 했다고 한다. 자신이 심각한 상황인지도 모르고 전혀 죽음에 대한 준비가 없었다. 그렇다고 내가 그분의 가족이 말을 하지 않았는데 심각한 상황이라고 알려 줄 수도 없었다. 내가 할 수 있는 것은 내 자신의 가족이 치료받았던 경험을 들려주어 이분이 죽음을 인지할 때 가족과 화해와 용서를 했으면 하는 바람뿐이다. 내가 상담가라는 사실과 '미용사'로 가족이 치유받은 사실을 이야기해 주었다.

'미용사를 꼭 잊지 마세요. 미안하다. 용서해다오. 사랑한다. 첫 자를 따서 미용사입니다. 자녀에게 상처를 주어 미안하다. 그것은 네 책임이 아니다. 아빠를 용서해다오. 내가 너를 사랑한다'는 이 고백이 자녀의 상처를 치유하는 데 큰 도움이 되었다고 알려 주었다. 물론 아내에게도 똑같이 고백해야 한다고 알려주었다. 사실 본인의 상처도 자신의 부모에게 그 책임이 있었음을 알려 주었다. 인간이 한 번 죽지만 예수 그리스도를 믿는 믿음으로 영원히 구원받을 수 있다고 복음을 증거했다. 믿음에 대한 고백은 없었지만 경청을 하고 있었다. 이 분이 세상을 떠나면 가족과는 사별

을 하게 된다. 이 분이 가족과의 사별을 잘 감당했으면 하는 마음과 하나
님이 이 분에게 구원을 주시고 그 가족에게도 평안을 주시기를 기도한다.

아버지의 뼈

일흔을 훌쩍 넘기신 어머니가 아버지의 산소를 찾은 어느 날이었다. 당
신 누울 곳을 마련했지만 여전히 못 미더운 아들인 나에게도 한 자리를
권하고 싶으셨나보다. 나는 아직 소천에 대하여 많은 생각을 해보지는 않
았으나 어머님의 사랑을 느끼는 대목이다.

"요즘은 다 화장을 한다지?"

"많이들 하지요."

"네 아버지 산소를 화장하여 가족묘로 바꾸었으면 싶다."

그 후 공동묘지에 있는 아버지 자리 옆에 있던 나의 자리를 포기한 값
으로 아버지의 자리를 가족묘로 만들게 되었다. 일단 파묘(破墓)를 하여 아
버님의 뼈를 수습하고 유골함을 만들어야 했다. 파헤쳐지는 산소 옆 마분
지 위로 아버지의 뼈가 하나, 둘 올라와 놓여졌다. 머리 부분에 조그맣게
파인 구멍이 있는 게 아버지의 해골이 맞다. 젊은 시절 동네 사람들과 투
전을 하다 실랑이가 벌어져 머리를 부딪친 후 병원에서 수술을 받은 자리
다. 그 후 아버지는 술과 담배를 끊으시고 가족을 위해 성실히 일만 하셨

던 것으로 기억된다. 입 쪽으로 정강이뼈가 들어오는데 그 강직했던 분이 아무 말씀 못하신다. 순간 나는 아버지가 내 앞에 계신 것 같은 느낌이 들었다. 나는 그 분 앞에서 한없이 작았다. 흐트러진 모습을 뵐 때가 없었고 근엄하게 한 말씀 하시면 나는 순종을 해야 했다. 지금 와서 생각하면 순종보다는 복종이 좀 더 정확한 표현인 것 같다. 죄책감이 들었다. 아버지가 원하시는 아들이 되어 드리지 못해서 죄송하고, 아버지처럼 훌륭한 아버지가 되지 못하여 부끄러웠다. 아버지는 막내였지만 일 때문에 큰집에 가실 수 없을 때에는 정성스레 당신의 아버지께 제사를 지내던 모습을 기억한다. 그런데 아들인 나는 목사랍시고 가끔 찾아와 향내 없는 조화만 덩그러니 꽂고 예배를 드리니 아버지가 살아계셨으면 당신의 격식에 맞지 않다고 호통을 치실 것 같았다. 순간 나는 상념에 젖었다.

부단히 나는 나의 내면아이를 치유하기 위해 노력을 하였고 마음속으로부터 내게 말하는 내면아이의 소리에 귀를 기울였다. 아버지와 아들은 하나라는 말이 공감을 일으키며 나는 어느새 나의 내면아이가 아닌 아버지의 내면아이 속으로 들어가는 느낌을 받곤 했다. 오남매의 막내로 태어난 아버지는 상처를 주는 당신의 아버지와 가난 속에서 자라셨고, 먹고 사는 것에 중압감을 많이 느끼셨는지 성실하게 일함으로 자신의 가족이 굶지 않게 하셨다. 자식인 나에게도 과묵하지만 사랑을 쏟아 주신 것을 뒤늦게 느꼈다. 여섯 살 때 포경수술을 해주셨으며, 청소년 때는 축농증 수술을 해 주셨다. 틈틈이 가족여행으로 함께 해 주셨으며 지금 나도 못한 당신의 장모님을 모시고 제주도 여행을 다녀오시기도 했다. 그리고 당신의 원가족이나 친척에게도 큰 보탬이 되셨다. 그러나 역기능적인 가족체계에서 오는 상처는 내면에 수치심을 만들었고 사랑을 받거나 사랑을 표현하는 방법을 배우시지는 못했다. 그 당시 어린 아이 시각으로 나는 아버지의 과묵하고도 깊은 사랑을 이해할 수 없었다. 그런 굳은 표정의 근엄하신 아버지의 얼굴이 내 마음을 굳히는 데도 일조했다. 그러나 교회를 다니며 여러 사람들과 같은 또래, 그리고 선후배와의 교제를 통하여 사랑을 받고 사랑을 표현하는 법을 배우며 조금씩 나의 모습은 긍정적으로 변화되었다. 비록 만족할 만큼의 회복은 많은 세월이 걸리는 일이었지만 그 시간은 나에게 꼭 필요한 시간이었다고 생각한다. 내가 나를 보는 관점이 변하니 내가 접했던 아버지의 모습과 그 속에서 힘들어 하셨을 당신의 고통도 보게 된 것이다. 나는 어린 시절 늘 순종만 하였다. 그리고 아버지가 계시면 항상 아버지의 눈치를 보아야만 했었다. 이젠 치유의 과정에서 직면이 필요했다. 지금 생각해 보면 어린 아이로서 했으면 좋았을 놀이들, 갖고 싶었던 장난감, 어머니께 고함을 치실 때의 두려웠던 감정 등을 기억해 내어 그때의 나의 생각과 감정을 표출하며 아버지와 맞장을 뜨는 직면을 했다. 과거에 미리 했어야 할 일이었다. 그 일을 아버지도 못했고 나도 어쩔 수 없이 아버지의 고통의 거울로 나를 보고 있었기에 내 자신의 자유로운 생각과 느껴지는 감정은 마비되었고 금지당하였던 것이다. 직면을 통해 그때 했어야 될 말들을 해야 한다.

"아버지는 어떻게 자식인 나를 한 번도 안아주시지 않으셨어요?"

"왜 사랑한다고 한 번도 말씀 안하셨어요?"

"내가 얼마나 힘들고 외로웠는지 아세요?"

"그러면서 어떻게 아버지라고 할 수 있어요?"

"내가 가진 수치심과 죄책감은 내 잘못이 아닙니다. 아버지 잘못입니다."

그 다음 순서로 빈 의자 기법을 이용하여 내가 아버지가 되어 아버지가 나에게 용서를 구하는 말을 했다. 그리고 그럴 수밖에 없었던 아버지

원가족의 역기능적인 체계를 이해하고 아버지를 용서하게 되었다. 이러한 작업을 몇 번 하며 비로소 나는 나의 내면에 새겨진 수치심을 씻어내고 자존감을 많이 회복하게 되었다.

아버지와의 '맞장뜨기'는 내 안에 참 자기를 깨우는 그런 작업이었다. 그 후 나는 아버지의 고통을 이해하며 아버지를 내 마음속으로 따뜻하게 안아드릴 수 있었다. 비록 아버지는 이곳에 계시지 않았지만 아버지의 품에 안길 수 있었고 아버지의 상처 입은 내면아이를 안아드릴 수도 있었다. 왜냐하면 그 분은 나 자신이기 때문이었다. 나의 기쁨과 행복이 아버지의 기쁨과 행복이라는 사실을 알게 된 것이다. 나는 아버지 안에 아버지는 내 안에 계셨다. 나에게 그 아버지는 육신의 아버지이기도 하고 주님이기도 했다.

아버지의 뼈! 그 뼈를 대하는 순간 나는 봄에 눈이 녹는 것 같은 이상스레 따스한 기운을 느꼈다. 오래 전 돌아가신 아버지가 나에게 뼈로 말씀하신다.

'아들아 걱정하지 마라. 내 생전에 너를 따뜻하게 안아주지 못하고 사랑한단 말도 못해서 미안하다. 나도 나의 아버지에게 사랑하는 방법을 배우지 못해서 그런 것이니 너무 서운하게 생각지 말거라. 늦었지만 아들아 너를 사랑한다. 누구보다도 너를 사랑한다. 죄책감을 갖거나 후회는 하지 말거라. 네가 행복한 것이 내가 행복한 것이란다. 왜냐하면 내가 네 안에 살아있기 때문이지. 그렇게 네 자녀를 사랑하여라. 그것이 나의 기쁨이란다. 사랑하는 아들아! 내가 너를 영원히 사랑해'

아버지는 나의 품안에서 더 작은 가루로 만들어지기 위해 흔들리는 차 안에서 나의 무릎 위에 편히 누우셨다.

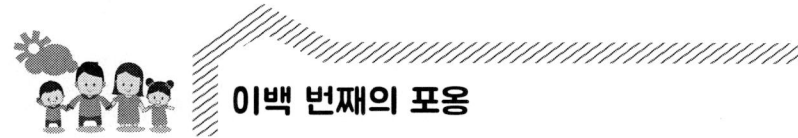

이백 번째의 포옹

아버지의 병은 악성 말기 췌장암으로 판명되었다. 앞으로 석 달에서 여섯 달 밖에 살수 없다고 한다. 나는 아버지에게 말했다.

"아버지, 아버지께서 겪고 계시는 고통에 대해 저 또한 깊이 느끼고 있어요. 아버지의 병은 그동안 아버지께 거리를 두었던 제 자신을 돌아보게 만들었고, 제가 진정으로 아버지를 사랑하고 있다는 걸 느끼게 했어요."

나는 몸을 기울여 아버지를 껴안았다. 그러나 아버지의 어깨와 두 팔은 잔뜩 긴장한 채 굳어 있었다. 아버지는 큰 충격을 받은 것처럼 보였다. 아버지와 나와의 관계에서 애정을 표시하는 것은 극히 드문 일이었기 때문이다. 나는 다시 한 번 시도했다. 그러나 아버지는 더욱 긴장했다. 나는 전에 느꼈던 분노의 감정이 내 안에서 다시 올라오는 것을 느낄 수 있었다. 이런 생각마저 들었다.

"난 이렇게 할 필요가 없어. 아버지가 나에 대해 차가운 감정을 가진 채 세상을 떠나길 원한다면 그렇게 내버려 둘 수밖에 없어."

여러 해 동안 나는 고지식함과 완고함을 이유로 아버지를 비난하고 아버지에게 비난의 감정을 표시해 왔었다. 그리고 나 자신에게 이렇게 말하곤 했다. '아버지는 나에 대해 아무 관심도 없고 내가 어떻게 되든 상관하지 않아' 하지만 이번에는 다시 한 번 생각하기로 했다. 아버지를 껴안아 드리는 것이 아버지뿐만 아니라 나 자신을 위해서도 필요한 일임을 나는 느끼고 있었다. 아버지를 내 안에 받아들이는 것이 무척 힘든 일이긴 하지만 내가 얼마나 아버지를 걱정하고 있는가를 표현하고 싶었다. 아버지는 항상 독일식이었고 당신의 의무에만 충실하셨다. 어린 시절부터 아버지의 부모님은 아버지에게 남자가 되기 위해서는 모든 감정을 억제해야 한다고 가르친 것이 틀림없었다.

아버지와 나 사이에 이토록 거리가 생긴 것에 대해 나는 늘 아버지를 비난해 왔다. 그러나 지금 나는 과거의 감정을 잊고 아버지를 더 많이 사랑해 드리는 일에 도전하고 있었다. 나는 말했다.

"좀 더 가까이 오세요, 아버지. 팔을 저에게 둘러보세요."

나는 침대 끝머리에 앉아 아버지가 나에게 팔을 두를 수 있도록 몸을 숙였다.

"이제 꼭 껴안아 보세요. 바로 그거예요. 다시 한 번 껴안아 보세요. 잘하셨어요!"

어떤 의미에서 나는 아버지에게 최초로 껴안는 법을 가르치고 있는 것이나 다름이 없었다. 그런데 아버지가 나를 껴안는 순간 어떤 굉장한 일이 일어났다. '저는 아버지를 정말로 사랑해요'라는 감정이 내 안에서 파도처럼 밀려왔다. 지난 여러 해 동안 우리는 늘 차갑고 형식적인 악수를 주고받으며 "잘 지내시죠?", "그래. 너도 잘 지내지?" 하고 인사를 나누곤 했었다. 그것이 전부였다. 하지만 지금 아버지와 나 사이에는 순간적으로 강한 친밀감 같은 것이 일어나고 있었다. 그러나 사랑의 감정을 충분히 느끼기도 전에 아직도 어떤 무언가가 아버지의 상체를 긴장되게 만들었고, 이내 우리의 포옹은 어색하고 낯선 것이 되었다. 아버지가 그 긴장된 자세를 버리는 데에는 그로부터 몇 달이 걸렸다. 아버지를 찾아갈 때마다 나는 포기하지 않고 매번 포옹을 시도했다. 그러자 아버지도 차츰 자신의 감정을 실어 두 팔로 나를 껴안기 시작했다. 나는 그것이 점점 강해지고 있다는 것을 느낄 수 있었다.

내가 수 없이 아버지를 껴안는 시도를 한 끝에 마침내 아버지가 먼저 나를 껴안기 시작했다. 아버지는 평생에 걸친 습관을 바꾸기 시작했다. 물론 거기에는 시간이 걸렸다. 나는 우리가 잘 해나가고 있음을 알았다. 왜냐하면 우리는 점점 더 애정과 염려 속에서 서로를 바라보고 있었기 때문이다. 이백 번째의 포옹이 있은 다음에 아버지는 스스로 이렇게 말씀하셨다.

"애야, 널 사랑한다."

그것은 내가 기억하기에 아버지에게서 들은 최초의 애정표현이었다.

지금까지의 내용은 『마음을 열어주는 101가지 이야기』란 책의 일부분을 요약한 내용이다. 아버지는 아들의 포옹으로 원래 아버지가 어린 시절 자신의 아버지로부터 받았어야 되는 사랑을 자신의 아버지가 아닌 아들로부터 받게 된 것이다. 아버지는 자신의 아버지로부터 받았어야 될 사랑을 아들의 포옹으로 대신 받게 되면서 상처 입은 내면아이가 치유되고 있었다. 아들 또한 치유 받은 아버지의 변화로 아버지가 아들이 원하는 아버지 위치에서 진심으로 아들인 자신을 사랑한다는 말을 전해 듣고 어린 시절 상처 입는 내면아이가 치유되는 것을 경험한다. 이러한 치유는 둘 사이의 관계 속에서 동시에 이루어진다. 그래서 아버지와 아들은 하나다.

수치심이 있는 아버지가 아들로부터 사랑받는 것을 두려워하지 않고 받아들일 수 있다면 치유된 아버지가 참 자기로서 자신의 아들을 사랑할 수 있다. 또한 아들의 상처 입은 내면아이를 안아주며 치유해 주는 아버지가 될 수 있다. 사랑은 받은 자만이 할 수 있다.

세상은 대부분이 역기능적이다. 상처가 있는 아버지라 할지라도 자신의 아들로부터 사랑을 받게 된다면 오히려 다행이다. 어린 시절에 자신의 부모가 아니어도 누군가로부터 사랑을 받고 필요를 채움 받는다면 건강한 인격으로서의 성장이 가능하다.

내 자신이 상처가 있다면 누군가에게 사랑을 받는 것을 두려워하지 말아야 한다. 그 일은 내 안에 부정적인 수치심을 밖으로 드러내는 일이요, 수치심을 직면하여 치유하는 일이 된다. 자신이 건강해지고 행복해지면 이제는 다시 누구를 돕고 사랑하는 일을 할 수 있다. 드디어 긍정적이고 건강한 수치심을 갖게 된다. 그리고 남을 돕고 도움을 받으며 한 몸 됨의 비밀을 아는 행복한 사람이 된다.

학교폭력

딸이 초등학교 4학년 때 같은 반 아이 중에 키가 유난히 작은 아이가 있었다. 이 아이는 학교에서 일명 왕따였다. 딸과 함께 길을 걷다가 이 아이와 마주치게 되었다. 서로 인사를 할 법도 한데 아는 척하고 싶어 하는 그 아이와 사뭇 다르게 딸은 본 척도 안 하고 지나친다. 축 처진 그 아이의 어깨를 보며 안쓰러운 마음과 딸에 대한 분노의 감정이 일었다.

"너 그 아이를 보지 못했니?"

"봤어요."

"그런데 왜 인사를 하지 않니?"

"그 아이는 왕따여서 인사하면 안 돼요."

"왜?"

"그러면 내가 왕따가 돼요."

"그래도 친구 사이에 그러면 못써, 사과하여라. 너라도 도와줘야지."

나는 이 일이 우리 가정에 큰 풍파를 몰고 오리라고는 예상을 하지 못했다. 딸은 아빠 말에 순종하여 그 아이에게 인사를 하고 사과까지 했다. 그리고 다른 아이들에게는 너에게 말을 했다고 말하지 말아달라고 부탁했단다. 그러나 그 아이는 그 다음날부터 모든 아이들에게 딸아이가 자기에게 인사도 하고 사과도 했다고 광고를 하고 다녔다. 이 일 후로 그 아이는 많은 부분에 있어서 주위 아이들로부터 왕따 대접이 줄어들었고 그 무게만큼을 딸이 짊어지게 되었다. 많이 힘들어 하던 아이를 위해 결국 옆학교로 전학을 가게 되었지만 소식은 빠르게 퍼졌고 새 학교에서도 역시 비슷한 분위기가 이어졌다. 여러 명이 딸을 불러 그 중 한 명이 신체에 위해를 가하겠다는 내용의 심한 말을 하였다. 이러한 일이 지속되자 딸아이는 두려움과 분노로 신경질적인 반응까지 나타났다. 학교에 도움을 요청하였지만 소극적이었다. 담임선생님은 가해자와 피해자 그리고 그들 부모 사이에서도 적절한 조치를 취하지 못하였다. 또 다시 조금 멀리 떨어진 학교로 전학을 갔다. 한동안 조용한 듯 했으나 발 없는 소문은 이윽고 이곳에도 도달하고야 말았다. 아이가 힘들어하는 모습이 보였다.

"정 못 견디겠으면 다시 학교를 옮길까?"

그러나 딸에게서 의외의 대답이 돌아왔다. 울음이 섞인 말이었지만 크고 단호했다.

"이젠 더 이상 도망가지 않을 거야. 또 전학간다고 이런 일이 안 생긴다고 할 수 없잖아? 이곳에서 이겨낼 거야."

딸은 가르쳐 주지도 않았는데 스스로 자신의 고통을 직면하고 정확히 자기감정을 표현하였다. 스스로 상대 아이들에게는 자신을 괴롭히지 말아줄 것과 친하게 지냈으면 좋겠다는 말을 했다. 부모는 담임선생님께 아이들을 관심 있게 지켜봐 줄 것을 당부하였다. 선생님은 틈틈이 친구들과의 바른 관계에 대하여 교육을 시켜 주셨고 상대 아이의 부모들을 불러 아이들에 대한 교육을 당부하였다. 이 일은 성공적이었다. 아이들의 관계가 점점 좋아지기 시작했다. 그리고 딸에게서는 다시 웃음을 찾았고 힘차게 등교하는 모습을 볼 수 있었다.

그동안 나는 딸의 말에 귀를 기울이고 정서적인 반응을 해 주었다. 그리고 힘들어 못 견딜 것 같다고 생각할 즈음이면 전학을 통하여 환경을 바꾸어 줄 수도 있다고 대안을 제시하였다. 물론 그 선택은 아이가 하도록 했다. 그러면서 결코 너의 잘못이 아니라고 말해 주었다. 학교에는 계속 현재 진행되는 상황을 말하고 도움을 요청했다. 이것은 아이의 눈으로 보았을 때 자신의 잘못이 아니라는 사실과 부모가 항상 자기편이라는 사실을 행동으로 보여주는 중요한 일이다. 시간이 지나면서 딸은 힘과 용기를 얻게 되었다. 그리고 자신이 스스로 이러한 부당한 피해에 맞서서 싸우겠다는 결연한 의지를 보였다. 그리고 실제로 이와 같은 스트레스를 직면하고 정면으로 돌파하였다.

사실 나는 딸의 학교생활에 참견하지 말았어야 했다. 자신이 피해를 안 받으려 왕따를 피하는 것은 딸 자신이 선택할 수 있는 자유였다. 딸에게 옳은 일이라고 강요하였던 내가 부끄러웠다. 부모가 자녀의 학교생활에 직접 개입하는 것은 다시 한 번 생각해 보아야 할 문제다. 혹 자녀의 학교생활에 개입해야 할 일들이 있다면 먼저 자녀 스스로가 좋은 선택할 수 있도록 정보를 제공하고 개방적인 대화를 하는 것이 좋을 것이다.

폐쇄적인 대화는 '친구에게 그렇게 하면 안 돼', '네가 잘못했어', '사과해' 등 명령을 하는 말투와 '그렇게 하면 돼? 안 돼?' 등 둘 중 하나를 선택하도록 강요하는 말이다. 반면에 개방적인 대화는 '나 같으면 이렇게 하는 것이 좋을 것 같아', '친한 친구가 아니래도 기본적인 예의는 지켜야 한다고 생각해', '나는 이렇게 생각하는데 너는 어때?' 등 자기의 느낌이나 생각을 전할 수는 있지만 명령을 하거나 '예'와 '아니요'의 대답을 강요하지 않는다. 자기 스스로가 생각할 수 있고 선택할 수 있는 여지를 상대방에게 주는 대화가 개방적인 대화다. 비록 상대방이 도덕적이나 윤리적인 선택을 하지 못했다 하더라도 그것은 자신이 선택하는 일이다. 자기 자신에게 물어보아 위험하다고 판단되고 또 그것을 이겨 낼 자신이 없을 경우 언제든지 자기 의사에 따라 피할 수 있어야 한다.

상담을 해 보면 가해자만이 아니라 피해자 아이들의 원가족이 모두 역기능인 경우가 많다. 피해자가 계속 피해자로 남든지 아니면 다시 가해자가 되든지 역할의 차이만 있을 뿐 가족의 역기능은 동일하게 세대를 이어 지속된다.

부모는 자녀의 고통을 들을 수 있는 귀를 가지고 있어야 한다. 아무리 바빠도 일주일 동안에서 시간을 정해 자녀와 대화를 나누는 일은 참 중요하다. 그러면 아이는 충분히 부모와 대화를 나누었다고 생각한다. 시간을 정하는 것은 중요하다 그 시간의 길이가 비록 짧다 해도 정해진 시간에 부모가 약속을 지켰다고 생각을 하면 자녀의 입장에서는 부모와의 대화를 통해 진지한 만남을 충분히 갖고 있다고 생각한다. 어린 자녀와의 신체적 교류인 놀이도 마찬가지다. 일주일에 한 시간이라도 약속을 하고 정기적으로 놀아주게 되면 자녀의 신체적이고 정서적인 욕구를 채우는 데 큰 효과를 보게 된다. 그 약속된 시간에 무슨 말을 할까? 어떻게, 무엇을 하며 놀까? 준비하는 생각들과 매주 정기적으로 함께 놀아주었던 부모와의 연속된 관계를 기억하며 자녀들은 부모와 충분히 놀고 있다고 생각하게 된다. 어떠한 경우에도 자신을 지지하고, 자신을 이해하고, 자신을 그무엇으로부터 지킬 수 있는 부모가 있다는 것을 아는 아이들은 학교에서 스트레스가 있어도 잘 이겨나갈 수 있는 긍정적인 에너지가 있다. 반면에 역기능 체계에서 부정적인 에너지를 받은 상처 입은 아이들은 학교폭력에서 가해자가 되거나 피해자가 된다. 이들은 여러 가지 중독으로 빠질 위험이 있다.

가정폭력과 학교폭력, 그리고 성폭력 등의 피해자 중에서 많은 수가 다시 가해자가 된다. 가해의 대상이 타인이 되느냐 아니면 자기 자신이 되느냐의 차이가 있을 뿐 피해자가 다시 가해자가 되는 것이다. 그러므로 피해자와 가해자를 나누어 생각하지 말고 소중한 한 생명으로서 전 인생에 걸친 삶의 과정을 통하여 이해하는 것이 필요하다.

요즘 학교폭력으로 많은 아이들이 고통을 받고 있는 가운데 제도적으로 관대했던 가해자의 처벌을 강화하였다. 대다수 피해자였던 아이가 가해자가 된다. 그 아이를 치유의 관점이 아닌 법의 관점으로만 보아 강한 처벌을 한다면 이미 상처 받은 아이에게 더 큰 고통을 주는 것은 아닌지 생각해 볼 필요가 있다. 물론 가해자와 피해자 간의 경계선으로서의 법은 당연히 필요하지만 가해자에 대한 상처의 치료도 필요하다. 현재 우리나라의 실정은 피해자 치료도 부족하기에 가해자 치료는 더더욱 피부에 와 닿지 않는다. 그러기에 우리 아이들의 부모는 자녀가 피해자가 되었든 가해자가 되었든 우리 아이들이 받은 상처에 관심을 기울여 상처를 치유하는 상담자의 역할을 해야 한다.

어느 순간 아버지가 된 나는 나의 상처의 고통을 나누어 짊어지고 있는 자녀에게 말했다.

"네 잘못이 아니야. 아빠의 잘못이야. 네게 부부싸움으로 상처를 주어 미안해. 그리고 네 필요를 채우지 못하고 사랑도 충분히 주지 못해 미안해. 부족한 아빠를 용서해 줘. 완전하지 못하겠지만 너를 영원히 사랑해. 노력할게."

이 말은 동일하게 피해자뿐 아니라 가해자가 된 아이에도 해당된다. 왜냐하면 가해자도 피해자이며 그 모든 아이들이 내 아이이고 우리들의 아이이기 때문이다.

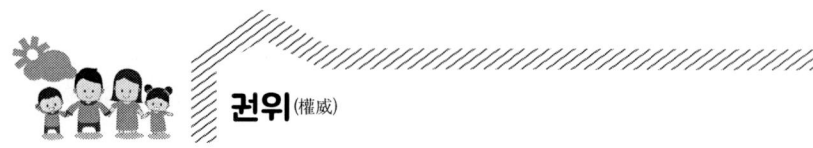

권위(權威)

하나님의 은혜는 언제나 나와 함께하시는 은혜다. 하나님은 나에게 부모님을 육체로 보내주셔서 부모님을 통하여서도 언제나 함께 해 주신 은혜이기에 부모님의 은혜는 곧 하나님의 은혜가 된다. 부부가 사랑하여 한 몸 됨을 통하여 자녀를 생산하고 그 자녀는 부모님의 사랑을 통하여 하나님의 사랑을 동시에 경험하며 자라게 된다. 교회나 사회에서 나를 사랑하는 멘토를 만나서 사랑의 관계를 경험할 수도 있겠지만 나란 존재 자체가 이 세상에 태어나면서부터 나를 사랑하며 함께 해 주는 분이라면 그것은 부모님이다.

예수님이 말씀하셨다. "아들을 영화롭게 하사 아들로 아버지를 영화롭게 하게 하옵소서."(요 17:1) 이 말씀의 의미를 조금은 느낄 수 있을 것 같다. 나는 가끔 아들과 딸에게 고백한다.

"내가 널 사랑한다. 너로 인해 행복하다. 아빠가 힘들어도 너만 보면 힘이 나고 행복하단다. 내가 널 영원히 사랑해."

그러면 아이들의 얼굴은 환해진다. 자녀의 환한 얼굴은 부모에게 가장 큰 선물이 된다. 아들의 영화로움이 아버지를 영화롭게 하는 것이다. 아버지와 아들은 하나이기 때문이다. 그러므로 높은 자존감이란 자녀가 부모로부터 사랑의 고백과 함께 자신의 필요를 채움 받으며 자신의 존재감에 만족감과 행복감을 느끼는 것이다. 그렇게 사랑받은 아들이 자라 아버지가 되어 자신의 자녀를 사랑할 수 있게 되는 것이다.

오늘은 아들이 내게 묻는다.

"아빠! 아빠는 왜 권위를 세우지 않으시나요? 지금까지 몰랐는데 회사 생활을 해 보니 수직관계예요. 회사 친구들 아빠는 권위적인데 아빠는 그렇지 않아요. 다른 집도 다 그런 줄 알았는데 그게 아니네요."

난 대답을 쉽게 하지 못했다. 아들이 말한 그 '다른 집'이 바로 나의 원가족이었다. 난 나의 아버지와의 못다 한 소통과 사랑의 교제를 어느새 아빠가 되어 아들과 대화를 나누며 나의 아버지에게서 받고 싶었던 사랑을 아들에게 준다. 그런데 묘하게 아버지가 아닌 아들로서 사랑을 받는 느낌이 든다. 이것이 성인아이의 치유요, 아버지와 아들이 하나란 말씀과도 같다는 생각이 든다. 이윽고 아들에게 대답을 했다.

"예수님은 살과 피를 나를 위해 주시면서 사랑해 주셨는데 권위는 그렇게 사랑하므로 세워지는 게 아닐까? 내가 널 사랑하고 또 영원히 사랑한다."

대학시절 교회 내 후배의 잘못에 대하여 난 말을 못했다. 그 잘못된 것을 깨달아야 후배인 자신에게도 더 좋은 일이었지만 내 마음 한편에는 말을 하지 못하게 하는 다른 이유가 있었다. 그것은 내가 그 후배를 가르치며 그 과정과 결과까지도 책임을 지고 사랑할 수 있느냐는 자문이었고, 그것은 전적으로 나 자신의 문제였다. 내 마음 깊은 곳에는 후배를 사랑하는 마음이 작다고 들려왔다. 그 이유로 나는 입을 닫았는데 그것은 잘한 일이었다. 내가 보다 넓은 마음으로 후배를 사랑하고 품을 수 있는 날이 오기를 기도했다.

부모는 자녀에게 사랑의 크기보다 권위를 세워서는 안 된다. 결국 사랑의 크기보다 권위의 크기가 클 때 자녀에게 상처가 되고 부모에게는 수치심을 가리는 도구가 된다. 그 의미를 알게 되면서 부모는 마주하고 싶지 않았던 자신의 상처와 수치심을 직면하게 되는데, 그것을 두려워해서는 안 된다.

부부관계도 마찬가지다. 남편은 에베소서 5장 23~24절에 있는 "남편이 아내의 머리됨과 같고 아내는 남편에게 복종하라."는 말씀을 들어 권위를 세우려 할지 모른다. 그러면 아내는 25, 28절을 들어 "주님처럼 남편은 아내를 위하여 자신을 주고 자기 몸처럼 사랑하라."고 말할 것이다. 그러기에 미리 21절에 "그리스도를 경외함으로 피차 복종하라."고 말씀하신다. 나는 누가 먼저 복종해야 되냐고 묻는다면 사랑의 에너지를 좀 더 많이 가진 사람이 복종하는 것이 좋다고 말하고 싶다. 사랑이 부족한 사람에게 사랑을 요구하는 것은 강압이요, 폭력이요, 굴종이 되기 쉽다.

역기능은 우선순위를 뒤바꿔 놓기도 한다. 당연히 부모가 자녀를 먼저 사랑해야 함에도 불구하고 어떤 경우는 부모보다 자녀가 가진 사랑의 에너지가 클 때도 있다. 그러면 자녀가 부모를 품으면 된다. 위와 아래에 대한 서열은 서로의 관계가 치유되고 가족체계가 순기능으로 돌아오면 자연스럽게 자신의 자리를 찾아 자기의 역할을 하게 된다. 역기능의 체계는 반대로 기능을 하므로 부모가 먼저 깨달아 자녀를 품으면 더욱 좋고 자녀가 부모보다 긍정적인 에너지가 많다면 자녀가 부모의 치유를 도와 부모가 자신의 자리를 찾게 만들어 부모의 위치에서 자녀를 사랑할 수 있도록 하는 과정이 필요하다.

부모가 자녀에게, 어른이 아이에게, 목사가 성도에게, 그리고 선배가 후배에게 권위를 세우려 하지 말고 내 사랑이 필요한 대상에게 내가 충분히 사랑하고 있는가를 먼저 물어 보아야 할 것이다. 사랑하지 않고 내세우는 권위는 수치심을 가리기 위한 통제요, 폭력이 되기 쉽다. 하나님의 사랑을 증거해야 할 부모나 목사가 사랑 없이 내세우는 권위는 '그리스도를 경외하므로 피차 복종하라'는 말씀을 저버린 것이다. '나는 충분히 사랑하는 사람이다'라고 생각하는 사람이 있다면 정말 그런지 가족이나 주위의 사람들에게 물어볼 수도 있을 것이다. 그러면 권위가 큰지, 사랑이 큰지 알 수 있다. 개(犬)도 주인이 자기를 사랑하는지, 미워하는지 알고 있다.

가족 구성원들의 상호작용에서 부모의 권력이 자녀 스스로의 자아경계선을 무너뜨리거나 부모 사이의 갈등으로 엄마와 아들이 밀착되고 아버지는 홀로 고립된 형태가 역기능이라고 말했었다. 그러므로 이러한 역기능에서는 시간이 흘러 아들이 결혼을 하게 되면 엄마와 아들이 심리적인 부부 사이여서 실제 아내는 자기 자리로 들어갈 수 없게 된다. 결국 고부 간의 갈등과 함께 아들 부부도 갈등을 하게 되고 이들 부부의 자녀로 태어난 아이들에게도 상처가 되기에 역기능은 대를 이어 지속된다. 그러므로 이러한 역기능을 순기능으로 바꾸는 과정은 밀착된 모자(母子) 관계를 떼어 내어 엄마는 아빠와 붙여 줘야 하고 아들은 자신의 아내와 맺어 줘야 한다. 여기서 붙여 주고 맺어 준다는 의미는 부부간에 역기능의 상처에 대하여 개인적인 내면의 치유와 동시에 부부 사이에 치유의 과정을 거쳐 서로 사랑하여 부부가 한 몸 됨의 관계로 발전해 가야 된다는 것이다. 그렇게 부모도 부부로 한 몸이 되고 아들도 자신의 아내와 부부로 한 몸이 된다. 그렇게 자녀가 부모 곁을 떠나 한 몸이 된다. 이것이 순기능적인 부모체계와 부부체계이고, 명확한 자아경계선이 지켜지는 모습이다.

순기능의 가족체계에서는 부모가 서로 사랑하고 부모처럼 아들 부부도 서로 사랑하는 한 몸 됨을 이룬다. 이런 경우 부모와 함께 아들 내외는 같이 살아도 좋다. 개인의 자아경계선은 물론이거니와 부모와 아들 부부 사이의 경계선도 잘 지켜지면서 서로 사랑할 수 있고 세대를 거쳐 한 몸 됨의 관계를 이룰 수 있는 순기능의 에너지가 있기 때문에 오히려 손주에게도 긍정적인 도움을 주게 된다. 반면 역기능이 강한 가족이라면 3세대가 같이 사는 것은 부모나 부부, 그리고 손주들에게 악영향을 미친다. 그러므로 부모가 특히 엄마가 결혼한 아들과 같이 사는 것이 좋냐 나쁘냐를 단편적으로 묻는 것은 우문이다. 정답은 없으며 그에 대한 답을 찾으려면 3세대의 기능이 순기능이냐 역기능이냐를 보아야 하고 또한 그 기능의 정도까지 살펴보아야 한다. 건강한 순기능의 관계로 3세대가 포함된 가족을 하나의 공동체라고 보면 그 건강한 사랑의 에너지는 가족을 넘어 사회로 확장되게 되어 있다. 가족은 순기능인 것 같은데 친척이나 다른 가족, 그리고 사회공동체와 하나가 되지 못한다면 분명 어딘가에 역기능의 상처가 존재하며 그 표현된 행동은 자아가 확장되지 못하고 개인이나 가족에 한정되어 서로 밀착되거나 이기적인 욕심으로 표현될 가능성이 많다.

사회적 물의를 일으킨 '대한항공 땅콩회항'사건을 다룬 다큐멘터리를 보았다. CEO 아버지는 딸들을 어려서부터 무척 사랑했고 형제애도 있는 끈끈한 가정같이 보인다. 그러나 문제는 CEO 가족과 회사직원들 사이에 서로 존경하는 관계가 되지 못했다. 오너(Owner) 일가에서는 직원들이 다 자신들 덕에 먹고 사는 줄 알아야 한다며 인격을 무시하고 직원을 인격이 아닌 종속된 하인으로 보았다. 반면에 유한양행의 CEO 유일한 씨는 당시 힘 있는 정권과 부정하게 타협하지 않았으며 자신의 전 재산을 사회에 기부하였고 회사는 전문경영인에게 맡겼을 뿐만 아니라 자신의 가족과 친척도 자기 손으로 회사에서 배제시켰다. 유서에 자녀는 대학까지 가르쳤으니 자신의 인생은 자신이 개척하며 살라는 것이 그의 유지였다. 초대 전문 경영인으로 회장에 초빙되었던 분은 '유일한 씨의 마음에는 항상 민족이 있었다'고 간증을 했다.

세월호 사건을 보면서 현재의 교회도 이름만이 교회지 신앙이 아닌 물질주의로 빠질 가능성이 넘쳐난다는 생각이 들었다. 그 하나의 결과로 유병언 목사는 비참하게 죽고 아들들의 인생도 망쳐졌다. 그럼에도 물질로 중독된 사람들의 눈에는 물질밖에 안 보인다. 아무리 교회에 다니고 직분을 가졌다 해도 주님이 보이지 않고 물질만 보인다. 그렇게 물질에 중독된 마음으로 자녀에게 물질을 물려주지만 자녀들은 상속문제로 싸우고, 부부는 이혼에 있어서 재산 분할 문제로 싸운다. 어느 경우 자녀를 서로 차지하려고 싸워 한 쪽이 자녀의 양육권을 얻게 되지만 자녀는 부모의 한 몸 됨의 관계를 통하여 태어났는데 부모의 이혼으로 자신의 존재의 근원인 머리된 아빠와 몸된 엄마가 분리되는 것을 경험하면서 자신의 존재도 정신적으로 파멸되는 경험을 한다.

한 목회자가 내게 교회세습에 찬성하느냐 반대하느냐 물었다. 난 모른다고 했다. 목사 자신의 마음이 주님 중심이고 자녀에게 분명한 하나님의 부르심이 있으며, 교회 공동체도 동일하게 성령 안에서 목회자 자녀를 담임목회자로 선택했다면 합당한 일이지 않은가? 반면에 목사가 내가 어렵게 세운 교회이기에 다른 사람이 아닌 자녀에게 교회를 상속시킨다거나 취직하기 힘든 사회에서 평생 정년퇴직 걱정없이 먹고 살기 위한 수단과 물욕으로 하나님의 소명과는 상관없이 자녀를 신학교에 보내어 목사를 만들어 교회를 상속시킨다면 사회에서 지탄 받는 기업이나 북한 정권의 세습과 무엇이 다를까? 더욱이 직분이 목사이기에 거짓 선생, 거짓 사도로서 받게 될 하나님의 심판은 세상 사람보다 더 크지 않겠는가?

내가 이 질문에 모른다고 한 것은 교회 내의 상황이 물질 중심의 역기능이냐 주님 중심의 순기능이냐에 따라 교회세습을 찬성할 수도 있고 반대할 수도 있다는 객관적인 정답을 말하려는 것이 아니다. 주관적으로 나 자신도 시험에 들 수 있고 넘어질 수도 있는 연약한 인생이기에 모른다고 말하였던 것이다. 이런 면에서 두렵고 떨림으로 구원을 이루어야 할 것이다. 물질로는 헤치고 주님으로는 모이자.

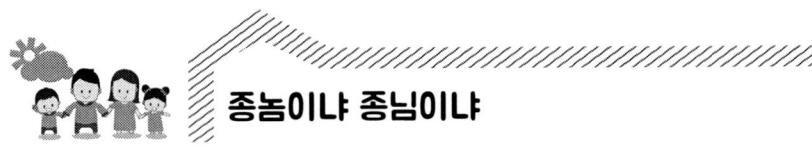

종놈이냐 종님이냐

학창시절 교내 채플(Chapel)시간에 설교하시는 연로한 노(老)교수님의 목소리는 마이크가 없어도 될 정도로 크고 카랑카랑하다. 내용인즉 요즘 목사들은 종놈이 아닌 종님으로 살려한다는 것이다. 하나님의 종은 종일 뿐인데 저 스스로 종님이 되려 한다는 말이다. 목사가 스스로 자신을 높이고 대접을 받으려 한다는 것이다. 그 이면에는 목사가 성도를 사랑하는 마음이 없다는 말이기도 하다. 목사의 말을 하나님의 음성으로 들으라고 하든가 또는 하나님의 사자로 받들라고 말을 하며 그렇게 가르치기도 하는데 틀린 말은 아니다. 그러나 그런 말을 쉽게 할 수 있을 만큼 그리스도의 사랑으로 성도를 사랑하는 목사가 적은 것에 문제가 있다.

가족의 역기능도 이와 같다. 상처 입은 아버지가 진정으로 아들을 사랑하지 못하고 내세우는 권위는 아들에게는 상처가 된다. 그러므로 순기능의 권위는 아버지가 아들을 무조건적으로 사랑하는 가운데 사랑을 받은 아들이 성숙해 가며 아들 스스로 아버지의 권위를 세워 주는 것이다. 아들은 자기 스스로 아버지의 권위를 세워 주는 것만큼 자신의 아내나 자녀, 그리고 타인을 사랑할 수 있는 능력도 동시에 생긴다. 이것이 한 몸의 관계다.

내가 사는 집 근처에 있던 개신교에서 이단이라 부르는 교회가 기존의 교회 건물을 여럿 사들였다. 자신들의 교회는 가정을 파탄하지 않는다는 대법원의 판결이 있었고 가정을 소중히 여긴다는 광고문을 교회 정문 앞에 게시(揭示)하였다. 그 교파를 만든 사람은 성경을 변개하여 자신을 하나님처럼 신격화했고 자신이 죽자 아내가 어머니 하나님으로 등극했다. 인간이 신격화되어 교리가 된다면 그 교리는 결국 성도들을 옥죄고 상처를 주는 일이 되고 그 권위는 역기능적인 권위가 된다.

사도 바울은 스스로 내가 그리스도라고 말하지 않았다. 자신은 죄인의 괴수지만 그리스도 안에서 새로운 피조물임을 고백했다. 즉, 자신은 복음의 통로에 불과한 피조물임을 강조했다. 세상에서 가장 낮은 자가 하늘나라에서는 높임을 받는다. 그러므로 권위는 교리의 문제가 아니라 삶의 문제다. 목사라고 해서 성도에게 군림해서는 안 된다. 목사 자신의 삶의 현주소를 먼저 보아야 하는데 그것이 바로 목사 자신의 가정이다. 자신의 가정에서 부모와의 관계, 부부 관계, 자녀 관계를 살펴보아야 한다. 크거나 작거나 상처가 있을 것이다. 가족의 관계도 사실 온전하거나 완전하지 않은데 가족보다도 짧은 기간에 만난 성도들과의 관계에서 목사가 자신의 권위를 먼저 내세우게 된다면 가정의 역기능처럼 교회도 역기능으로 나타나게 될 것이다. 그렇다면 '누가 온전한 목사로서 복음을 전할 수 있느냐'고 물어볼지도 모른다. 그 질문에 나는 불완전한 목사이기에 온전한 복음을 전할 수 있다고 답하고 싶다. 나의 부족과 모자람을 자랑하는 것에서 주님이 높임을 받으신다는 말이다. 즉, 자신의 부족과 수치심을 드러내야 한다는 말이다. 이런 부족하고 불완전한 인생이 그리스도 안에서 요만큼 주님이 사용하시는 그릇이 되어 쓰이고 있다고 고백할 뿐이다. 그리고 늘 성도들에게 자신의 사랑이 부족함을 스스로 느끼고 미안함을 고백했으면 좋겠다. 부족한 우리가 온전한 그리스도의 사랑에 힘입어 함께 지어져 가며 더 깊은 사랑을 약속하며 성숙해 가야 하는 것이다. 그렇게 성숙한 교회에서 목사와 성도, 성도와 성도 사이에 거짓 없는 참 사랑이 흐르게 된다면 생명력이 풍성한 교회가 될 것이다.

한 인간을 대상으로 전 인생을 살펴보면 태내기와 젖먹이일 때 어머니가 대상이었다. 자라면서 아버지와 가족, 그리고 학교에 들어가며 선생님과 친구들, 청년이 되며 이성과 동료, 그리고 자신이 결혼을 하면서 배우자와 자녀가 대상이 된다. 이런 일련의 대상과의 과정이 사랑으로 잘 충족이 되었다면 자아가 확장되어 이웃과 인류로 자아실현을 확장해 나가는 데 어려움이 없다. 그러나 그 대상과의 관계, 특히 어린 시절 부모와의 관계에서 상처를 많이 받았다면 대상과의 관계에 있어서 사랑으로 하나가 되는 일에 어려움을 겪게 된다. 그러므로 내적 상처가 많은 사람이 목사가 되었을 때 내재된 수치심으로 더욱 완벽한 목사가 되려하고 내가 목사로서 대접받지 못한다고 생각할 때 무의식적으로 느껴지는 부정적인 수치심으로 인해 분노할 수 있다. 이러한 분노를 방어기제로 가리기 위하여 사회사업가나 목사로서 좋은 이상과 신념, 그리고 차별화된 교리를 주장하며 열심히 일을 하면서 자신의 권위를 합법적으로 내세우려 할 수도 있다.

어머니는 아버지를 돕는 배필로서 아버지의 사랑을 대신하여 모성애란 이름으로 자녀들을 사랑한다. 이렇게 나를 가장 사랑해 주시는 부모님,

지식과 지혜를 가르쳐 주신 여러 스승님, 자신의 존재를 서로 일깨우며 놀이를 통해 하나가 되는 법을 가르쳐 준 친구들, 아플 때 치료해 준 여러 의사 선생님, 매일 먹을 것들로 도움을 주신 많은 농부와 어부, 그리고 나라를 지켜주신 분들, 복음을 전하여 주신 아름다운 분들 등 수 많은 분들의 은혜를 입어 감사하게 나도 그 구성원으로 살아가고 있다.

목사는 단순히 목사와 성도의 관계에 있어서 영적인 아버지와 아들의 관계를 공식처럼 대입해 하나님처럼 군림해서는 안 된다. 주님이 여러 대상들로부터 나에게 은혜와 사랑을 주신 것에 감사한 마음으로 생명의 통로가 되어 받은바 된 사랑을 전할 뿐이다. 그렇게 성숙한 사랑으로 삶을 통해 땅에 묻혀 썩는 밀알이 되어야만 비로소 싹이 나고, 잎이 나고, 가지가 자라 열매를 맺는다. 몸의 각 지체들은 서열관계가 아니다. 그저 한 몸일 뿐이다. 서로 사랑하므로 그리스도의 몸된 교회는 바로 선다. 목사가 대접받는 종님이 아닌 섬기는 종놈으로 설 때 더욱 그렇다.

송미 파이팅!

며칠 후 인천에서 아시안 게임이 열리지만 축구 예선은 이미 시작되었다. '인천 시민은 한 경기 이상 관람하자'는 현수막을 보고 인천 시민인 나는 경기일정을 찾아보았다. 여자축구 북한과 베트남의 경기가 열린다. 딸과 같이 가기로 하였다. 열심히 주먹밥과 간식을 만들어 차를 타고 경기장으로 향한다.

"통일이 언제 되면 좋겠니?"

"통일이 되면 우리나라가 더 힘들어질 것 같아요. 좀 더 늦게 되었으면 좋겠어요."

"이산가족이 되어 북쪽에 고통받고 있는 가족이 있다고 생각해 보거라."

"우리는 이산가족이 없잖아요."

"몇 단계 거치면 다 친척이고 가족이란다. 만약 우리가 북한에서 고통받고 있고 남한 사람이 잘 살고 있기에 도움을 청할 때 남쪽에서 자신들이 불편하다며 통일이 늦게 되었으면 좋겠다고 한다면 그 심정이 어떻겠니?"

"…."

드디어 경기장에 도착했다. 스탠드 한 쪽에는 빨간색 옷을 입은 북한 응원단과 반대편에는 흰색 옷을 입은 베트남 응원단이 있었다. 조직위원에서 한국 사람을 임의로 구성한 베트남 응원단은 응원에 열의가 없었지만 북한 응원단은 한 민족이기 때문인지 간간히 목소리를 높이며 응원을 했다. 인천공단에서 일하는 사람들로 생각되는 백 명 정도의 베트남 외국인 노동자들은 자국선수들을 시종일관 큰소리로 응원하고 있었다. 한쪽에는 10명 정도 붉은 옷을 입은 응원단이 있었는데 아마 자발적으로 구성된 응원단 같았다.

"우리는 하나다."

"북한 파이팅!"

북한 팀은 자신들을 조선 사람이라고 하고 북조선, 남조선으로 부르지 않는가? 북쪽의 입장을 고려한다면 '북조선 또는 조선 파이팅!'이라고 해야 하지 않을까?

북쪽도, 남쪽도 같이 하나라고 이야기하고, 통일을 이야기하지만 각자가 생각하는 통일의 의미는 많이 다른 것 같다. 소통을 하려면 상대방의 입장에서 생각하고 말하며 일치를 보려는 노력이 있어야 한다. 이런 면에서 '우리는 하나다'란 말은 서로에게 필요한 말이지만 속 깊이 들어가면 만날 수 없는 강이 있는 것 같다. 8강전에서 중국에 승리한 북한감독이 말한다.

"선수들에게는 언제나 경기장에 나가기 전 경애하는 원수님과 우리의 승리를 기대하는 조국의 인민들을 강조했습니다. 그 덕분에 선수들은 승리를 위해 자신의 모든 것을 바쳐 달릴 수 있었습니다. 남측의 응원으로 우리는 하나라는 것을 느꼈습니다."

'우리는 하나다'라는 남측 응원의 의미는 절대적인 북한 수령의 권력 하에 종속된 사람들로서 당과 수령을 위한 하나를 의미하지는 않았을 것이다.

나는 선수들의 등번호에 적힌 이름을 외쳤다. 북측이나 남측이 이야기하는 이념도 아니고 그냥 선수 자신의 이름을 불렀다. 아름답고 예쁜 이름, 그리고 녹색 그라운드를 질주하며 쏟아내는 그들의 땀과 거친 호흡을 느끼며 다른 것이 아닌 사랑하는 내 동포, 내 친척, 내 가족, 내 동생, 내 딸, 아니 나 자신의 이름을 부르고 있었던 것이다.

"송미 잘 한다!"

"송미 파이팅!"

그들, 꽃다운 나이 17살 '정심'이와 맏언니 26살 '은심'이 모두 "파이팅!"

축구장을 처음 찾은 딸에게 경기규칙을 설명해 주며 소리 높여 응원을 하였다. 4 대 0으로 전반전은 북한이 리드하였다. 지고는 있지만 최선을 다하는 베트남 선수들과 베트남 응원단의 모습에 관중들도 함께 박수를 쳐 주었다. 결국 5 대 0, 북한의 승리다.

경기가 끝난 후 스탠드 앞까지 달려와 인사하는 선수들과 뭉클한 감정을 함께 나누었다. 처음에 아빠의 응원소리에 부끄러워하던 딸이 함께 일어나 머리 위로 손을 들어 박수를 친다.

"아빠와 처음 경기장에 와서 재미있었고 감동도 있었어요. 통일이 빨리 되었으면 좋겠어요."

딸의 관전평이 나를 더욱 기쁘게 한다.

대부분의 나라 선수들이 게임이 없는 날에는 여러 곳을 자유롭게 다니지만 북한 선수들은 외부인과의 접촉이 차단된다. 메달을 딴 선수들은 그 모든 공을 최고 지도자에게 돌린다. 이는 마치 역기능의 가족체계와도 같다. 외부에는 역기능적인 체계가 잘 드러나지 않는다. 자유가 아닌 통제를 통해 별 문제가 없는 가족으로 위장되었기 때문이다. 자녀들은 그러한 위장을 인식하지 못한 채 부모가 자신에게 상처를 주게 될 때 부모이상화를 통해 부모가 자기를 사랑한다고 믿는다. 그렇게 자녀들의 감정은 오염 된다.

나는 북한 선수들이 역기능적인 체계 속에서의 관계가 아니라 자신들의 이름이 불려질 때 느껴지는 현재의 감정을 만나고 함께 공유하기를 바란다. 북한 선수들이 그 무엇이 아닌 자기 자신의 참 감정이 느껴지기 바란다. 누구에게 보여주려는 것이 아니고 참 자기를 잃은 채 누구를 위해서 사는 것도 아니며 자신을 위해 달리는 것이 즐겁고 행복하며 자랑스럽게 느껴지기 바란다.

오늘 승리한 '정심이', '송미', '은심이', '예경이' …, 모두 행복했으면 좋겠어.

내 주머니 안에는 통제 속에 있는 그들에게 전하고 싶은 초코파이 몇 개가 남아 있었다.

가해자와 피해자

결혼 초, 아내는 추위를 잘 타고 나는 더위를 잘 탄다. 어느 여름날 밤이었다. 창문 옆에 붙여 놓은 침대에서는 창가가 내 자리인데 그 이유는 시원한 바람이 창문을 타고 솔솔 들어오기 때문이다. 잠을 자는 무의식 중에 다리를 창문틀에 얹고 잠을 자고 있었나 보다. 갑자기 어깨에 불이 났다. 누군가가 내 어깨를 때렸던 것이다. 비몽사몽간에 말하였다.

"무슨 일이야?" 아내에게 물었다. 아내는 씩씩대며 "사람이 몰인정하게 등을 지고 자?" 하고 소리를 지르더니 화장실에 볼일을 보고 아무 일 없었다는 듯 이내 다시 누워 잠을 잘 잔다. 아내가 남편 다리를 창문에 빼앗겨 질투한 것인지 그렇지 않으면 전날에 아내를 서운하게 한 일이 있었는지 그 이유를 나는 모르겠다. 한 가지 내가 인식하는 것은 아내는 가해자고 나는 피해자라는 사실이다. 설령 내가 아내에게 잘못한 일이 있다 해도 잠자는 도중에 이런 일이 있었다는 것은 십분 양보해도 내가 피해자라는 사실을 바꿀 수는 없었다. 그렇다고 내가 화가 나서 소리를 내거나 싸우게 되면 잠자는 아이들까지 힘들어질 수 있기에 참고 날이 밝기를 기다렸다. 아마도 한동안 감정을 참고 있다가 잠들었던 것으로 기억된다.

며칠 뒤 아내에게 조용히 따졌다. 그때 나는 당황했고 화가 났었노라고 그러나 돌아오는 아내의 대답은 "사람이 쫀쫀하게 지난일 가지고 그래? 나는 다 잊어 버렸어." 시쳇말로 '헐…' 주객이 전도되었다는 말은 딱 이때 쓰는 말이 아닌가 싶다. 피해자인 내가 가해자인 아내로부터 미안하다는 사과를 들을 때 내가 용서한다는 의미로 해야 될 말을 아내가 하고 있었다. 더 이상의 대화가 무의미하다고 느껴졌다. 아마도 내가 아내에게 잘못한 일이 있었기 때문에 그랬을 것이라고 내가 나와 스스로 타협을 하였다. 신기한 것은 그때도 지금도 나는 그 이유에 대하여 아내에게 묻지 않았다는 것이다. 지금 묻는다고 아내가 대답할 일도 아니고 십중팔구 그런 일이 있었다는 사실도 모를 것이다. 오히려 나는 이것이 다행이라고 생각한다. 그 이유야 어찌 되었든지 20년이 넘도록 내 곁을 지켜준 고마운 동지요, 사랑하는 아내가 더 중요하지 않은가?

그건 그렇지만 요즈음 며칠 짜증을 부리는 아내가 미웠다. 곰곰이 생각을 해 보았다. 왜 그럴까? 문득 요즘 아내가 내게 한 말이 생각이 났다.

"며칠간 입안이 헐어 음식도 제대로 먹지 못하고 힘들어."

아! 기억이 난다. 난 관심도 없이 내 할 일에 여념이 없었다. 기껏 해 준 말이 아내와 눈도 마주치지 않았고 입안에 약을 바르라고 했었다. 아! 그랬구나. 분명 나는 잠자다가도 한 대 맞을 짓을 했구나. 20년 만에 그 이유를 알았다. 참 미안했다. 나는 피해자가 아니라 가해자였다.

내 어린 시절 가족체계를 보면 절대 권력을 가지셨던 아버지에 의해 아버지만이 중요하고 나는 아무것도 아니기에 나의 무의식적인 생존전략은 사람과의 갈등에 있어서 다 내 잘못이라고 인정하는 것이었다. 이 부분은 상처 입은 내면아이가 여러 가지 인생패턴 중에 회유형으로 자리를 잡게 하는 원인이 되었다. 오랜 시간이 지나고 내 내면의 상처가 많이 치유된 현재의 시점에서 보면 내 잘못이라고 인정하는 것은 과거나 지금이나 동일한데 그 의미는 현저히 다르다. 지금은 과거처럼 주위의 힘 있는 대상에 의해 무의식적인 생존전략에 의해서 내 잘못이라고 인정하는 것이 아니고 치유되어 참 자기가 기능을 하는 가운데 아내와의 관계에서 내 잘못이라고 인정하는 실제의 미안한 마음이다. 즉, 역기능에서의 미안함과 순기능에서의 미안함의 차이를 느낀다. 이것이 실질적으로 내면의 상처가 치유되었다는 증거다.

그렇다면 현재 내가 잘못하였다고 하는 부분의 긍정적인 의미는 무엇일까? 좀 더 자세히 내 내면을 들여다본다. 그 가운데 두드러진 것은 아내를 사랑하는 마음이 와 닿는다는 것이다. 그리고 아내의 감정을 이해하거나 공감하지 못하였다는 깨달음인데 이것은 내가 나에 대한 부족함을 깨달았다는 의미다. 아내가 힘들어 하거나 아파할 때 함께 공감하고, 나누지 못한 부분에 대하여 미안함을 표현하되 결코 상대방은 물론 나 자신을 탓하지 않는다. 더 좋은 사랑의 관계를 위해 현재 자신의 부족을 인지하는 것일 뿐이다.

나는 그렇게 부족한 사람이다. 피곤하고 힘든 몸으로 아내는 내게 저녁 식사를 차려 주었고 난 맛있게 먹기만 했다. 그런 나를 보며 아내는 얼마나 내가 얄밉게 보였을까? 또한 아내의 입안이 얼마나 아팠을까 생각하고 있는데 내 눈에 그동안 보이지 않았던 싱크대의 널브러진 그릇들이 보였다. 잠자는 아내에게 이불을 덮어주고 새벽에 고무장갑을 꼈다. 조심스레 물을 틀고 접시를 닦는다. 적어도 오늘은 잠자다 아내에게 맞을 일은 없을 것 같다.

내가 죽어야 네가 산다

　자신의 중독과 강박적 행동이 무엇이었든 자신이 그것에 무력했음을 깨닫고 시인하므로 자신의 부족, 즉 수치심을 끌어안지 않으면 내면화된 수치심이 중독적인 성향으로 나타난다. 그러면 자신의 신체와 정신, 그리고 가족이나 사회적인 관계를 파멸시킬 수도 있고 절대적이거나 완벽주의적인 성격을 띠게 할 수도 있다. 완벽주의를 추구하는 사람들은 다른 사람들에게 자신을 완전하고 절대적인 사람으로 인식시키며 자신이 대단하다고 여긴다. 그러나 그 뿌리가 수치심에 의해서 만들어 진다는 것을 인식하지 못한다. 수치심은 모든 감정을 오염시키고 결국 남은 것은 거짓 자기로 형성된 의지력뿐이다. 이러한 의지력으로 추구하게 되는 것의 결국은 자신이 하나님처럼 되는 것이다. 이와 같이 자신을 신격화시켜 신도들에게 절대복종을 강요하기도 한다. 자아경계선이 불분명한 성도 중에는 목사처럼 완벽주의를 추구하든가 아니면 반대로 권위주의적인 목사에게 굴종 형태를 띠며 자신의 원가족과 같이 역기능 체계의 연장선에 있는 것처럼 통제하는 목사에게서 왜곡된 안정감을 찾으려 한다. 이러한 경우 원가족의 역기능이 교회공동체의 역기능의 체계로 확장되면 목사와 성도들의 관계는 상호의존중독에 걸린다.

죄의 결과로 세상은 역기능적이기에 먼저 긍정적인 에너지가 많은 아내나 자녀에 의해서 아버지가 치유받을 수도 있다. 그러므로 남편이나 아버지가 아내나 자녀로부터 치유의 에너지를 먼저 공급받을 때 건드려지는 자신의 수치심을 직면하여 사랑을 받아들이는 것을 부끄러워해서는 안 된다. 그리고 자신의 부족을 인정하고 아내나 자녀에게 용서를 구할 수 있어야 한다.

시간이 흐르며 조부모 세대가 흙으로 묻히면 이제 부모가 조부모가 되고 자녀가 부모 세대가 된다. 그리고 자녀가 결혼을 하면 부모 곁을 떠나 부모와 같은 레벨(Level)이 된다. 그러나 역기능인 가족체계에서 부모는 결혼한 자녀의 부족한 모습을 보며 여전히 자신이 돌봐야 할 자녀라고 볼 뿐 이제 그들 스스로 독립한 부부로서 자신과 같은 동급(同級)의 인격체라는 것을 인정하지 않는다. 이것이 자녀의 부부 사이를 깨는 선악과가 된다.

역기능에서의 죽음은 순기능에서의 생명이다. 역기능의 세상에서는 사랑이라는 이름을 통하여 낮아져야 한다. 이것이 순기능에서의 높아짐이다. 사랑받지 못하고 낮아지는 것은 굴종이고 사랑을 통하여 낮아지는 것은 순복이다. 순복은 온전한 인격으로 자신이 선택하는 낮아짐이다. 굴종은 자신의 의지를 무너뜨리는 억압이요, 순복은 자신이 사랑을 받고 사랑을 하게 한다. 사랑이 없으면 세상에서 살기 위해 높아지려 한다. 세상에서 높아질수록 관계가 깨지는 역기능은 강화된다. 반면에 사랑하면 너도 살고 나도 사는 순기능이 강화된다.

가족의 체계를 교회로 바꾸어서 생각해 보자. 본(本) 교회에서 지(支) 교회가 형성되었는데 본 교회의 큰 목사님은 지 교회의 부족한 모습 때문에 지 교회의 작은 목사를 같은 동격으로 인식하지 않고 여전히 본 교회에 있을 때 목자와 양의 관계로 인식하여 간섭한다면 이것이 역기능이다. 물론 사랑하는 마음으로 돕는다고 말하겠지만 교회 대 교회의 경계선이 무너진다면 좋지 않은 결과를 낳게 된다. 진정한 도움이 되려면 지 교회의 목사와 성도들이 연합하여 서로의 관계가 1순위가 된 상태에서 그들의 선택으로 본 교회에 도움이 요청되었을 경우 이러한 도움은 긍정적인 도움이 된다. 한 예로 본 교회 목사가 지 교회 목사를 능력이 부족하다는 이유로 해임시키는 경우가 있었다. 지 교회 성도들은 이 속에서 큰 목사와 작은 목사 사이에서 이중메시지를 경험하며 무의식적 자신의 생존전략으로 큰 목사를 따르게 된다. 일부는 지 교회 목사를 따르게 되어 교회가 부정적으로 분리되는 형태를 보았다.

결혼한 자녀와 자녀의 배우자가 부족하다며 그들을 돕는다고 자녀 부부 사이에 끼어들거나 자녀 부부의 사이를 가르지 말아야 한다. 물론 자녀 부부 사이에 목숨이 위태로운 극한의 갈등 상황이 발생한 경우는 예외일 수 있다. 그러지 않고는 자녀 부부의 일에 개입을 해서는 안 된다.

부모는 자녀와의 관계에 있어서 '내가 아니면 안 돼'라는 생각을 버려야 한다. 부모가 죽어야 자녀가 산다. 내가 죽어 네가 사는 것이 사랑이기에 그렇다. 자녀가 결혼을 했을 경우 부모는 자녀와의 관계에서 자녀 부부 다음으로 2순위가 되어야 한다.

　에릭 에릭슨(Erik Erikson)의 전 인생에 걸친 심리사회성 8단계에서 마지막 단계는 자아실현으로 자아가 인류애로 확장이 되느냐 아니면 자신이 살아온 인생에 대하여 절망하느냐이다. 물론 극단적으로 나누는 것은 무리가 있지만 그동안 자신의 인생에 있어서 대상과의 관계에서 받게 되는 이미지들은 인생의 자아 확장에 영향을 미치게 된다. 특히 어린 시절 대상과의 관계에서 사랑의 공급을 잘 받아 신뢰감, 자율성, 주도적인 인격으로 형성이 되면 스트레스를 많이 받는다 해도 잘 이겨 낼 수 있으며 긍정적인 에너지가 많이 형성되어 있기에 수월하게 인류애로 자아가 확장된다.

　그러나 많은 가정이 역기능으로 상처를 많이 받아 어린 시절 불신감, 수치심, 죄책감 등의 부정적인 에너지가 형성되었기에 나이가 들면서 자신의 생에 대하여 절망을 하기 쉽다. 그러므로 자아실현을 위하여 인생의 발달단계에서 부정적인 이미지를 갖게 하는 대상과의 치유의 과정을 통하여 가족이 하나되고 자아가 확장되는 자아실현을 멈추어서는 안 된다.

　대상관계에 있어서 말은 신체적인 접촉과 함께 중요한 부분을 차지한다. 긍정적인 말, 사랑의 말을 많이 듣는 아이는 그 말이 자신의 이미지를 형성하고 내면에 각인이 되어 다른 사람과의 소통에서도 자연스럽게 말로 사랑을 고백하게 된다. 반면에 부정적인 말과 자신의 존재의 가치를 떨어뜨리는 말을 듣고 자라난 아이는 그 내면에 그 말과 그 의미가 각인이 되어 다른 사람, 또는 자신의 자녀에게도 부정적인 말이 나오게 되어 상처를 준다. 그러므로 자신의 입에서 나오는 말을 주의 깊게 살펴보아 부정적인 말이라면 긍정적인 말로, 상대방을 공격하는 유-메시지(You-Message)라면 상대방의 인격을 존중하며 자신의 의사를 표현하는 아이-메시지(I-Message)로 바꾸어 표현하면 의사소통을 통한 치료가 된다.

역기능의 가족체계에서의 부정적인 말을 긍정적으로 바꾸게 될 때 어색할 것이고 상대방도 잘 받아들이지 않고 놀릴 수도 있다. 그러나 진심을 담아 자신의 심정을 말로 고백하기를 바란다. 그것이 회(回)를 거듭 할수록 자신과 상대방에게 변화를 가져온다.

가족의 3세대 역기능 체계에 있어서 한 쪽이 서로 밀착이 되면 다른 쪽은 갈등의 관계가 된다. 와이셔츠 단추가 하나가 밀려 채워지면 다른 단추들도 채워질 수는 있어도 밀리기 마련이다. 힘들더라도 다 풀고 새롭게 채워야 된다. 바로 그 시점인 어린 시절로 돌아가 어그러졌던 자아상을 회복시키고 잘못 낀 단추를 풀어 다시 제자리에 끼우는 작업을 해야 나머지 단추들도 잘 끼워질 수 있다.

연로하신 분들 앞에서 강의를 하게 되면 가끔 물어보는 말이 있다. '상속은 언제 해야 좋습니까?' 많은 분들이 죽을 때 해야 한다고 답한다. 이유는 일찍 상속을 하면 효도를 안 한다는 대답이 대부분이다. 왜 일찍 상속을 하면 효도를 안 할까? 대부분 답을 알고 있을 것이다. 그것은 물질 때문이다. 부모가 가지고 있는 돈과 집, 그리고 전토를 다른 형제보다 더 물려받기 위해서 효도를 한다는 것이다. 그것을 부모도 알고 자녀도 안다. 이 얼마나 안타까운 일인가? 많은 사람들이 자녀가 효도를 물질 때문에 한다고 한탄을 하지만 사실은 그 이전에 부모 자신들이 자녀보다도 물질을 더 사랑한 결과라는 것을 말하는 사람은 없다. 어미 게가 자녀 게에게 자꾸 옆으로 걷지 말고 앞으로 걸으라고 한다. 그러나 어미 게도 옆으로 걸으면서 자녀 게에게 앞으로 걸으라 한다. 자녀 게들은 앞으로 걸을 수가 없다. 부모가 옆으로 걷기 때문이다. 나는 재산을 보고 효도를 하는 자식들이 불쌍하다. 사실 부모가 재산을 가지고 자녀를 조종하고 있었던 것이다. 그렇게 역기능은 대물림이 된다. 물은 위에서 아래로 흐르듯이 부모의 시각이 자녀보다는 재산에 있다는 것을 자녀는 부모의 시각을 통해 보고 있었던 것이다. 다만 부모가 그 사실을 깨닫지 못하고 있을 뿐이다. 물론 다 그렇지는 않겠지만 말이다.

온전한 사랑으로 자녀를 양육하는 부모의 시각은 의복과도 같은 물질이 아니라 자녀의 생명 자체에 고정되어 있다. 지금이라도 자녀에게 고백했으면 좋겠다. 내가 너보다 다른 것을 더 중요하게 여겼노라고, 그리고 미안하다고 고백했으면 좋겠다. 어느 부모들은 정말로 일찍 증여를 하고 자녀들에게 푸대접을 받는 경우도 있다. 그 가정을 주의 깊게 살펴보면 순기능의 가족체계와 사회와의 관계, 대인관계, 물질관계 등 여러 가지 관계 속에서의 균형이 깨지고 어느 한 쪽으로, 특히 모자(母子)가 밀착되었을 때 잘 나타났다. 그러므로 부부관계의 갈등에 대한 치료는 그 시기가 빠를수록 좋고, 하루라도 빨리 치유되어 자녀의 양육에 있어서도 자녀가 어린 시절부터 좋은 영향을 많이 받고 건강한 인격으로 잘 자라 부모에게 효도하고 사회에도 좋은 영향을 주는 인격으로 성장했으면 좋겠다.

누가복음 15장에서 모범적인 큰아들과 반항적인 작은 아들이 나온다. 미성숙한 그들은 아직 아버지의 사랑을 모른다. 아버지는 미리 상속해 달라는 둘째의 말을 들어 준다. 아마도 둘째 아들의 태도를 보면 허랑방탕하며 증여한 재산을 일찍 소비할 것이라는 것을 알고 있으면서도 둘째 아들의 말을 귀담아 들어주고 인정하며 원하는 것을 채워준다. 적어도 재산보다도 내가 널 소중히 여기고 있다는 아버지의 사랑을 둘째 아들에게 보여주고 있는 것이다. 둘째 아들은 예상대로 재산을 다 탕진하고 남의 집 종으로 살게 된다. 면목이 없어 집으로 들어가지 못하고 버티다가 너무 고통스러워 차라리 집에서 종노릇이라도 하는 것이 더 좋겠다 싶어 집으로 돌아가게 된다. 아버지는 아들의 예상과는 다르게 돌아오는 아들을 사랑으로 맞아준다. 아들은 이래도 날 사랑하고 저래도 날 사랑하는 아버지의 무조건적인 사랑을 경험한다. 그렇게 아들이 아버지의 사랑을 알도록 아버지는 끝까지 사랑한다. 그 뒤의 내용은 성경에 적혀져 있지 않지만 이제는 둘째 아들이 자발적으로 집안일에 충성하고 아버지의 말씀에 순종할 것이라 추측한다. 훗날 그 아들이 아버지가 되어 동일하게 자식을 사랑하게 될 것이란 사실을 믿어 의심치 않는다.

예수님은 요한복음 17장 1절에서 "아들을 영화롭게 하사 아들로 아버지를 영화롭게 하게 하옵소서.", 23절 "아버지께서 내 안에 계시어"라고 말씀하신 의미도 그와 같을 것이다. 아버지의 1순위가 재물이 아닌 아들이며 아버지와 아들이 하나가 되어 너는 내 안에 나는 네 안에 있게 되었다. 맏아들은 재물이 불공정하게 소비되어지는 것에 불평한다. 아버지는 그런 맏아들에게 '내 것이 다 네 것'이라고 말한다. 이 말은 아버지의 모든 재물이 다 맏아들 것이라고 생각하기 쉽다. 그러나 '잃었다 찾은 내 아들, 죽었다 살아난 내 아들을 위해 잔치를 벌이는 것이 마땅하다'는 아버지의 마음은 재물이 아닌 아버지와 아들이 한 생명덩어리라는 말이다. '내게 가장 소중한 것은 너다. 너는 나의 생명이다. 너와 네 동생도 한 생명이다' 그렇게 아버지의 음성이 재산이 아닌 생명으로 맏아들에게 들려지기를 바란다. 그리고 아버지는 맏아들이 그 사랑을 알도록 또 끝까지 사랑하실 것이다.

아버지의 마음은 '그럼에도 불구하고'의 사랑이다. 제자가 배신 할 것을 알면서도 믿어주시는 주님을 본다. 그 부족한 제자들에게 나보다 더 큰일을 하게 될 것이라고 믿어주신다. 정말로 믿음대로 된다.

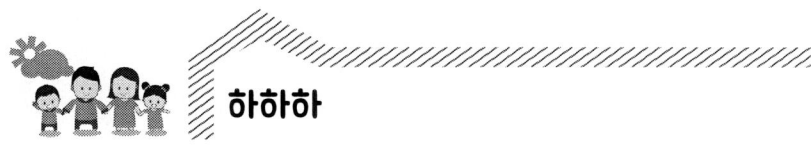

하하하

웃음소리 '하하하'는 마음속의 기쁨이나 즐거움이 여과 없이 밖으로 흘러나오는 행복한 소리다. 이 소리는 어린 아이들에게 꼭 필요한 소리이고 이런 행복한 웃음소리는 주로 놀이에서 나타난다. 그러므로 어린 아이들에게 놀이란 참으로 중요한 일이며 인격적 성장과정의 큰 원동력이 된다. 놀이에서 빠질 수 없는 것이 관계다. 한 아이가 울고 한 아이가 웃고 있다면 불편한 관계가 될 것이다. 공동체와의 관계를 놀이를 통해 배우면서 대상인 친구들과 함께 어우러져 '하하하' 승화된 웃음소리가 될 때 참 기쁨이 있다. 이 아이는 성장하여 상대방을 위해 준비된 건강한 배우자가 될 것이다.

나는 '하하하'가 아닌 '허허허'로 잘 웃는다. 내 자신만의 내면의 소리가 아닌 상대방의 고통을 공감하며 웃으려다 보니 '허허허'가 되었다. 그 한 가지 예가 아내와의 관계다. 집안일에 있어서 나와 아내가 생각하는 우선순위의 차이나 예상치 못한 감정의 충돌이 있을 때 부부싸움을 하는 대신 '허허허' 웃는 것이 나의 대답이 되었다. 옳고 그름으로 서로의 잘못을 따졌던 때도 있었다. 그러나 대부분 부부간에 서로의 미숙함에서 생기는 일들이었다. 후에 부부싸움도 자신의 내면의 상처를 배우자에게 투사하는 과정에서 일어나는 일이라는 것도 깨닫게 되었다. 특히 결혼 초에 정반대의 성격을 가진 아내와의 성격차이는 부부관계를 힘들게 하는 큰 요인이었다. 동시에 아내는 내가 나를 돌아보게 하는 거울과도 같은 역할을 하였다. 나의 상처를 보게 하고 나의 모남을 깎으며 나의 참 자기를 보게 하는 대상이 되었다. 이런 이유로 나는 가끔 아내에게 스승님이라고 부른다. 처음에는 조롱 섞인 의미도 있었지만 돕는 배필로서 나의 부족을 채운다는 의미로도 충분히 아내는 나의 스승이다.

관계에서 드러나는 성격차이는 어느 성격이 더 좋고 나쁨이 없다. 옳고 그름이 아니라 각자만의 독특한 장단점이 있다. 중요한 것은 다른 성격들이 만나 서로가 사랑으로 하나되는 과정이 치유의 과정이며 넓은 의미로는 자아실현의 과정이다. 서로의 인격이 건강하게 바로 서고 서로의 독특성이 인정되고 장점들이 발휘되면서 한 몸을 이루어 가는 것이 사랑이다.

그 과정 가운데 부정적 감정을 표출하는 아내와 감정이 충돌될 때 언제부터인가 내가 먼저 변하여 '허허허' 웃게 되었다. 그러면 잠시 후에 아내의 얼굴이 펴지고 나는 다시 한 번 더 그윽한 눈빛으로 아내를 바라보며 '허허허' 웃어준다. 드디어 아내도 입 꼬리를 양 볼에 치켜들고 하얀 이를 드러내 보인다. '하하하' 아내에게서 자연스런 기쁨의 소리가 터져 나오면 나도 어느새 동화되어 거짓 없이 웃을 준비가 된다.

"하하하."

함께 눈물이 나도록 웃기 시작한다. 멈추지 않는 웃음소리에 옆방에서 아이들이 달려온다. 이유는 중요치 않다.

"왜 그렇게 웃으세요?"

물어도 대답할 필요도 없고 또 그럴 여유도 없이 큰 소리로 눈물나게 웃는다. 아이들도 동참한다.

"하하하, 하하하."

오늘 기분이 너무 좋다.

"오늘은 외식이다."

"야! 신난다."

가끔 강의를 할 때 사과와 용서를 구하는 사람은 잘못한 사람이 아니라 잘한 사람이 해야 한다고 말한다. 어린 시절 내면의 상처, 낮은 자존감, 그리고 수치심 때문에 잘못된 행동을 하더라도 사과와 용서를 구하는 일이 쉽지 않다. 반면에 긍정적인 에너지를 좀 더 많이 가진 배우자는 사과하고 용서를 구하는 일이 더 쉬울 것이다. 부부의 갈등관계에 있어서 다 잘한 사람은 없다. 크거나 작거나 상대방에게 상처를 주었음을 인지해야 한다. 대부분 긍정적인 에너지가 많은 배우자가 객관적으로 보면 좀 더 잘한 행동을 보일 수 있겠지만 그럼에도 불구하고 먼저 사과하고 용서를 구할 필요가 있다. 왜냐하면 긍정적인 에너지가 그래도 상대방보다 많기 때문이다. 이러한 작업은 상처 입은 배우자를 인정하고 필요한 사랑을 공급함으로 상처를 씻어주는 역할을 하게 된다. 그러면 배우자가 어린 시절 받았던 상처에 고착되었던 마음들이 풀리고 치유를 경험하게 되며 그 치유의 에너지는 다시 자기에게로 돌아와 결국 함께 치유됨을 경험하게 된다.

나도 모르는 사이에 나보다 상처가 많고 나를 힘들게 했던 배우자가 어느 날 나의 부족과 필요를 채워주는 건강한 사람이 되어 있다는 것을 발견하는 기쁨이란 경험해 보지 못한 사람은 모를 것이다. 어느 분은 자신이 잘했지만 사과와 용서를 구하기로 작정을 하고 그렇게 시도를 하였는데 변하지도 않고 오히려 당연하다고 받아들이는 배우자에게 분노가 치밀어 올랐다고 한다. 그래서 사과와 용서의 한계가 어디까지냐고 반문(反問)하는 분이 있었다. 그 한계는 자신이 할 수 있을 만큼이라고 말했다. 그 이상을 시도하는 것은 자신에게 과부하가 걸리기 때문이다. 이럴 경우 주위의 누군가에게 도움을 청할 일이다. 대부분 부부치료를 담당하고 있는 상담자가 이러한 것들을 조절해 준다. 상담자가 없다면 도울 수 있는 분이 하나님일 수도 있고 부모나 형제일 수도 있다. 용서에 대하여 예수님은 "일흔 번의 일곱 번이라도 용서하라"고 말씀하셨다. 나는 그 많은 수만큼 용서를 해 보려 시도하다가 내가 오히려 용서받을 사람이라는 것을 알게 되었다.

처음에 '허허허' 웃을 때 나는 아내보다 낫다고 생각했었다.

두 번째 '허허허' 웃을 때 어느 순간 나에게 아내의 상처가 보이기 시작했다.

세 번째 '허허허' 웃을 때 나는 아내와 함께 아파하며 그 아픔을 공감하였다.

네 번째 '허허허' 웃을 때 아내 마음의 빈 공간에 아내의 필요를 채워 주었다.

아내가 활짝 웃기 시작했다.

"하하하"

"하하하"

나도 함께 웃으니 아이들도 따라 웃는다.

"하하하, 하하하"

오늘 저녁상에 생선 두 마리와 달걀 프라이 다섯 개가 올라왔다.

"식구가 넷인데 왜 달걀이 다섯이오?"

아내는 나보고 하나 더 먹으란다.

그렇게 우리 집에 부부싸움 대신 '오란이어(五卵二魚)'의 기적이 일어났다.

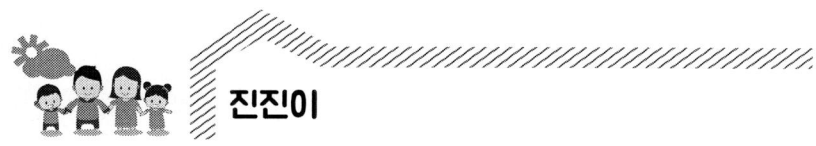

진진이

진진이는 아이들이 어렸을 때 우리 가족이 되었던 강아지 이름이다. 왜 이름이 진진이라고 불렸는지는 기억이 나지 않는다. 불행히도 그 진진이를 사랑으로 잘 키워야 했었는데 그러지 못한 아쉬움과 안타까움, 그리고 미안한 마음이 든다.

당시만 해도 우리 집은 역기능이 심한 편이었다. 성격이 정 반대인 아내와 나는 갈등이 있을 때 서로를 인정하지 않았고 내면에 쌓였던 어린 시절의 상처 입은 감정들을 서로에게 쏟아 냈다. 간단히 말해 부부싸움을 하였다. 그와 같은 역기능의 분위기는 고스란히 아이들에게 부정적인 영향을 주었다. 어느 날 아이들은 친구 집에 있는 강아지를 보고 조르기 한판을 시작했다. 아내는 집 먼지나 털 알레르기가 있음에도 항복하고 말았다. 대신 털이 짧은 강아지를 선택했고 먹이를 주는 일과 배설물을 치우고 목욕을 시키는 일 등은 아이들이 담당하는 것으로 타협을 하고 데려왔다. 사실 진진이란 이름은 촌스러운 이름이라고 느꼈다. 아마도 어린 아이들이 자신의 눈에 비친 강아지를 보고 자신들의 입에서 나오는 발음대로 부르다가 지어진 이름이 진진이가 아닌가 싶다.

진진이는 대천에 사는 아내의 친척집에서 데려와 우리 집에 발을 들여 놓았을 때 무척 쾌활하고 명랑한 강아지였다. 아무에게나 꼬리를 흔들며 경쾌하게 짖으며 따라다녔다. 그 행복은 오래가지 않았다. 아이들은 먹이 주는 일, 배설물 치우는 일 등의 약속을 지키기엔 너무 어려웠다. 결국 털 알레르기가 있는 아내가 날리는 털들 앞에서 재채기를 하며 먹이를 주고 배설물을 치우며 쌓이는 감정들을 진진이에게 표출하게 되었다. 그 행동은 외마디의 큰소리와 함께 빗자루로 한 대 때려 주는 것이었다. 진진이는 견공인지라 '개 무엇'이라 말하는 것이 욕이 되지는 않겠지만 그렇다고 내 귀에는 평범한 말로도 들리지 않았다. 어쨌거나 그 명랑했던 진진이는 날이 가며 풀이 죽었고 주인이 아픈 자극을 줄 때마다 움츠려 들었다. 급기야 또 다른 행동을 보이기 시작했는데 그것은 주인이 빗자루를 들었을 때 으르렁대기 시작하였던 것이다.

그 주인이란 말에는 아내는 물론 나도 끼어 있었다. 아내가 먹이를 안 주면 안쓰러운 마음에 내가 주어야 했고 배설물도 잘 안 치워 냄새가 나면 가끔 청소를 하곤 했다. 거기서 끝나면 좋으련만 쌓인 감정이 많은 날에는 가끔 나도 빗자루 본연의 의무를 져버리고 아내처럼 진진이가 싫어하는 다른 용도로도 사용하였다. 가족체계 내에서 역기능의 아픔을 아이들과 함께 진진이도 함께 지고 있었던 것이다. 내 자신의 내면의 치유와 부부치유에 관심을 갖고 상담을 받고 공부도 하며, 가르치기도 한 지 십년의 세월을 넘기며 내면의 치유와 함께 부부치료가 되었고 동시에 자녀까지도 치유되는 경험을 했다. 아내와 나는 자신의 수치심을 맞닥뜨리는 일에 두려워하지 않았으며 시간이 지나며 서로에게 용서를 구하고 사랑을 고백하였다. 물론 아이들에게도 용서를 구하였고 사랑을 표현하기 시작했다. 아이들의 밝아진 얼굴은 우리 부부의 사랑의 척도가 되었다.

아! 그렇다면 진진이, 그 강아지는 어떻게 되었을까? 처음에 호기심이 많았던 아이들은 대부분의 아이들이 그러하듯이 시간이 지나며 강아지에 대한 흥미가 줄어들었고 아내는 털 알레르기로 고통을 받았으며, 진진이도 나름대로의 스트레스가 있었기에 진진이를 고향으로 돌려보내기로 결정했다. 물론 원 주인의 허락을 받았기에 가능한 일이었다. 몇 년이 지난 어느 날 진진이의 소식을 들었다. 고향에서 엄마견공이 되어 자녀들과 함께 넓은 들과 푸른 산을 마음껏 뛰놀며 행복하게 살고 있단다.

부부 갈등으로 역기능이 지속되는 가족에서 어린 자녀가 계속적으로 상처를 받는다면 환경을 바꾸어 순기능 체계를 지닌 친척이나 학교, 또는 공동체를 찾아 유학을 보내는 것도 좋은 방법이 될 수 있다. 물론 그 기간 동안 부부는 최선을 다해 부부치료에 적극 참여해야 할 것이다. 그렇게 하여 부부가 사랑의 길로 접어들었다면 유학 갔던 자녀를 원가족의 품으로 초대해도 좋을 것이다. 그리고 자녀에게 넘치는 사랑을 쏟을 일이다. 부부가 서로 사랑하면 자연스럽게 자녀사랑으로 이어진다. 부부가 서로 미워하면 자녀에게 서로 반대의 자극을 주게 된다. 이것 자체가 이중메시지로 자녀는 상처를 받게 된다. 그러므로 자녀를 사랑함에 앞서 부부가 먼저 서로 사랑해야 한다. 부부가 먼저 사랑하면 자녀는 동일메시지로 사랑을 받아 건강하고 온전한 인격이 된다.

우리 집이 역기능에서 순기능의 체계로 바뀌었다고 생각이 드는 어느 날 진진이가 생각이 났다. 미안한 마음이 들었다. 지금이라도 집으로 진진이를 다시 초대해서 사랑을 듬뿍 주고 싶은 마음이 들었다. 그러나 견공의

평균 수명을 훨씬 넘긴 진진이이기에 기억만 할 뿐이다. 미안해 진진아!

발리에서 생긴 일

발리는 5년 전 대학교 졸업여행에 초대받아 학생들과 함께 했던 여행지다. 관광버스는 아융강으로 향하고 있었고 그 안에는 은행장 부부가 있었다. 은퇴가 얼마 남지 않아 말년을 의미 있게 보내고 싶어 사회복지학을 배우게 되었다고 한다. 아내는 남편이 믿음에 대한 결단을 할 수 있도록 도와 달라고 내게 부탁을 했다. 머뭇거리는 은행장에게 오늘 당신의 영혼을 하나님이 데려가시면 나머지는 무엇이 되겠냐고 도전하였다. 달리는 버스 안에서 성령의 은혜로 믿음에 대한 결단을 하였다. 그러자 학생들은 한국어를 하는 현지인 가이드에게 복음에 대하여 설명해 달라고 요청하였다. 학생들로부터 사전에 복음에 대하여 설명을 들은 터라 간략하게 묻는 질문들에 가이드는 믿음을 고백하였고 나는 그가 그리스도인이 되었음을 선포하였다. 아융강은 래프팅을 하러 가는 장소였지만 이들에게는 침례(세례)를 받는 장소가 되었다. 폭포가 있는 강 앞에 이르러 침례에 대하여 설명을 하자 두 명이 세례는 받았지만 믿음이 불분명하여 침례(세례)를 받고 새롭게 믿음생활을 시작하고 싶다고 알려왔다. 그래서 다섯 명에게 침례(세례)를 주었다. 전 날에 비가 많이 온 탓에 20미터 되는 협곡을 지나는 강물 위로 흙더미와 커다란 나무가 쏟아졌는데 공교롭게도 은행장이 탄 배를 덮쳤다. 그 배의 가이드는 흙더미에 깔려 물속으로 쳐 박혔고 나무는 은행장 부부 사이로 떨어졌다. 다행히 가이드는 대퇴부에 가벼운 타박상만 입었고 은행장 부부는 무사했다. 한 시간 전 네 영혼을 하나님이 부르시면 무엇이 되겠느냐는 말이 상기되며 우리는 가슴을 쓸어내렸고 믿음의 결단을 내릴 수 있도록 도우신 주님께 감사했다. 여행 후 현지 한국인 선교사를 찾아 가이드를 현지인 교회로 안내하였다. 은퇴한 은행장은 자신들의 집 근처 교회에 등록하여 매년 선교지를 찾아 열심히 선교를 하고 있다는 소식을 들었다. 발리의 아름다운 풍광처럼 은혜가 있었던 이곳에 가족과 함께 다시 오고 싶은 마음이 있었다.

　올해 가족여행은 이미 다녀온 터라 시간이 있었던 딸에게 여행을 제안했고 딸은 흔쾌히 승낙하여 드디어 부녀가 발리에 가게 되었다. 먼저 항공권을 끊고 호텔을 예약했다. 9박 11일 중 중간의 3박 4일은 시골에서 보내게 되었다. 꼭 해야 할 것으로 정했던 래프팅과 코끼리 사파리를 마치고 시골에 있는 빌라로 들어갔다. 딸의 불평이 쏟아졌다. 시골에서는 할 것이 아무것도 없다는 것이다. 그래도 하나님의 뜻이 있을 것이란 말로 위로를 하였지만 딸의 귀에는 아무것도 들어오지 않았다. 다음 날 아침식사로 아메리칸식을 택한 딸은 세 쪽의 식빵가운데 하나를 맛있게 해치웠다. 두 번째를 먹으려던 순간 식빵 테두리에 녹색 곰팡이가 피어있는 것을 발견했다. 직원을 불러 사실을 알리자 빵을 바꾸어 와서 테두리만 썰어내면 안에 것은 먹어도 된다고 한다. 진정한 사과가 아니었다. 이미 한 개를 다 먹었다고 항의하자 미안하다며 사과한다. 당황하는 직원이 안쓰러워 나는 괜찮다고 하였다. 식사 전에 걷기 싫어하는 딸을 두고 나만 시골길을 걷기로 약속이 된 터라 딸은 서둘러 방으로 들어갔고 나는 곧바로 배낭을 메고 시골길을 걷기 시작하였다. 날은 덥고 태양은 뜨겁다. 흐르는 땀에 쌓여있던 노폐물이 배출되는 것 같은 느낌으로 몸은 피곤하지만 기분은 상쾌하다.

빌라에 돌아오자 딸은 몹시 화가 나 있었다. "곰팡이가 핀 빵을 먹은 것은 난데 왜 아빠가 괜찮다고 해요?" 그 말이 맞는 말이었기에 미안하다고 사과를 했다. 직접 사과를 받고 싶어 했기에 매니저가 직접 딸에게 사과해 달라고 프런트에 부탁을 했다. 아침 이후 딸은 배가 아프기 시작했고 이윽고 오후에는 설사를 하였다. 그러나 저녁이 되도록 사과에 대한 소식이 없자 은근히 화가 나기 시작했다. 프런트에 갔더니 매니저가 있었다. 지금까지의 상황을 알리고 딸을 불러냈다. 딸은 분노의 감정을 터뜨렸다. 완벽한 영어는 아니었지만 자신이 곰팡이가 있는 빵을 먹었고 배가 아팠으며, 화가 나서 하루 종일 방에서 나오지 않았고 설사까지 했다고 항의했다. 매니저는 사과대신 원하는 것이 뭐냐며 되물었다. 진정한 사과를 원했는데 오히려 원하는 것이 뭐냐는 물음에 딸은 모두 환불해 줄 것과 다른 호텔로 즉시 바꿔 달라 요청하였다. 다른 호텔로 바꾸는 비용을 낼 수는 없지만 모두 환불 처리하는 조건으로 합의가 되었다. 딸은 자신이 이렇게 화를 낼 줄 몰랐다며 그러나 마음은 시원하다고 한다. 과거 학교폭력의 희생자이기도 했던 딸이었기에 그 후 분명한 자아경계선을 확립할 수 있도록 치유하며 도왔던 터라 그 결실을 보는 것 같아 기뻤다. 그날 밤은 자신의 감정에 대하여 대화를 나누었다. 현재 자신이 느끼는 감정 중에 분노의 감정을 느낄 때와 그 분노를 타인에게 쏟아냈을 때에 다시 느끼게 되는 감정에 대해 주고받았다. 그리고 이 사건 이후에 레스토랑의 직원이 받게 될 일들은 무엇일까 물어보았다. 그 직원에 대한 생각을 해보지 못했다는 딸은 분노를 터뜨리게 될 때 좀 더 신중히 생각해 봐야 되겠다고 말한다.

그렇다고 분노를 무조건 억누르는 것은 좋지 않다. 분노의 감정에 대한 주인은 자신이며 그 결정은 자신이 해야 한다. 나와 타인과의 관계에서 자신이 가장 원하는 부분이 무엇인가를 인식하고 그것을 결정하고 실행할 수 있는 것이 자신이 되어야 한다는 것에 대하여 이야기를 나누었다. 다음날 매니저는 말을 바꾸어 아침 식대만을 환불해 준다고 한다. 그러나 이것은 우리들에게는 문제가 되지 않았다. 어제 밤 우리에게 주신 하나님의 은혜가 있었기 때문이다. 시내로 돌아오는 차안에서 딸이 말한다.

"아빠, 이 일을 경험하게 된 것은 하나님의 은혜인 것 같아요."

오월, 가정의 달

오월은 가정의 달이다. 가정이라는 단어는 가족과 같은 의미로 쓰이고 있다. 그렇다고 가족의 달이라고는 하지 않는다. 그렇다면 가정과 가족의 차이는 무엇일까? 사전적인 정의를 보면 먼저 가족(家族)은 부부를 중심으로 하여 그로부터 생겨난 아들, 딸, 손자, 손녀 등 가까운 혈육들로 이루어지는 집단이며, 가정(家庭)은 부부를 중심으로 그 부모나 자녀를 포함한 집단과 그들이 살아가는 물리적 공간인 집을 포함한 생활 공동체를 통틀어 이르는 말이다.

가족에게 있어서 집이라는 공간과 생활 공동체라는 관계와 체계가 포함되는 것이 '가정'이라는 말이다. 그러므로 가정은 가족의 체계를 이루며, 그 체계는 부부를 중심으로 자녀와 손자와 손녀로 이루어진다. 손자와 손녀가 있다는 것은 이미 부부는 할아버지와 할머니가 되었다는 말이며 그 자녀들은 자신들과 동격인 부부가 되었다는 말이기도 하다. 그리고 한 세대가 지나면 조부모는 하나님의 부르심을 받아 소천하게 되는 것이 인생이다.

자녀는 누구도 자신들이 자신의 의지로 부모를 선택해서 세상에 나오지 않는다. 부모의 사랑의 결과로 자녀는 태어나는 것이다. 그렇다고 부모가 자신의 자녀를 처음부터 아들, 딸 구별하여 낳을 수는 없다. 단지 초음파로 분만하기에 앞서 성별을 알 수 있을 뿐이며 그들의 생김새와 성격 등을 결정하지도 못한다. 이런 면에서 부모들은 하나님 앞에서 겸손히 감사함으로 자녀를 받아야 하며 자녀는 내 소유물이 아니라 하나님의 선물이요, 한 인격이며 자라서 나와 동격인 부모가 된다고 할 때 내 생명과 계보를 이어 갈 또 다른 '나'다. 그런 의미의 나에게 불가항력적으로 세대에 걸쳐 기록되어지는 것이 있는데 그것이 가족체계다. 이것은 모든 관계들이 머리와 마음과 영에 저장이 된다. 정도의 차이는 있겠지만 역기능적인 요소를 안고 부부가 되어 나름대로의 역기능이 새로 재생산이 된다.

자녀였던 내가 결혼을 하여 부부가 된 후 자녀를 낳아 두 아이 모두 대학생이 되었다. 이미 덩치로는 부모를 앞섰다. 그 20여년의 세월들을 뒤돌아보면 많은 일들이 있었다. 부부 사이에서 서로가 서로에게 사랑을 통한 1순위가 되지 못했던 때가 많았다. 남편과 어머니와의 밀착으로 나타나는 고부 간의 갈등, 부부싸움으로 인하여 아내와 아이들이 밀착되어 자녀들에게 상처를 주게 되는 것 등이 있었다. 그것을 극복하는 데 많은 시간이 필요했다. 대부분의 가정에 있어서 이러한 역기능의 체계가 강화가 되면 부부는 이혼을 하게 되기 쉽고, 여러 가지 중독이나 학대와 폭력형태로 나타나게 된다.

학대와 폭력은 힘이 있는 자가 힘이 없는 자에게 고통을 주는 형태다. 그러므로 역기능 가족에게서는 부모에 의하여 자녀가 학대와 폭력을 당하게 된다. 물론 대부분 그 부모 역시 어린 시절에 자신의 부모로부터 피해자였다.

2016년에는 친 부모에 의하여 자녀가 학대를 받거나 숨을 거두는 사건이 많았다. 이러한 사건들로 국가에서는 장기결석아동 전수조사에 들어가게 되었다. 1월에는 초등생 아들을 학대, 살해한 뒤 시신을 여러 토막내 3년 동안 냉동실에 보관한 사건이 발생했다. 아버지는 무직의 게임중독자였다. 시신을 토막 내기 직전에 치킨을 시켜먹었고 시신 냄새를 숨기기 위하여 청국장을 끓였다. 2월에는 부천 여중생 백골시신 사건이 있었는데, 아버지는 독일 유학파 목사이자 신학대 교수였고 엄마는 계모였다. 3월에는 생후 2개월 딸을 부상당하게 한 뒤, 그대로 방치해 숨지게 하였는데 여아에게서는 성폭행이 의심되었다. 그 부모는 22살 동갑내기 부부로 뚜렷한 직업이 없고 남편은 게임중독자였다. 이러한 사건들은 빙산의 일각이다.

가족이나 가정은 부부를 중심으로 이루어진다는 사실에 주목했으면 좋겠다. 역기능 체계에서 갈등을 하고 있는 부부라면 자신의 부모로부터 자신들의 자녀에 이르기까지 가족체계에 대하여 폭넓게 이해해야 할 필요가 있다. 또한 자신만이 아니라 배우자의 상처를 볼 수 있는 시각이 필요하다. 그렇게 되면 자신의 내면의 치료만이 아니라 부부치료가 되고 궁극적으로 가족치료로 이어진다.

오월은 어버이날보다 어린이날이 먼저 있다. 아마도 자녀가 없으면 부모가 될 수 없기에 어린이날이 먼저 있지 않나 생각해 본다. 자녀가 없는데 부모가 될 수 없으며 자녀가 없으면 나의 생명을 이을 수 없기에 부모의 모든 것이 사랑을 통하여 자녀에게 쏟아질 때 순기능의 가정이 된다. 그렇게 남편은 아내를 사랑하고 그 사랑의 결과가 자녀로 이어지는데, 그 근원은 사랑의 하나님이다.

상처 있는 부모라도 자신의 상처를 자녀에게 쏟는 일을 멈춰야 한다. 그 학대와 폭력, 그리고 옳은 신앙과 신념을 통해 교묘하게 위장되어 나타나는 억압을 멈추어야 한다. 이러한 학대와 억압은 부모 스스로가 인지하기 몹시 어렵다. 가족의 갈등으로 고통을 받고 있는 부모라면 먼저 자신의 마음 중심에 스스로 물어 보아야 한다. '내가 자녀를 위해 목숨을 버릴 수 있는가?' 어느 드라마에서 왕이 왕자에게 묻는다. '백성을 위해 왕좌도 내 놓을 수 있느냐? 네 목숨도 내 놓을 수 있느냐? 그렇지 않다면 너는 왕이 아니다' 목사에게도 동일한 말일 것이다.

'성도를 위하여 내 몸을 버릴 수 있느냐? 그렇지 않다면 목사가 아니니라'

사랑하면

사랑하면 이래도 좋고 저래도 좋다. 아무리 아름다운 여행지라도 싫어하는 사람과 함께 있다면 아름다움을 느끼기 어렵고 사랑하는 사람과 함께하면 불모지도 아름다운 여행지가 된다. 한낮에도 산이 붉은 노을로 물들었다. 나의 인생도 가을과 함께 깊어진다. 많은 상처와 아픔, 희열과 감동, 슬픔과 기쁨이 녹아들어 이제 제법 어떠한 감정도 그리고 어떠한 사람도 어느 정도는 이해할 수 있다고 여겨지지만 어느 순간 마음 한 구석에서 쓴 뿌리가 돋아나 용서를 못하는 자신을 느낀다.

그 분노의 가시는 나도 모르는 사이에 여전히 상대방을 찌르고 있었다. 떨어진 낙엽이 밑거름이 되어 나무에 새로운 잎을 달아 주듯 겉 사람이 후패하고 속사람은 날로 새로워진다. 가을의 풍성함과 그 여유처럼 속사람은 나의 시각을 바꾸어 주님의 시각으로 나와 타인을 보게 한다. 네 가시 때문에 내가 아프다 했으나 내 가시로 네가 아팠음을 알게 되었다. 나의 가시를 내 자신이 조용히 부러뜨렸다. 그러나 그는 여전히 자기의 가시로 나를 찌른다.

'너를 위해 내 가시를 부러뜨렸는데 너는 왜 아직도 나를 찌르니?' 화가 났지만 그 화가 가시로 다시 돋아 여전히 상대방을 찌르고 있었다. 어둠이 걷히고 그를 바라보니 그가 나를 찔렀다고 생각한 가시는 내가 그의 몸을 찔러 그에게 박힌 가시들이었다. 그는 어둠속에서 붉은 눈물을 흘리고 있었던 것이다. 그 분은 주님이셨고, 내 가족이었고, 이웃이요, 형제였다.

'네 잘못이 아니야, 내가 죽어 네가 산다면 내가 산거야, 내가 네 안에 살고 싶어, 내가 네게로 들어가고 너는 내게로 들어왔으면 좋겠어, 내가 널 사랑해'

사망의 음침한 길을 걸어도 해(害)받을 것을 두려워할 필요가 없는 것은 주님이 나와 함께 하시기 때문이다. 나를 위해 죽어도 좋을 사랑의 길이 십자가의 길이지만 죽고 살아나신 그 사랑으로 주님은 내 안에 오셨다. 나는 다시 나의 가시를 기쁘게 부러뜨린다. 사랑하는 대상을 맞이할 준비로부터 영생의 문이 열린다.

다섯 살이던 아들은 철재 방화셔터에 목이 끼여 숨이 멈춘 일도 있었다. 이웃의 도움으로 인공호흡을 통해 숨이 다시 붙었다. 그 소식을 처음 들었을 때 난 "다른 아이가 아니라서 다행입니다. 제 아이가 고난을 받아 다행입니다. 하나님의 영광을 가리지 않아 다행입니다"라고 고백을 하였다. 그것이 믿음인 줄 알았다. 그 후 1년 뒤 상담학을 배울 수 있는 길이 열렸지만 등록금이 없어 진학을 어떻게 해야 할지 주님께 기도하는 가운데 강하게 주님의 음성을 듣게 되었다.

"네가 날 사랑하느냐?"

"네, 제 아들보다도 주님을 더 사랑하잖아요?"

"너는 지금 자녀가 다 있지? 내 독자 예수를 너를 위해 죽음에 넘기면서까지 사랑하는 그 사랑을 너는 알겠느냐?"

나는 소스라쳐 놀랐다. 순간 나는 상처 입은 내면아이가 살아났다. 권력자이신 아버지 밑에서 나는 아무것도 아니고 아버지만이 중요한 존재라는 인생패턴이 모범생과 목사라는 가면(假面)을 쓰고 있다는 사실을 깨닫게 되었다.

나는 내 아들을 주님께 바칠 정도의 믿음이 아니었다. 역기능 가정에서의 참 자기가 아닌 거짓 자기로서 나는 아무것도 아니고 권력자이신 아버지가 중요한 존재이기에 그 분에게 잘 보여야 내가 살 수 있다는 생존전략이 심리적으로 작동하고 있었던 것이다. 그리고 이 인생패턴은 하나님께도 같은 역할을 했다. 즉, 나는 아무것도 아니고 하나님만이 중요하다는 인생 패턴이다. 그러기에 청년의 어느 시기에는 새벽기도를 한 번도 빠져서는 안 된다는 일념으로 새벽예배에 참석을 했었고 어쩌다 늦잠을 자든가 지방으로 수련회를 가게 되어 새벽기도 시간을 지나치게 되면 오후나 다음 날이라도 혼자서 예배당에 나와 기도했었다. 그래야만 조금이라도 마음이 편해질 수 있었다. 나의 가족의 역기능 체계에서 권위가 있는 아버지와의 통제를 받았던 것처럼 하나님의 통제를 받게 되는 것이 익숙하게 생각되었던 것이다. 그러나 편할 수 없던 이유는 강박주적인 힘이 나를 계속 밀고 있기에 힘에 버거웠다는 것이다. 강박적이고 중독적인 역기능은 내가 아들보다 하나님을 더 사랑한다고 말을 했지만 사실은 아들을 팔아서 하나님 앞에서 내가 살려했던 것이었다. 나는 아들에게 미안했다. 그 이후에 목회보다는 내 개인의 치유와 부부관계, 자녀와의 관계, 부모와의 관계 치유에 전념하였다. 첫 번째로 나는 나 자신도 중요한 존재요, 사랑받을 존재라는 사실을 자신에게 일깨우며 건강한 자아경계선을 갖고자 노력을 했다. 내면의 치유와 함께 이루어지는 가족치료는 복음의 씨가 열매로 가는 과정과 같았다. 나는 나의 내면의 상처에 대한 치유를 위해 누구의 눈치를 보고 어느 힘센 대상에 의해 움직여서는 안 된다고 생각을 하게 되었다. 그래서 나는 나 스스로에게 상을 주는 방법을 택했다. 나 혼자 좋은 음식을 선택하여 먹는다든가, 가고 싶은 곳을 스스로 찾아 여행을 하며 나 자신 안에서 내가 원하는 소리를 듣고 채워가며 나 자신 스스로가 중요한 존재라는 것을 경험하고 치유하는 작업을 이어갔다.

　나의 상처에 대한 직면을 통해 내 그림자를 깨닫는 순간 나의 사역에도 몸살을 앓게 되었다. 내 자식도 진정으로 사랑하지 못한 목사가 성도들을 진정으로 사랑할 수 있을까? 그래도 자식을 위해서는 대신 목숨을 내줄 수 있는데 성도들을 위해서는 대신 목숨을 내줄 수 있을까? 나는 자신이 없었다. 목사라면 당연히 성도를 생명처럼 사랑해야 하는데 그러지 못하는 내 자신에게 화가 났고 성도들에게는 미안했다. 결국에 고백을 하게 되었다. 나 자신은 복음을 외쳤지만 당신들을 생명으로 사랑하지 못하는 부족한 목사라고 고백하였다. 그리고 좋은 목자를 찾아 떠나시라고 했다.

개척 후 이제 겨우 자립할 수 있게 되었는데 성도들이 이탈을 하며 우리 가정은 경제적인 타격이 있었고 아내는 내게 왜 잘하다가 그러냐며 제지를 하였다. 그러나 더 이상 거짓된 삶을 살기 싫었다. 이러한 상황과 함께 아내와의 성격 차이는 많은 갈등과 부부싸움으로 이어졌고 이는 고스란히 아이들에게 상처로 자리를 잡게 되었다.

아내와 결혼을 하며 바로 신학대학원을 들어가 학업을 마친지 얼마 안되어 시작한 목회였지만 이번에는 아내와의 부부관계 치유를 위해 상담학에 매달렸다. 자연히 목회는 뒤쳐질 수밖에 없었지만 나는 이것이 잘한 일이라고 생각한다. 먼저 내 자신의 상처와 부부의 관계, 그리고 가족의 치료가 필요했던 것이다. 그러나 그 당시는 그 일들이 몹시 힘들고 어려웠다. 게다가 나 자신이 어머니와 밀착된 관계는 고부 간의 갈등을 만들었다. 홀 어머님을 모시고 10년을 같이 살던 어느 날 나는 분가를 결심했다. 상담학과 성경을 함께 배우며 분가가 필요하다는 것을 알게 되었다. 현재의 역기능 가족의 삼각체계에 있어서 시급한 것은 부모세대와 부부세대의 경계선을 만들어 주는 일이었다. 분가를 하게 되면서 어머니는 사랑하고 믿었던 자식에게 큰 배신감을 느끼셨다. 자식을 이기는 부모는 없다며 이럴 수밖에 없는 이유를 설명해 드렸다. 아이들의 상처에 대한 치유를 위해서라도 부부관계가 원만해져야 하며, 그 이후에 건강한 모습으로 어머니를 다시 모시겠다고 약속을 드렸다. 그러나 그 내용을 이해하지는 못하셨다.

나는 밀착된 모자(母子)관계였다. 이런 경우 대부분 어머니는 아들의 심리적인 대리 아내이며 아들은 엄마의 심리적인 대리 남편이 된다. 이러한 밀착은 사실 끊기 어렵다. 효도라는 말로, 도덕과 윤리, 또는 종교를 내세워 엄마에게는 며느리요, 아들에게는 아내에게 엄마와 아들이 밀착이 되어 순종을 강요한다. 순종을 강요하면 할수록 갈등은 증폭된다. 물론 사건들에 있어서 누구의 잘못이 크냐를 따질 수는 있겠지만 문제 해결은 되지 않는다. 아내 또한 원가족에서의 상처가 있을 것이고 자신이 감당할 수 있는 용량보다 현재의 스트레스가 크면 견딜 수가 없게 되는 것이다. 이것은 도덕과 윤리의 문제보다 더 먼저 생각해야 될 문제. 그러므로 상담의 핵심이요, 가족치료의 첫 번째 작업은 부부관계를 1순위로 해야 한다는 것이다. 부부관계가 해결이 되면 자연스럽게 자녀문제도 해결이 된다. 그러면 부모와의 문제도 해결할 수 있는 긍정적인 에너지가 확보된다.

나의 경우 역기능을 치유하고자 노력했던 10년이 지나 부부관계가 어느 정도 회복이 되었고 자녀들이 포함되는 가족치료를 5년 정도 더 지속하고 있던 어느 날 아내가 어머니를 모시자고 자발적으로 말한다. 나에게 있어서 아내가 1순위라는 말과 그 말에 따른 일관성 있는 행동은 아내의 마음을 치유하게 되었다. 성격이나 생활양식 등이 다른 시어머니지만 함께 살아도 남편을 뺏기지 않을 자신감이 생겼나보다. 부부가 치유되며 자녀들도 덩달아 상처에서 회복되었고 우리 가족은 역기능에서 순기능 체계로 전환되어 많은 스트레스도 이겨나갈 에너지를 제공할 수 있을 정도로 용량이 커져있었다. 비록 분가를 하고 있는 상황이었지만 어머니와의 관계도 조금씩 좋아지고 있었다. 나의 가족이 행복해지며 어머니 또한 기뻐하셨고 같이 살자는 며느리의 말에 감동을 받으시고 "너희들이 행복하게 잘사는 모습을 보니 기쁘다. 지금은 괜찮으니 수족을 못놀릴 때 함께 합치자."며 사랑의 마음을 전하셨다.

　나는 분가를 할 때는 어머니를 버린 것 같았지만 가족의 치유로 어머니까지 회복되어 함께 행복을 누릴 수 있는 봄날이 왔다. 그동안 나 자신의 치유 과정에서도 교회와 대학에서 기독교상담학을 가르치면서 동시에 많은 이들의 아픔을 치유하고 회복하도록 도왔다. 그 과정 가운데 어머님은 무릎수술, 위암수술, 심장수술, 뇌종양수술에 이르기까지 큰 수술을 여러 차례 겪으셨다. 어머니는 딸이 10년 전 미국으로 이민을 가며 하나밖에 없는 아들인 내게 많이 기대셨다. 사실 해외 선교지로 부임받아 갈 수 있었지만 홀어머니를 두고 갈 수는 없었다. 내적 갈등이 있었지만 신앙양심에 의해서도 부끄러움이 없었다. 지금 생각하면 가족치료에 대한 이해와 경험, 그리고 믿음에 대하여 실제적인 삶을 적용하며 이러한 일들이 나에게 꼭 필요한 일이었다고 생각한다. 그러나 당시에는 경제적인 어려움, 내 자신 스스로가 삯군 목자라고 고백하며 위축되었던 교회, 계속되었던 상담학 공부, 어머님의 병환 등으로 더 이상 목회를 지속할 수 없었다. 나는 담담하게 내게 주신 은혜가 족하다 여기며 목회를 내려놓았다. 작년부터 서울의 노원샘물교회를 담임하시는 목사님이 암으로 투병중이어서 힘들어하실 때 대신 말씀을 전하며 기도로 동역했다. 올해 초에 목사님이 소천하시고 전도사로 사역하시던 사모님이 담임목회자가 되도록 도울 수 있는 기회가 되었다. 이제는 교회가 안정된 모습에 마음이 놓인다. 하나님의 은혜로 팔순을 넘긴 어머니는 많이 연약해지셨지만 일상생활이 가능하시다. 현재는 어머니를 함께 모시며 갈등 없이 행복하게 살고 있다. 미국의 동생이 어머니를 모시기로 하여 곧 이민을 가시게 된다. 이젠 나도 다시 목회나 선교의 현장으로 돌아가고 싶다.

　아들이 군 제대 후 대학교에 복학하여 기숙사 생활을 다시 시작했다.

집 밥을 못해 주는 아내의 안타까움이 있었다. 어느 날 아들이 기숙사에서 전화를 했다.

"아빠, 감사합니다. 지금까지 제가 한 일은 아무것도 없는 것 같아요. 모든 것을 하나님과 아빠가 해 주셨어요. 감사합니다. 그리고 사랑해요. 아빠."

아들에게서 이 같은 감동적인 사랑의 고백을 듣기까지 20년이 넘는 세월이 흘렀다. 사실 내가 치유되는 것만큼 나의 가족도 치유되었던 것이다. '아들! 넌 좋겠다. 살아있는 아빠로부터 사랑을 받고 사랑을 줄 수 있는 사람이 되어서'

아들에게서 행복한 나와 나의 아버지의 모습이 보인다.

'아버지와 아들은 하나다'(Endnotes)

 미주

1) 초기 발달에 대한 위니캇의 견해에서 특별한 의미를 갖고 있는 개념이다. 참 자기는 아동 정신의 '핵'을 구성하는 '타고난 잠재력'을 가리킨다. 이 잠재력의 계속적인 발달과 확립은 건강한 환경을 제공해주고 유아의 감각 운동에 반응해주는, 충분히 좋은 어머니(good enough mother)에 의해 촉진된다. 충분히 좋은 어머니는 또한 일단 욕동이 기능적 체계로 조직화되고 나면 적절한 원본능 만족을 제공해주는 역할을 한다. 참 자기는 아동의 존재의 연속성을 지원해주는 모성적 돌봄을 통해서 자체의 고유한 특성을 발달시킨다. 이 참 자기는 아동으로 하여금 개인적 현실감을 가지고 핵심 자기로부터 나오는 진정한 삶을 살 수 있게 한다. 위니캇은 참 자기를 원본능의 자발적 표현으로 보았고, 그것은 본능의 표현과 마찬가지로 현상학적인 특성(phenomenological ephemerality)을 가진다고 보았다. 거짓 자기는, 자아가 그러하듯이, 안정적이고 반복적이며 계속적으로 활동하는 구조이다. 위니캇은 어떤 개인들은 거짓 자기장애로 인해 고통을 받는다고 생각했다(거짓 자기장애는 분열성 성격의 한 부류로 볼 수 있다). 그러나 그는 정상적인 개인들의 자기 안에도 참 자기와 거짓 자기의 분열이 있다고 거듭해서 말했다. 따라서 그가 말하는 참과 거짓은 도덕적인 질서에 관한 것이 아니라 자기의 특질을 말하는 것이다. 자발적 표현을 지원하는 경험들은 참 자기에 해당되는 반면, 순응적 삶을 지지하는 다른 경험들은 거짓 자기에 해당된다. 거짓 자기는 참 자기의 부재 또는 일반적으로 분열적 개인에게서 볼 수 있는 참 자기가 숨어 있거나 덮여 있는 상태를 가리킨다. 만약 돌보는 사람이 유아의 감각 운동, 몸짓, 유아의 '원본능' 자기에 부응하고 반영해주지 못하고 자신에게 몰두한 채 자신의 느낌을 유아에게 부과한다면, 유아는 거짓 자기를 형성할 수밖에 없게 된다. 그때 유아에게는 통각(aperception) 대신 지각(perception)이 자리 잡게 된다. 모든 개인은 어느 정도 거짓 자기 구조와 일치하고 또 그것으로 구성된 사회적 자기의 요소를 가지고 있다. 이 전체 범위의 한쪽 끝에는 도이치(Helene Deutsch, 1942)가 '마치 …인양' 성격이라고 묘사했던 심각한 거짓 자기가 있는 반면, 다른 쪽 끝에는 정상인들에게서 종종 발견되는 주지화가 있다. [출처] 정신분석용어사전, 미국정신분석학회, 이재훈, 2002. 8. 10., 서울대상관계정신분석 연구소.

2) 조직 체계가 에너지의 투입과 그것으로부터의 산출을 계속하면서 새로운 균형을 유지하려는 성향. 조직 체계(→ 체계이론)에서의 투입과 산출의 관계는 균형 잡힌 상태 속에서 이루어진다. 그러나 사회현상의 여러 요소들은 끊임없이 변하고 있기 때문에 그 균형은 요소들이 제각기 움직이는 상태에서 상호작용하며 이루는 동적균형상태(動的均衡狀態)로 나타난다(이러한 상태에서 이루어지는 체계가 개방체계임). 동적 균형 상태는 조금만 변화가 주어져도 혼란이 일어날 수 있지만 그 혼란은 일시적일 뿐 처음의 균형 상태로 다시 돌아가 안정을 유지한다. 이와 같이 조직이 환경에 적응하며 언제나 안정 상태를 유지하려는 개방체계의 속성(屬性)을 항상성(homeostasis)이라 한다.
[출처] 이해하기 쉽게 쓴 행정학용어사전, 2010. 3. 25., 새정보미디어.

3) 어떠한 자아 상태에서 인간관계가 교류되고 있는가를 분석하여 자기 통제를 돕는 심리요법의 하나이다. 번(Bern)에 의해 창시되었으며 정신분석의 언어적 재구성으로 평가된다. 부모, 어른, 아동의 자아 상태에서 이루어지는 인격의 구조분석과 기능이론에 근거하지만 관찰 가능한 현실의 수준으로 분석하는 것이 다르다. 심리게임인 교류의 성립, 아동기의 부모자녀관계를 통해 정해지는 행동유형 등을 주요한 개념으로 한다.
[출처] 사회복지학사전, 2009. 8. 15., Blue Fish.

4) 양가성(兩價性)이라고도 하며, 동일 대상에 대해서 정반대의 상대적인 감정을 동시에 향하는 정신상태를 말한다. 예를 들면 사랑과 증오가 동일 대상을 향해서 동시적으로 존재하는 감정상태다. 이 말을 최초로 이용한 것은 브로일러이며, 분열증의 기본증상의 하나로서 들고 있다. 식사를 하려 하면 동시에 하지 않으려 하고(의지), 상반하는 사고를 동시에 고집하는 것(지적) 등의 양가성도 있다.
[출처] 간호학대사전, 1996. 3. 1., 한국사전연구사.

5) 한 개인이 부모 중 중요한 타인과의 관계에서 상호 모순되는 요청이나 요구를 동시에 받음으로써 어떤 행동을 취할 수도 없고, 아무 행동도 하지 않을 수도 없는 상황. 이 상황에서는 어떤 행동을 취한다고 하더라고 결국은 만족할 만한 결과를 가져오지 못하고 항상 실패하게 되어 있다. 예컨대 냉담하고 경직된 어머니가 아들에게 "너는 내가 반갑지 않니?" 하며 팔을 벌릴 때 아들이 안기더라도 어머니가 순간 경직되어 아들이 안긴 상태를 불편하게 느끼게 된다면 어머니의 요구는 아들에게 이중구속이 된다고 볼 수 있다. 즉 안기지 않으면 어머니를 사

랑하지 않는 것이 되고, 안기면 어머니를 경직시키는 매우 불편한 상황에 놓이게 되는 것이므로 아이는 이러지도 저러지도 못하는 상황에 봉착하게 된다.

[출처] 교육학용어사전, 서울대학교 교육연구소, 1995. 6. 29, 하우동설.

6) 내부 또는 외부에서 오는 너무 강력한 자극으로 인해 정신 기구가 갑자기 붕괴되거나 고장을 일으키는 현상을 가리키는 용어. 이때 자극 장벽이나 보호막이 깨어지고, 자아는 압도되어 중재능력을 상실한다. 그 결과 무기력 상태가 따라오며, 이 상태는 전적인 무관심과 철수로부터 공황상태에 가까운 해체 행동에 이르기까지 다양한 형태로 나타난다. 또한 자율적 기능의 장애를 보여주는 신호들이 빈번하게 나타난다. 외상적 상태는 그것의 강도나 지속기간에서 개인마다 다르다. 그것의 결과는 대수롭지 않은 것일 수도 있고, 삶에 심각한 장애를 가져오는 외상 신경증일 수도 있다. 외상이라는 개념은 프로이트의 초기 신경증 이론에서 핵심적인 부분을 차지한다. 비록 그는 처음에 정서적 반응들을(공포, 불안, 수치심, 또는 신체적 고통)이 외상을 결정하는 것으로 보았지만, 나중에는 외상의 전제 조건과 외상의 정도를 결정하는 요소들이 따로 있다고 보았다. 외상 신경증에서 자극의 강도는 자극 장벽의 강도와 함께 커다란 중요성을 갖는다. 다른 심리내적 갈등으로 인한 신경증에서와 마찬가지로, 여기서도 타고난 요소와 과거 경험이 자아가 얼마나 외상적 자극들을 잘 다룰 것인지에 영향을 미친다. 외상은 발달에서 항상 발생하는 것이지만, 어떤 외상적 경험들은 발달에 부정적 영향을 주고 외상에 대한 자아의 취약성을 증가시킨다. 자아와 초자아 발달에서 타고난 요소, 고착 그리고 퇴행은 자아의 취약성에 중요한 영향을 미친다. 유아의 욕구를 충족시켜주는 일과 관련된 반복되는 작은 실패들은 아동의 자아를 외상에 취약하게 만드는 누적된 외상(cumulative trauma)을 발생시킬 수 있다. 외상적 자극과 그것이 발생하는 리비도 발달단계 사이의 상관관계는 외상이 일어날 것인지 그리고 그 영향이 어떤 것일지를 결정한다. 여기에 영향을 미치는 요소들은 외상이 발생한 시기의 환경적 상황과 심리적 상황, 그 사건 자체보다는 그 사건에 대한 개인의 반응, 그것을 극복하려는 원시적이고 병리적인 시도들, 그리고 자기 자신과 대상들에 의해 제공된 지지 등이다. 때로는 급성 형태의 뚜렷한 외상의 증상들이 나타난 이후에 자아의 강화, 향상된 적응 능력 그리고 가속화된 발달이 뒤따라오기도 한다.

[출처] 정신분석용어사전, 2002. 8. 10., 서울대상관계정신분석연구소.

7) 에릭 에릭슨(Erik Erikson)의 심리사회성 8단계 - 6, 7, 8단계는 평균수명연장과 사회현 상을 고려한 나이 적용(19~35세, 36~65세, 65세~)

연령	자아의 특성	심리 사회적 위기		주된 대상관계 범위
		성공	실패	
출생 ~1세	기본적 신뢰감 vs 불신감	신뢰감 애정욕구 충족으로 형성	불신감 학대, 애정의 박탈, 빠른 이유로 형성	어머니
	단계 및 활동	▶ 어머니 또는 주요 양육인이나 자신의 능력에 대한 신뢰감이 형성된다. ▶ 이는 조기의 안정된 애착관계의 주요요인		
2~3세	자율성 vs 수치심, 의심	자율성 부모로부터 독립한 자신, 자율적개체로서의 인식 에서 형성	수치감, 의심 방해나 제지되는 상태에서 형성	어머니, 아버지
	단계 및 활동	▶ 보행, 파악 및 다른 신체적 기술이 자유로운 선택을 가능케 해준다. ▶ 유아는 배설의 조절을 배우게 되나, 만일 이를 적절히 처리하지 못했을 때 수치심을 갖게 될 수 있다.		
4~5세	솔선성 vs 죄의식	주도성 현실도전의 경험, 상상, 양친 행동의모방을통하여 형성	죄의식 너무 엄격한 훈육, 윤리적 태도의 강요에서 형성	가족
	단계 및 활동	▶ 목표 지향적 활동을 조직하게 된다. ▶ 보다 자기를 주장하고 공격적이 된다. ▶ 동성 부모에 대한 오이디푸스 콤플렉스와 같은 죄의식을 유발할 수 있다.		
6~12세	근면성 vs 열등감	근면성 공상과 놀이에서 벗어나 현실적 과업을 수행하고 무엇이든지 해 보려는 데서 형성	열등감 지나친 경쟁, 개인적 결함, 실패의 경험에서 형성	이웃, 학교
	단계 및 활동	▶ 학업 기술과 도구 사용 등을 포함한 모든 기본적인 문화 기술과 규범을 습득하게 된다.		
13~18세	정체성 vs 역할 혼돈	정체성 어른과의 동일시감, 자기 가치감, 자기 역할의 인식 에서형성	역할 훈련 자신의 역할, 사회적 규준 제시의 불분명에서 형성	교우 집단, 지도자
	단계 및 활동	▶ 사춘기의 신체적 변화에 자신을 적응시키고 직업을 선택, 성인의 성 정체성 확립과 새로운 가치관을 탐색 한다.		

19~25세	친밀성 vs 고립감	친밀감 동성, 이성간에 인간관계의 친밀감, 연대 의식, 공동 의식 등의 따뜻한 인간관계 에서 형성	고립감 과도한 또는 형식적인 인간 관계에서 형성	이성, 동료
	단계 및 활동	▶ 청소년기보다 깊이 있는 이성과 친밀한 관계를 형성 하며, 결혼과 가정을 이룬다.		
26~40세	생산성 vs 침체감	생산성 부모의 성역할 인식에서 자기나 자신을 위한 창조 성, 생산성 형성	침체성 방해 당하면 자기중심적인 성격이 형성	직장, 가정
	단계 및 활동	▶ 자녀 출산과 양육, 직업적 성취와 생산성에 역점을 두게 되며 다음 세대를 교육시킨다.		
41세~ (65세~)	자아 통합감 vs 절망감	통합성 사회문화의 지배적 이상을 받아들이고 생의 의미에 대한 긍정적인감정을형성케 함	절망감 무진통, 무가치 등의 현상은 성취의욕을 좌절시키고 인생 의 의미를 상실	인류, 동포
	단계 및 활동	▶ 이전의 단계를 통합하고 기본적 정체성과 타협, 자기를 받아들임		

8) 해리성 장애(dissociative disorder)의 하나로, 한 개인이 가지는 정체성 내에서 의식, 기억, 정체감, 환경 등의 통합적 정신기능에 대한 지각이 붕괴되면서 개인의 활동이 각각 구별되는 다수의 정체감이나 인격이 반복적으로 조절되어 나타나는 증상을 말한다. 다중인격장애(MPD)를 겪는 사람에게는 각기 고유한 둘 이상의 인격이 나타난다. 개인이 가지는 고유한 성격을 host personality, 이외의 인격을 alternative personality이라고 하는데, host와 각각의 alter 사이에는 상호의존관계나 연결관계를 가지지 않기 때문에 특정 인격이 행한 행위나 사건에 대하여 다른 인격의 동일인이 전혀 기억을 하지 못하는 경우도 있다. 이러한 인격의 변화는 단순하게 정신 상태나 심리적인 특성의 변화만 가져오는 것이 아니라, 신체적이고 행태적인 변화까지 일어날 수 있다. 예를 들어 내성적이고 술, 담배를 즐기지 못하는 A라는 인격에서 쾌활하며 술과 담배를 즐기는 B라는 인격이 공존하는 경우도 있다. 게다가 각각의 인격이 옷차림, 목소리, 심지어는 정신적인 연령과 발달단계까지도 서로 다르게 나타나는 경우도 있다.

[출처] 다중인격장애(多重人格障碍, multiple personality disorder), 시사상식사전, 박문각.